쉽게 읽는
당쟁사 이야기

쉽게 읽는
당쟁사 이야기

초판 1쇄 발행 | 2022년 2월 10일

지은이 | 이성무
펴낸이 | 김형호
펴낸곳 | 아름다운날
편집주간 | 조종순
표지디자인 | DESIGN이즈

주소 | (04031) 서울시 마포구 서교동 351-10 동보빌딩 202호
전화 | 02) 3142-8420
팩스 | 02) 3143-4154
출판등록 | 1999년 11월 22일
이메일 | arumbook@hanmail.net

ISBN | 979-11-6709-009-6 03900

쉽게 읽는

당쟁사 이야기

이성무 지음

아름다운날

'당쟁사 이야기'를 펴내며 • 6

당쟁을 어떻게 볼 것인가? • 10
조선시대 정치사의 흐름과 당쟁 • 18

사림정치기 1

1 동서분당 • 36
2 계미삼찬 • 45
3 정여립의 난과 기축옥사 • 49
4 남북 분당 • 57
5 임진왜란과 당쟁 • 62
6 북인과 광해군 정권 • 66
7 5현의 문묘종사와 회퇴변척 • 73
8 임해군과 영창대군의 죽음 • 82
9 인목대비의 폐비 • 91

사림정치기 2

1 인조방정 • 96
2 이괄의 난 • 105
3 공서와 청서 • 111
4 원종 추숭 • 118
5 척화파와 주화파 • 123
6 강빈옥사 • 130
7 산당과 한당 • 137
8 북벌운동 • 145
9 기해예송 • 152
10 갑인예송 • 159
11 서남 당쟁 • 166
12 이이•성혼의 문묘종사 • 178
13 노소 분당 • 184
14 숙종의 환국정치 • 198
15 정유독대와 신임옥사 • 208

쉽게 읽는
당쟁사 이야기

3장

탕평정치기

1 영조의 탕평 · 220

2 임오화변 · 239

3 정조의 탕평 · 247

4 오회연교 · 263

4장

외척세도기

1 외척세도정치 · 270

2 신유박해와 기해박해 · 284

3 대원군의 개혁 · 289

4 고종과 민씨 세력 · 294

5 당쟁의 어제와 오늘 · 303

학통도 · 321

자료 목록 · 324

'당쟁사 이야기'를 펴내며

요즈음 한국 정치가 무척 혼란스럽다. 상대방이 주장하면 무조건 반대부터 하고, 자기만 알아들을 수 있는 자작의리自作義理가 만연하다. 마치 조선시대 당쟁의 논리를 보는 것 같다. 조선시대의 유교적 문치주의와 현대의 의회 민주주의가 정치체제만 다를 뿐 하는 작태는 꼭 빼닮았다. 나는 이런 점을 비판하기 위해 2000년 3월에 『조선시대 당쟁사』(1)(2)를 펴냈고, 이 책을 반겨준 독자들의 호응에 힘입어 여러 쇄를 찍었다.

그런데 2013년에 문재인 의원 덕분에 이 책이 다시 세간에 화제가 되었다. 대선에서 패한 그가 부산에 칩거하는 동안 이성무의 『조선시대 당쟁사』를 읽었다고 말한 것이 여러 신문에 기사화되었기 때문이다. 그로 인해 찍어놓은 책이 동이 나 부랴부랴 다시 몇 쇄를 찍어야 했고, 필자인 나는 여기저기 방송에 불려 다니기까지 했다.

이런 분위기 속에서 출판사에 『조선시대 당쟁사』가 분량이 많고 내용이 광범위하여 읽기에 어려운 점이 있으니, 청소년들부터 성인들에 이르기까지 보다 쉽고 일목요연하게 읽을 수 있는 대중교양서용 책으로 새롭게 만들어보고 싶다는 요청을 해 왔다. 나는 처음에는 주저했으나 이 책이 기왕에 대중용으로 쓰인 것이니, 그 취지에 맞게 더 많은 사람들이 읽을 수 있도록 한 권의 단행본으로 만들어 보기로 했다. 책 제목도 평이하게 '당쟁사 이야기'로 정했다.

우선 당쟁에 관한 이론이나 논설은 빼고, 조선 후기 당쟁사를 시기별로 일목요연하게 정리해 보기로 했다. 특히 당쟁과 근대사와의 관계를 조망하기 위해 외척세도정치의 하한을 대원군과 민비의 정쟁까지 늘렸다. 짧은 기간 내에 쓴 글이라 제대로 정리되었는지 알 수 없다. 잘못된 내용이 있으면 알려 주시면 고맙겠다.

이 책을 쓰는 데 윤종환 작가의 도움이 컸다. 그리고 출판 사정이 어려운데도 불구하고 『조선시대 당쟁사』를 여러 쇄 찍어 주고, 이번에 이 책까지 간행해 준 아름다운날 출판사 관계자 여러분께 감사드린다. 그리고 내게 학문의 길을 갈 수 있도록 일생동안 소리 없이 물심양면으로 돕고 있는 아내에게 늘 고맙게 생각하고 있다는 인사를 전한다.

이성무

서
장

당쟁을 어떻게 볼 것인가?

조선은 당쟁으로 망했는가? 우리가 조선의 당쟁사를 이야기하기 전에 먼저 물어야 할 질문이다. 알려진 바와 같이 당쟁망국론은 일제의 어용학자들이 만든 주장이다. 일제강점기에 일본 어용학자들은 한국(조선)은 자치 능력이 없으므로 일본의 식민 통치를 받는 편이 낫다는 논리를 끌어내기 위해 당쟁을 이용했다. 그들은 당쟁의 원인은 개인 간의 감정 문제에서 비롯된 것이라 단정하면서 정쟁의 양상을 추악하고 적나라하게 묘사했다. 또한 당쟁은 한국인의 분열적인 민족성 때문에 일어난 것이므로 고칠 수 없는 고질적인 병폐라고 몰아붙였다. 이러한 이론을 보통학교(일제시대의 초등학교) 역사교과서에 넣어 교육시킴으로써, 일제 교육을 받은 대다수의 사람들이 그렇게 생각하도록 만들었다. 일제의 독침이 우리의 뇌리에 깊숙이 박히게 된 것이다.

그렇다고 망국의 책임이 당쟁과 전혀 무관하다는 것은 아니다. 가문과 학벌, 지역별로 나뉘어 싸우다보니 국론이 분열되고 외침에 적절히 대처하지 못한 것 또한 사실이다. 이것은 당쟁이 가져온 분명한 폐해다. 그러나 조선 후기 200년 간의 당쟁을 한국사 전체에 적용해서는 안 된다. 실상 나라가 망할 때는 당쟁이 아니라 몇몇 노론 외척 가문의 세도정치勢道政治가 시행되고 있었다. 따라서 만일 당쟁의 배경이 되는 사림정치의 틀이 살아 있어서 비판과 견제가 이루어졌다면 난국 타개에 도움이 되었을 것이다. 망국의 직접적인 책임은 세도정치에 있다고 해도 과언이 아니다.

그런데 세도정치가 조선시대의 기본적인 정치 형태인 것처럼 생각하는 경향이 있다. 만일 그랬다면 조선 왕조는 벌써 망했을 것이다. 조선 왕조가 500년이나 지속된 까닭은 어떻게 설명할 수 있을 것인가? 정치는 시대 상황과 주변 정세에 따라 달라진다. 또한 어떠한 체제이건 좋고 나쁜 양면성을 지닌다. 그러므로 조선 왕조 500년 간의 정치를 단 하나의 고정된 틀로 파악하고 단정하는 것은 잘못이다. 당쟁과 같은 현상이 왜 그 시점에서 일어났는가를 먼저 따져봐야 한다.

조선의 정치적 이념, 문치주의

당쟁은 사림정치의 산물이고, 사림정치는 유교적 문치주의文治主義의 산물이다. 유교적 문치주의는 조선을 지배하는 중요한 정치적 이념이었다. 그렇다면 유교적 문치주의가 어떻게 조선 사회를 지배하게 되었을까?

우선 신라의 화랑도花郎徒를 비롯한 삼국시대의 무치주의武治主義가 어떤 이유로 문치주의로 바뀌게 되었는지부터 살펴봐야 한다. 고구려가 중국의 수·당과 싸울 때는 무치주의가 강력한 지배 이념이었다. 고구려의 경당扁堂과 신라의 화랑도는 모두 청년 무사 집단을 키우는 제도들이었음이 이를 증명한다. 그러나 백제와 고구려가 당나라에 의해 멸망하자 무치주의를 바탕으로 한 정복 왕조의 꿈은 사라지고 말았다. 고구려와 백제의 멸망은 동아시아의 역사에서 일대 분수령이 되는 사건이었다. 이로부터 중국이 동아시아의 패권을 차지하게 되었기 때문이다.

당나라의 동맹국이었던 신라는 삼국을 통일했으나 자칫하면 전 국토를 당나라에게 빼앗길 뻔했다. 신라는 때마침 당나라에서 일어난 절도사節度使의 난 때문에 그나마 대동강 이남 지역을 확보할 수 있었다. 이때부터 신라는 중국 문물을 적극적으로 받아들이고 열심히 배우기 시작했다. 그것은 살아남기 위한 자구책이었다. 이러한 사대 정책은 고려시대로 이어졌다. 한편 당나라는 세계 제국으로서 중화 중심의 세계관을 확립할 필요가 있었고, 신라, 발해, 안남의 유학생을 받아들여 중국 문화를 전파했다.

이후 중국에 세계 최강의 제국인 원나라가 들어서면서 고려의 중국에 대한 종속적인 지위는 더욱 심화되었다. 고려는 중국 문화와 토착 문화를 조화시키는 데 힘썼다. 또한 강력한 황제권에 바탕을 둔 중국의 중앙 집권적인 문치주의를 배우기 위해 노력했다. 그리고 그러한 노력 덕분에 조선시대에 이르러서는 중국과는 다른 독특한 중앙 집권적 문치주의 국가를 건설할 수 있었다.

그러면 중앙 집권적 문치주의란 무엇일까? 동서고금을 막론하고 어느 나라에서나 권력 투쟁은 항상 있어 왔다. 그리고 전근대의 권력 투쟁은 무력에 의존하는 것이 일반적이었다. 그래서 칼을 휘둘러 권력을 잡으려는 무치주의가 지배적이었다. 그러나 반드시 칼을 쥐어야 권력 투쟁을 벌일 수 있었던 것은 아니다. 붓으로 하는 권력 투쟁, 그것이 바로 문치주의다.

중국과 한국에서는 일찍부터 유교적 교양을 갖춘 문관들이 정치를 주도하는 문치주의 정치가 시행되었다. 그런데 문치주의는 황제나 국왕을 정점으로 하는 중앙 집권 체제를 수반한다. 통치술이 그만큼 발달했기 때문이다. 중앙 집권 체제에서는 황제나 국왕이 지방관들을 전국에 파견해 통치했다. 국왕은 최고 권력자이자 최고 명령권자였다. 입법, 사법, 행정에 관한 권한이 모두 국왕에게 집중되어 있었다. 그러나 이러한 권한을 국왕 혼자만의 힘으로 수행할 수는 없었다. 그래서 일정한 권한을 신료들에게 위임해 통치하는 방법을 썼다. 정치가 복잡해짐에 따라 신료들은 문관과 무관으로 직능이 분화되었다. 그리고 문치주의 정부에서는 문관이 정치를 주도했다. 붓을 든 문관이 칼을 든 무인을 통제한다는 것은 문화가 발달하지 못한 나라에서는 불가능한 일이었다.

고대 중국에서는 주군인 국왕과 보조자인 신료의 관계가 주종 관계에서 출발했다. 신臣, 관官, 환宦은 본래 주군의 노예였다. 그런데 주군의 권력이 강해지면서 덩달아 신료 집단의 세력도 강해졌다. 그러자 노예가 아닌 자들도 스스로 신료가 되기를 원했다. 일단 신료가 되면 주군에게 봉사해야 하는 지배와 복종의 군신君臣 관계가 성립되었다. 주군은 신료들에게 충성의 대가로 권력의 일부를 행사할 수 있게 해주었다. 그리하여 그들은 주군의 신하이면서도 사회적으로는 일반 평민보다 높은 특권 계급이 되었다. 또한 주군은 녹봉, 토지, 노예를 나누어 주어 신료들의 생활을 보장해 주었다. 한편 신하가 권력을 남용하거나, 패거리[朋黨]를 만들거나, 연고지에 독립적 세력을 쌓거나 하는 등의 행위는 엄격히 금지되었고, 왕을 배반하는 경우에는 극형에 처했다.

그러나 정치 권력이 일단 신료들에게 배분된 이상 권력을 둘러싼 국왕과 신료 세력의 대립은 피할 수 없었다. 국왕은 혈통에 의해 계승되기 때문에 계승자의 능력 여하에 따라 왕권을 제대로 활용하지 못하는 경우가 많았다. 반면에 신료들은 시험을 거쳐 능력 있는 인재를 등용했기 때문에 자연히 발언권이 강해질 수밖에 없었다. 이에 신료들은 되도록 왕권을 제약하고 신권을 강화하고자 했다. 이러한 특징은 조선시대에도 나타났다.

당쟁의 변천

조선은 중앙 집권적 문치주의를 지향하고 있었던 터여서 신료들 간에 붕당을 조성해 당쟁을 일삼는 것은 금지되어 있었다. 1389년에 제정된 명나라의 『대명률大明律』에는 "만약 조정의 관원들이 붕당을 지어 국가의 정치를 문란하게 한다면, 모두 목을 베어 죽이고, 처자는 노비로 삼으며, 재산은 관청에서 몰수한다."고 규정되어 있다. 조선시대에는 이 『대명률』을 그대로 준용했다. 중종 때 조광조趙光祖를 죽음에 이르게 한 죄목이 바로 '붕당'이었다. 이것만 봐도 붕당 금지의 규정이 얼마나 서슬 퍼렇게 살아 있었는지 알 수 있다.

그런데 16세기 이후로 사림의 도학정치道學政治가 실시됨에 따라 상황이 달라졌다. 유교 국가에서 통치자 집단인 관료가 되기 위해서는 도덕적 수양을 갖추는 것이 필수적이었다. 남을 다스리기 위해서는 먼저 자신부터 수양을 쌓아 통치자로서의 자질을 갖추어야 했다. 이것은 지식인 관료들이 주도적 역할을 하는 문치주의 국가에서 최우선적인 덕목이었다. 젊은 신료들은 이를 근거로 해서 재상들의 부정과 부패를 공격했고, 나아가 국왕의

『대명률직해』
명나라의 형법서 『대명률』을 이두로 옮겨 쓴 책. 1395년(태조 4)에 원간본이 만들어진 것으로 추정되나 현재 전하지 않는다.

왕권을 제약하기에 이르렀다. 이른바 임금은 약하고 신하는 강한 군약신강君弱臣強의 정국으로 치닫게 된 것이다. 왕권이 제약되고 신권이 강화되자 금기였던 붕당이 조성되고, 붕당 사이에 당쟁이 치열해졌다.

중종 때 조광조 등이 주장한 도학정치는 주자학의 이념을 현실 정치에 활용하고자 한 것이었다. 주자학은 12세기에 고려에 전래된 후 조선 왕조의 지배적인 사상이 되었으며, 16세기에 이르러 이론적으로 더욱 심화되면서 사림정치의 사상적 토대가 되었다. 이때 조광조를 비롯한 사림파들은 도학정치를 내세워 공신·권신 세력의 부정, 부패를 공격했다. 그리하여 사회에 청신한 기풍을 불러일으켰다. 그들의 도학정치는 공신·권신 세력의 위압에 염증을 느끼고 있던 국왕의 도움을 받아 활성화될 수 있었다.

그러나 명종 말기에 권신 세력이 무너지면서 공격 대상이 사라지게 되자 사림들은 분열하여 붕당이 생기고, 붕당 간에 당쟁이 일어나게 되었다. 붕당은 학연, 지연을 중시했기 때문에 당쟁에는 지역적 대립과 혈연, 학연적 대립이 수반되었다. 붕당의 정쟁 도구는 도덕적 수양 여부와 명분, 의리였다. 그러나 사림의 당쟁은 근본이 권력 투쟁이었기 때문에 객관적이고 당당한 명분과 의리가 아니라 자기 당에 유리한 명분이나 의리를 견강부회牽强附會하는 경우가 많았다. 예론禮論 같은 이론적인 논쟁도 그 숨은 동기는 권력 투쟁에 있었다. 그런데 무릇 권력 투쟁이란 상대방을 일망타진해야만 끝이 난다.

이렇듯 당쟁이 사림정치의 본령을 벗어나 권력만을 추구하게 되면서 정치는 혼란스러워지고 사회는 병들어갔다. 당쟁의 폐단은 국왕이나 신료들 모두에게 바람직한 일이 못 되었고, 자칫하면 체제 자체를 공멸할 위기로 몰아넣었다.

이러한 위험을 방지하기 위해 창안된 것이 영조와 정조의 탕평정치였다. 이는 국왕의 힘으로 붕당의 뿌리를 뽑을 수 없는 상황에서 취할 수 있는 고육책이었다. 그런데 탕평정치의 결과로 외척 세력이 성장했고, 사림정치의 와해와 함께 견제 세력이 사라지자 정권이 부패하기 시작했다. 결국 조선은 끊이지 않는 민란에 속수무책이었고, 외세의 침입에도 유연하게 대처하지 못해 망국의 길로 들어서고야 말았다.

그런데 최근에 당쟁이라는 말 대신 붕당정치라는 말을 쓰자고 주장하는 학자들이 있다. 당쟁이라는 말 자체가 일본 학자들이 우리의 역사를 부정적으로 보이게 하려고 사용한 말이기 때문에 쓰지 말아야 한다는 것이다.

그러나 당쟁이란 말은 일본 학자들이 새롭게 만든 말이 아니라 당파끼리 서로 싸우는 것을 의미하는 일반명사이다. 굳이 따진다면 이건창李建昌의 『당의통략黨議通略』에 나오는 '붕당지쟁朋黨之爭'을 줄인 말이라고 할 수 있다. 따라서 당쟁이라는 말을 쓴다고 해서 우리 역사를 왜곡하는 것은 아니다. 일본 사람들이 만든 용어라면 당쟁 이외에도 국어, 수학, 철학, 역사 등 수많은 용어들이 있지 않은가?

더구나 붕당정치라는 말이 당쟁을 대신할 만큼 좋은 말도 아니다. 붕朋이라는 말은 같은 선생 밑에서 수학한 동문이라는 좋은 뜻을 가지고 있지만, 여기에 당黨이 붙으면 자기가 좋아하는 사람은 끌어들이고, 싫어하는 사람은 배격하는 편당偏黨의 의미가 된다. 붕당은 국법으로 엄히 다스릴 정도로 부정적인 의미였다. 그런데 여기에 올바르게 다스린다는 뜻의 '정치'를 붙인다는 것은 앞뒤가 맞지 않는다. 따라서 그냥 당쟁이라는 용어를 쓰거나 사림정치라고 부르는 것이 옳다고 본다.

조선시대 정치사의 흐름과 당쟁

당쟁은 조선 후기 사림정치에서 파생된 정치 현상 중 하나이다. 조선의 정치사를 이해하는 데에는 정치 주체를 중심으로 하는 시대 구분이 필요하다.

조선의 정치를 담당한 계층은 문반과 무반으로 구성되어 있었기 때문에 양반이라고 했다. 처음에는 문·무 관료라는 의미를 가지던 양반이 나중에는 그 가족, 친족까지를 포괄하는 신분 개념으로 쓰였다. 이 양반들 중에서 특히 어떤 정치 세력이 정치를 주도했는가가 무엇보다 중요하다.

이에 조선의 정치사를 집권한 정치 세력 중심으로 사대부정치기, 훈신정치기, 사림정치기, 탕평정치기, 외척세도정치기로 구분한다.

사대부정치기

사대부정치기는 고려 말, 조선 초기에 유학적 소양을 지닌 문관 관료인 신흥 사대부들이 집권한 시기를 말한다. 12세기부터 원나라를 통해 전래된 주자학은 무신정권 당시 새롭게 정계에 진출하기 시작한 신흥 사대부들의 이념적 무기가 되었다. 그들은 예의와 염치를 숭상하는 주자학 이론으로 권문세족權門勢族의 부정부패를 공격했다.

원래 사대부는 문관의 5품 이하인 사士, 4품 이상인 대부大夫 등 문관 관료를 통칭하는 용어였으나, 문관 관료뿐만 아니라 무관 관료까지 포괄하는 개념으로 쓰이기도 했다. 고려 말에는 문관 관료인 신흥 사대부 이외에도 새로운 정치 세력으로서 신흥 무장武將 세력이 등장했는데, 조선 왕조를 연 태조 이성계 세력이 대표적이다. 이들 역시 조선 왕조의 건국과정에서 넓은 의미의 사대부에 포함되었다. 그러나 유교적 문치주의에 따라 문신들이 주도 세력이 되었다.

문신들은 무신들이 정치적 주도권을 잡는 것을 억제했을 뿐 아니라 정치 참여도 철저히 제한했다. 사대부들은 행정 실무자인 서리와 여자, 환관들의 정치 참여도 봉쇄했다. 이것은 모두 중국의 문치주의에서 배운 것인데, 다만 환관의 경우 중국에서는 그들의 득세를 억누르지 못했으나 조선에서는 철저히 권력에서 배제했다.

조선 건국 초기에는 중앙 집권 체제의 강화를 위해 군현제도를 개편하고, 지방 향리를 행정 실무자인 중인으로 격하시키는 한편, 지방사족地方士族의 지배적 지위를 확고히 해줌으로써 이들을 왕조의 정치 기반으로 삼았다. 또한 군현마다 향교를 설치해 유교 교육을 강화하고 여기서 길러진 인재들을 과거 시험을 통해 중앙 관료로 불러올렸다. 사대부정치기의 조선은 새 왕조의 기반을 튼튼히 하기 위해서 비교적 공정하게 인재를 등용했으며, 중국과는 다른 독자적인 정치 제도 마련을 위해 힘썼다.

훈신정치기

사대부 정권이 확립되면서 이들의 기득권이 강화되었다. 신흥 사대부들이 새로운 귀족으로 부상한 것이다. 왕권은 철저히 제약을 받았고, 국가의 법제는 이들의 권익 보장을 위해 편파적으로 운영되었다. 이들의 독주 때문에 새롭게 정계에 진출하고자 하는 지방 사림들의 불만도 커져갔다.

이런 가운데 수양대군(세조)이 계유정란癸酉靖難을 일으켜 사대부 정권을 타도했다. 이때 세조의 정란공신靖難功臣이 생겼고, 이후 성종 때까지 여덟 차례에 걸쳐 250여 명의 공신이 등장한다. 이들을 중심으로 하는 훈구파가 정국을 주도하게 되었는데, 이 시기를 훈신정치기라고 한다. 인사권과 언론권이 대체로 재상이나 대신들에게 있던 것이 특징이다.

한편 세조는 자기를 지지하지 않는 집현전 학사들을 대신할 세력으로 김종직金宗直을 비롯한 젊고 야심 있는 지방의 사림을 정계에 불러들였다. 이들은 공신 세력을 견제하려는 국왕들의 비호를 받으며 사림파를 구성하게 되었다. 사대부가 문무 관료들만을 의미하는 데 비해, 사림은 유교 교양을 갖춘 독서인층讀書人層을 포괄하는 양반 지식인들이었다. 또 훈구파가 문장을 중시하는 사장파詞章派인 데 비해, 사림파는 경학을 중시하고 도덕적 수양을 내세우는 경학파經學派였다. 사림파는 주자학의 철학 이념을 깊이 연구해 훈구파의 부정과 부패를 공격했다. 한편 세력을 장악하고 있던 훈구파에 의해 사림파가 화를 당한 사건을 사화士禍라고 한다. 사실 이 두 세력의 충돌은 이미 세조의 개혁 정치에서부터 시작되었다고 할 수 있다.

훈신정치기는 세조 때부터 중종 때까지 이어지다가 중종 말기부터 명종 때까지는 권신정치기가 잠시 등장했다. 공신 세력이 늙어 죽고, 과도한 개혁 주장에 염증을 느낀 왕이 사림파에게서 등을 돌림으로써 정권이 외척 권신들의 손아귀에 들어가게 된 것이다. 김안로金安老, 윤임尹任, 윤원형尹元衡 등이 이 시기에 집권한 외척 권신들인데, 집권 기간은 길지 않았다. 이들에게는 집권의 명분도, 특별한 정치 이념도 없었다. 다만 훈구파가 무너지고 사림파가 아직 정권을 차지할 만한 세력을 갖추지 못한 과도기에 잠시 권력을 차지한 것이다. 이들은 정권 장악 능력도 부족했다. 인사권과 언론권을 가진 것도 아니었고, 자기 사람들을 전랑이나 언관에 배치함으로써 사림의 정치 체제를 도용한 정도에 그쳤다.

사림정치기

사림 세력이 정권을 장악한 뒤 본격적인 당쟁이 일어난 시기를 사림정치기로 본다. 이 시기는 명종 조 이후부터 경종 조까지 계속된다. 16세기에 훈신 세력은 네 번의 사화를 통해 사림 세력의 성장을 막으려고 했다. 그러나 역사적인 대세로 밀려오는 사림파의 진출을 막을 수는 없었다. 이조정랑, 좌랑 등의 전랑권이 강화되어 청요직 당하관의 인사권이 관행적으로 사림파에게 돌아갔고, 언관의 언론권이 강화되어 관직 세계에 청신한 기풍이 일어났다. 이에 명종의 외척인 심의겸沈義謙이 사림 세력을 지지하게 되었고, 새로 국왕이 된 선조는 아직 혼인하기 전이어서 외척이 없었다. 그 기회를 틈타 사림 세력이 정권을 장악했다. 그리고 사림파는 이제 대적할 상대를 잃어 스스로 분열하고 말았으니, 이것이 곧 당쟁이다.

선조 초기 당쟁에서는 선배 사림과 후배 사림의 대립이 있었다. 선배 사림은 심의겸 등 명종 권신 정권에서 벼슬한 사람들이고, 후배 사림은 사림정치가 시작되면서 새로이 정계에 진출한 신진 관료들이었다. 이이李珥, 김효원金孝元 등 후배 사림들은 군자소인론君子小人論을 내세워 스스로를 '군자'라 칭하고, 선배 사림을 '소인'이라며 공격했다.

선배 사림과 후배 사림의 충돌은 1575년(선조 8)에 일어났다. 김효원이 이조정랑에 추천된 것을 심의겸이 반대한 데서 사림 세력이 동인과 서인으로 갈린 것이다. 김효원을 편든 사람들을 동인, 심의겸을 편든 사람들을 서인이라 했다. 당시는 동인의 세력이 강해 많은 사람들이 동인에 가담했다. 그런데 동인은 정여립鄭汝立의 옥사를 과도하게 다루었던 서인 정철鄭澈의 죄를 논의하는 과정에서 강경파인 북인과 온건파인 남인으로 나뉘고 말았다.

남인 유성룡柳成龍이 임진왜란 때 화의론에 찬동한 책임을 지고 물러나자, 의병을 많이 일으킨 북인이 집권해 광해군을 옹립했다. 북인은 정치적인 이해관계로 다시 대북과 소북으로 갈렸는데, 대체로 광해군

때는 대북이 우세했다. 대북 정권은 적자도 장자도 아닌 광해군의 왕통상의 약점을 의식해 형인 임해군과 배다른 어린 적자인 영창대군을 죽였다. 이에 그치지 않고 영창대군의 어머니인 인목대비를 폐비시켜 서궁西宮에 유폐하는 무리수를 두었다. 이러한 일련의 사건들이 서인들로 하여금 인조반정을 일으키게 만들었다. 그런데 반정의 명분은 이것만이 아니었다. 광해군이 명나라와 후금 사이에서 이중 외교를 벌인 것도 문제가 되었다. 태조 이후 명나라를 존경해 사대 외교를 해야 한다는 존명사대尊明事大의 명분에 어긋난다고 여겼던 것이다. 이 두 가지 이유로 광해군은 쫓겨났고, 대북 정권도 무너졌다.

서인 정권은 비상시국에 인심을 수습하기 위해 남인을 관제 야당으로 불러들였다. 서인들은 대북 정권이 독주하다가 스스로 대북, 소북, 골북骨北, 육북肉北, 청소북淸小北, 탁소북濁小北 등으로 분열하던 전철을 밟지 않기 위해 남인뿐 아니라 소북 세력도 끌어들였다. 그러나 사실상 정권은 서인들의 수중에 있었고, 서인 중에서도 공신 출신의 공서功西와 사림 출신의 청서淸西가 기본적인 대립 구도를 형성했다. 병자호란 때 공신들은 후금과의 화의를 주장했지만, 사림들은 척화를 주장했다. 같은 서인이지만 공신들의 공서와 사림들의 청서가 주화파와 척화파로 갈린 것이다.

인조 대의 정권은 사실상 공신들에 의해 주도되었다. 그러나 후금에게 항복한 이후로는 존명사대의 큰 명분을 잃어 사림들의 공격을 피할수가 없었다. 또한 김장생金長生, 김집金集, 송시열宋時烈, 송준길宋浚吉 등호서사림湖西士林의 영향력이 커지고, 이들의 제자들이 대거 등용되면서 여론에 밀려 현실성이 희박한 북벌 정책을 밀고 나가지 않을 수 없었다. 친청파인 소현세자가 의문의 죽음을 맞고 반청파인 봉림대군이 왕위에 올라 효종이 된 것도 그 때문이었다.

효종 대에는 국왕이 송시열의 도움을 받아 북벌을 준비한 시기였다. 그러나 효종과 송시열이 주장하는 북벌은 그 숨은 목표가 달랐다. 효종은 이를 기회로 군사를 길러 왕권을 강화하고자 했고, 송시열은 이를 이용해 사림의 정치적 기반을 확고히 하고자 했다. 북벌은 명분일 뿐 현실성이 없었다. 이 시기에 특별한 당쟁은 없었다. 단지 서인 내부에서 송시열 계열의 사림土林 세력과 김육金堉을 필두로 하는 청풍 김씨 외척 세력이 경쟁하는 정도였다.

현종 대에는 송시열을 비롯한 서인 세력이 정권을 주도했다. 그러나 인조 이후로 성장해 온 남인 세력도 정권을 차지하기 위해 기회를 엿보고 있었다. 이들 상호 간의 권력 장악 기도는 두 차례의 예송禮訟 논쟁을 통해 나타났다. 첫 번째 기해예송己亥禮訟에서는 서인이 승리했다. 그러나 두 번째 갑인예송甲寅禮訟에서는 현종이 남인의 주장을 받아들이고 서인 세력을 정계에서 축출했다.

숙종 대에는 예론으로 서인과 남인 사이에 당쟁의 골이 깊어진 탓에 정권 교체가 빈번하게 일어났다. 격렬한 정쟁으로 목숨을 잃는 사람도 많았다. 숙종은 왕권을 강화하기 위해 훈척 세력으로 당파를 치거나, 이 당파로 저 당파를 치는 파행적인 방법을 썼다. 즉위년에 일어난 갑인환국甲寅換局에서 청풍 김씨인 김석주金錫胄를 앞세워 송시열의 서인 정권을 무너뜨리고 남인을 끌어들여 새로운 정권을 수립했다. 그 후 남인 세력이 지나치게 커지자 1680년(숙종 6)에 경신환국庚申換局을 통해 남인을 몰아내고 서인 정권을 수립했다. 서인이 정권을 잡은 뒤에는 김석주와 송시열이 정국을 주도했다. 한편 남인 세력을 일망타진하기 위해 김석주가 일으킨 고변사건에서 역모 조작 가담자인 김익훈金益勳을 송시열이 두둔하자, 서인은 송시열을 지지하는 노론과 그를 비판하는 소론으로 갈라지게 되었다.

1689년(숙종 15)에 숙종은 후궁 장희빈에게서 낳은 아들을 원자로 책봉하고자 했다. 예상대로 송시열을 비롯한 노론들이 반기를 들었다. 숙종은 가뜩이나 서인의 위세가 강해지는 것을 못마땅하게 여기던 차에 노론이 자기의 뜻을 거스르자 이를 서인 타도의 기회로 이용했다. 이에 서인의 지지를 받던 인현왕후 민씨가 폐위되고, 송시열이 죽임을 당했다. 100여 명 이상의 서인 인사들이 화를 당한 이 사건을 기사환국己巳換局이라고 한다. 윤휴尹鑴가 경신환국에 죽고 송시열이 기사환국에 죽어, 남인과 서인의 종장이 모두 사라진 것이었다. 이는 이미 사림정치의 틀이 무너지고 있다는 증거이기도 했다.

이후에는 남인 인사들을 처벌하고 서인을 기용하는 갑술환국甲戌換局이 단행되었는데, 갑술환국 직후 세자의 어머니인 장희빈과 그의 오빠 장희재張希載를 죽여야 한다는 노론과 이를 반대하는 소론의 대립이 있었다. 결국 숙종은 1701년(숙종 27)에 인현왕후가 죽자 이것이 장희빈의 저주 때문이라며 장희빈과 장희재를 죽였다.

숙종은 노·소론의 대립을 적절히 이용해 정국을 이끌어 갔으나, 말년에는 노론으로 기울었다. 1716년(숙종 42)에 『가례원류家禮源流』의 간행 문제를 둘러싼 노론과 소론의 시비에 대해 노론의 주장을 옳은 것으로 판정하는 병신처분丙申處分을 내려 소론에게 큰 타격을 주었다.

경종 즉위 후에도 노론의 집권은 계속되었다. 노론은 자기들의 집

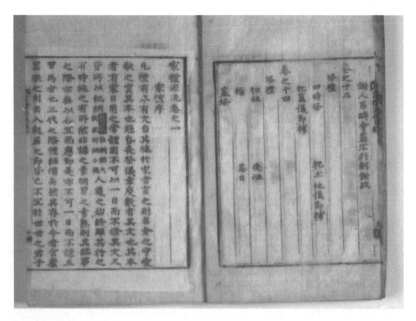

『가례원류』
조선 현종 때 문신 유계(俞棨)가 가례(家禮)에 관한 여러 글을 분류해서 정리한 14권 8책의 목판본 서적으로,
규장각 도서에 있다.

권 기반을 확고히 하기 위해 경종을 퇴위시키려고 했고, 소론은 경종
을 지지해 노론을 타도하려고 했다. 두 세력의 충돌은 1721년(경종 원
년)의 신축환국辛丑換局과 이듬해 1722년(경종 2)의 임인옥사壬寅獄事로 나
타났다. 이 두 사건으로 많은 노론 사림이 화를 입었다고 해서 신임사
화辛壬士禍라고도 한다. 이제 당쟁은 예송과 같은 정책 대결이나 단순한
정권 교체로 끝나는 것이 아니라 신료가 국왕을 선택[擇君]하고 거기에
충역의리를 결부시키는 처절한 정쟁으로 바뀌게 되었다.

탕평정치기

당쟁은 예송논쟁을 거치면서 극단으로 치달아 체제가 붕괴될 위험에 처하게 되었다. 이에 숙종 때 처음 황극탕평론皇極蕩平論이 대두되어, 왕권을 중심으로 붕당 간의 타협을 통한 탕평 정치를 시도했다. 그러나 1741년(영조 17)에 전랑권, 언론권, 한림회천권이 혁파될 때까지 사림정치의 틀은 그대로 유지되었다.

경종 때 있었던 충역의리忠逆義理는 이후 영조 즉위 후까지 정국을 좌우하는 노·소론 간의 뜨거운 쟁점으로 작용했다. 영조는 노·소론 간의 첨예한 갈등을 완화시키고 자기의 집권 명분을 확립하기 위해 탕평책을 시도했다. 물론 영조 자신은 노론의 지지로 국왕이 되었다. 그러나 그렇다고 해서 노론만 두둔하다가는 언제 어떠한 참화를 당할지 알 수 없는 판국이었다.

이에 영조는 온건파를 중심으로 양당의 인사를 고르게 등용하는가 하면, 처벌할 때도 균형을 유지하려고 애썼다. 그리고 신임사화에서 받은 노론 인사들의 죄를 소론 온건파가 하나씩 풀어줌으로써, 종국에는 자신이 국왕에 오른 명분을 합리화하고 나아가 왕권을 강화하고자 했다. 이를 위해 영조는 치세 전반기에는 소론 탕평을 실시했고, 문제가 해결된 뒤에는 노론 탕평을 실시해 노론이 정국을 주도하게 되었다. 그러다 이조정랑과 좌랑의 자대권과 당하통청권이 혁파되고 언관의 언론권이 제약을 받게 되면서 사림정치의 틀이 무너졌다.

영조는 탕평책을 써서 당쟁을 완화시키는 데는 어느 정도 성공했으나 새로운 탕평당을 키워 그들이 외척 권신이 되는 길을 열어놓았다.

18세기 이후 지방 세력의 중앙 정계 진출이 사실상 봉쇄된 상황에서 형성된 한양의 세도가문들은 탕평 정국에서 왕권의 보호자를 자처했다. 이것이 뒤에 왕권이 세도가문에 매몰되어 독자성을 잃게 되는 원인으로 작용하게 되었다.

한편 1762년(영조 38) 윤 5월, 사도세자가 뒤주 속에 갇혀 죽는 사건이 발생했다. 바로 임오화변壬午禍變이다. 임오화변으로 세자를 동정하는 시파時派와 동정하지 않는 벽파僻派 간의 대립이 가시화되었고, 정조는 아버지 사도세자의 억울함을 풀어주는 데 자신의 재임기간을 다 보내게 되었다.

정조는 세손으로 있을 때부터 영조의 두 번째 왕비(정순왕후)의 아버지인 김한구金漢耉, 오빠인 김구주金龜柱 등 벽파의 계략으로 생명에 위협을 받고 있었다. 이들은 세손의 대리청정을 방해했다. 정조의 어머니인 혜경궁 홍씨의 작은아버지 홍인한洪麟漢조차 세손을 모해하려고 했다. 정조는 1755년(영조 51) 12월에 세손으로서 대리청정을 맡았다가 두 달 후에 왕위에 올랐다. 그러나 신변의 위협 때문에 세손 때부터 세자시강원 설서設書로서 그를 보호하던 홍국영洪國榮을 왕의 비서인 승지로 발탁했다. 홍국영에게 수어사, 총융사, 금위대장, 숙위소宿衛所의 책임을 맡겨 경호를 튼튼히 하고, 규장각을 설치해 측근을 불러모았다. 그리하여 홍국영의 세도정치가 실시되었다. 홍국영은 자신의 권력을 강화하기 위해 누이(원빈 홍씨)를 정조의 후궁으로 들였다. 그러나 원빈이 소생 없이 죽자 다른 마음을 품게 되었고, 그 때문에 축출되었다.

그 후 정조는 소론 시파를 중용해 소론과 노론의 탕평을 실시했다.

그리고 채제공蔡濟恭, 이가환李家煥, 정약용丁若鏞 등 기호 남인 세력을 끌어들여 노론, 소론, 남인 삼당의 연립 정권을 세웠다. 그러나 노론 벽파의 압박으로 정국을 풀어가는 데는 어려움이 많았다.

정조는 왕권 강화를 위해 규장각에 초계문신抄啓文臣 제도를 두어 자신의 지지 기반을 강화했다. 사도세자를 장헌세자莊獻世子로 추존하고, 사도세자의 무덤인 현륭원顯隆園을 수원으로 이장했다. 정조의 화성華城 축조와 잦은 행차는 노론 벽파의 불안감을 고조시키기도 했다. 왕권을 뒷받침하기 위해 숙위소를 개편해 장용영壯勇營을 두었다. 도성을 지키는 내영과 화성을 지키는 외영으로 나뉜 장용영은 기존의 5군영보다 규모가 큰 군영이었다.

정조는 산림무용론山林無用論을 내세워 노론 정권의 이념적 기초를 무너뜨리고, 군주도통론君主道統論을 내세워 자기의 말에 거스르는 사람은 금령을 내려 제압했다. 서얼들의 벼슬길을 열어주고, 하층 농민 보호를 위한 고공법雇工法 제정, 어용상인들의 상업독점권을 제한하는 신해통공辛亥通共 등 정쟁보다는 개혁 정치의 뜻을 펼쳤다.

그러다 정조는 1800년(정조 24) 5월 말일에 갑작스럽게 교서를 발표했다. 교서에서 신임의리辛壬義理와 임오의리壬午義理를 구별해 전자는 옳고 후자는 그르다는 판정을 내리되, 임오의리에 저촉된 사람들을 결코 처벌하지 않겠다고 단언했다. 이것이 이른바 오회연교五晦筵敎로, 노론의 반발을 무마하면서 아버지 사도세자의 한을 풀어 주기 위한 것이었다. 그러나 이 일이 있은 지 12일 만에 정조는 별안간 의문의 죽음을 맞는다.

탕평정치는 영조, 정조와 같은 슬기롭고 총명한 국왕을 만났을 때에는 붕당과의 타협을 통해 실학과 같은 문운을 일으키고, 일시적이나마 위민 정치를 실시할 수 있었다. 그러나 정조의 사후 어리고 무능한 왕이 들어서자 곧 척신 세도정치로 치닫게 되었다. 그리하여 견제 세력이 없는 척신들의 부패로 나라가 망하고 말았다.

외척세도정치기

정조가 죽은 뒤에 그의 아들 순조가 11세의 나이로 즉위하고, 영조의 둘째 왕비 정순왕후가 수렴청정垂簾聽政을 하게 되었다. 그런데 정순왕후는 벽파 김구주(경주 김씨)의 누이였기 때문에 정권은 노론 벽파에게 돌아갔으며, 축출된 남인은 재기불능 상태가 되었다.

그러나 노론 벽파도 정조로부터 순조의 보호를 부탁받은 김조순金祖淳(안동 김씨)의 지위는 쉽게 흔들 수 없었다. 김조순은 김상헌金尙憲의 후손으로, 많은 사람을 배출한 가문의 배경과 정조의 권위를 등에 업고 영향력을 행사했으며, 국왕인 순조의 장인으로서 전권을 휘둘렀다.

한편 조득영趙得永(풍양 조씨)은 시파를 섬멸하려다 잡혀 죽은 김달순金達淳을 공격함으로써 벽파 세력을 격파하는 데 공을 세웠다. 이것은 풍양 조씨 가문이 김조순의 안동 김씨 가문과 협력 관계를 맺는 계기가 되었고, 순조는 풍양 조씨 가문의 조만영趙萬永의 딸을 세자빈으로 결정했다. 김조순은 반남 박씨 가문과 풍양 조씨 가문의 도움을 받아 벽파 세력을 제거할 수 있었다. 1804년(순조 4)에 정순왕후의 수렴청정이 끝나고, 이듬해 그녀가 죽음으로써 벽파들이 더 이상 기댈 데가 없어진 것도 벽파 정권 몰락의 중요한 요인이었다. 이렇게 순조 이후로 안동 김씨 세도정치가 계속되는 기초가 마련되었다.

순조는 안동 김씨 세도가문에 눌려 왕권을 제대로 행사할 수 없었다. 친정에 나서려고 했으나 번번이 반대에 부딪혀 뜻을 이루지 못한 것이다. 순조는 안동 김씨 세력의 양해를 얻어 1827년(순조 27)에 효명세자孝明世子에게 대리청정을 명했다. 대리청정의 표면적 명분은 자신의 건강 악화와 세자에게 정치적 경륜을 쌓게 해준다는 것이었지만 왕권을 강화하려는 의도가 숨어 있었다. 그 뜻에 따라 효명세자는 안동 김씨 비호 세력을 몰아내고, 반 안동 김씨 세력을 기용했다. 또한 세자의 처가인 풍양 조씨들로 하여금 측면에서 돕게 했다.

뿐만 아니라 그동안 소외되어 있던 소론, 남인, 북인, 서북인의 일부도 탕평을 통한 왕권 강화를 표방하며 합류시켰다. 이들은 세자의 측근들이었다. 효명세자는 여러 개혁적 정책을 실현하고 백성들의 민생을 보살피려고 부단히 애썼다. 그러나 결실을 맺지 못하고 1830년(순조 30)에 죽고 말았다. 효명세자(훗날 익종으로 추존)가 죽은 뒤 안동 김씨 세력에 의해 세자의 측근과 추종 세력들이 모두 축출되었다. 그러나 조만영, 조인영 등 풍양 조씨들은 건재했다. 왕실의 외척이었기 때문이다. 세자가 죽고 나서 순조의 친정親政이 다시 이어졌는데, 순조는 오히려 조인영에게 세손(헌종)의 후사를 부탁했다. 이것이 헌종 때 풍양 조씨가 세도를 잡을 수 있는 근거가 되었다.

순조가 1834년(순조 34)에 죽고, 손자인 헌종이 8세의 나이로 즉위했다. 헌종이 나이가 어려 순조의 왕비인 순원왕후 김씨(김조순의 딸)가 대왕대비로서 수렴청정을 하게 되었다. 이에 조정은 안동 김씨와 순조로부터 헌종의 보호를 부탁받은 조인영 세력 간에 균형을 유지하게 되었다. 헌종은 19세가 되던 해부터 국정을 주도하고자 자신의 외가 쪽인 조인영계를 두둔했지만, 안동 김씨와 풍양 조씨의 연정 체제에는 변함이 없었다. 헌종은 군권 강화를 통한 독자적인 힘을 구축하기 위해 노력했으나 왕권이 세도가문에 매몰되어 제대로 힘을 발휘할 수 없었다. 세도가문은 자기들의 권력을 유지하기 위해 어린 왕을 멋대로 골라 세우는 것이 통례가 되었다.

헌종이 1849년(헌종 15)에 아들 없이 죽자, 순원왕후의 명으로 사도세자의 후손 전계대원군全溪大院君의 셋째아들인 원범元範이 19세의 나이로 왕위에 올랐다. 이가 곧 철종이다. 원범은 집안이 몰락해 강화도에서 어렵게 살아가고 있었고, 강화도령이라고 불릴 정도로 중앙정계에서는 생소한 인물이었다. 순원왕후가 헌종 초에 이어 두 번째 수렴청정에 나서면서, 정권은 다시 안동 김씨에게 돌아가게 되었다. 안동 김씨의 풍양 조씨에 대한 공격이 시작되었고, 풍양 조씨를 추종하던 인사들이 대거 밀려났다. 1851년(철종 2)에는 김문근金汶根의 딸이 철종의 왕비로 간택되어 안동 김씨의 세도는 더욱 굳어졌다.

비판 세력이 없는 상태에서 안동 김씨들은 관직을 팔고 온갖 비행을 저질렀다. 국가의 기강이 해이해지자 수령들의 백성들에 대한 착취가 심해지고 삼정이 문란해졌다. 밖으로는 외세의 침입을 받고 안으로는 민란이 끊일 사이가 없어, 나라는 위기에 처할 수밖에 없었다. 나라가 망하게 된 것은 이렇듯 당쟁 때문이라기보다 세도정치 때문이었다.

철종은 재위 14년 만인 1863년(철종 14)에 아들 없이 죽었다. 이에 대왕대비 조씨(조만영의 딸, 신정왕후)가 이하응李昰應의 12세 된 둘째 아들 명복命福을 세워 고종으로 삼았다. 그리고 그의 아버지 이하응은 흥선대원군興宣大院君이 되어 섭정攝政에 임하게 되고, 신정왕후가 수렴청정을 하게 되었다. 그러나 국정의 모든 권한은 대원군의 수중에 들어갔다. 안동 김씨 세도가 일시에 대원군의 세도로 바뀐 것이다.

1866년(고종 3)에 대왕대비의 수렴청정이 끝나고 국왕이 친정을 수행하게 되자, 대원군의 위세는 더욱 커졌다. 대원군은 안동 김씨 세력을 내치고, 당파와 신분에 관계없이 인재를 널리 등용했다. 그리고 독자적인 정책을 강력히 추진했다.

그런데 대원군 정권에서 또다시 외척 세력이 싹트기 시작했다. 1866년(고종 3)에 대원군은 민비閔妃를 고종의 왕비로 맞아들였다. 민비는 한미한 집안인 민치록閔致祿의 외동딸이었다. 외척 세력을 경계한 대원군은 일부러 힘없는 집안에서 며느리를 들였다. 그런데 고종이 궁인 이씨와의 사이에서 완화군完和君을 낳고 대원군이 첫 손자라며 귀하게 여기자, 그때부터 민비는 대원군을 미워해 자기의 친정 식구들을 불러들여 민씨 외척 세력을 형성해 나갔다. 그리고 최익현崔益鉉을 시켜 대원군을 탄핵하게 했다. 대원군은 집권 10년 만인 1873년(고종 11)에 물러나게 되었다. 민비의 공격과 쇄국 정책의 부작용으로 10년 세도가 무너진 것이다. 이때부터 여흥 민씨의 세도정치가 새로이 시작되었다.

민씨 정부가 운요호(운양호雲揚號) 사건과 강화도 조약으로 어쩔 수 없이 쇄국을 포기하고 문호를 개방하자, 개화파들은 일본과 협의해 내정 개혁을 실시했다. 그러나 민씨의 개화 정책에 대해 각지의 유림들이 반기를 들고 일어났다. 그로 인해 민비와 대원군의 사이는 더욱 벌어졌다.

그러던 중 1882년(고종 19)에 임오군란이 일어났다. 성난 군사들이 대궐로 쳐들어와 민비를 죽이려 하자 민비는 장호원으로 피신했다. 고종은 대원군에게 사태의 수습을 부탁했다. 대원군은 민비의 국상을 치르고 그의 측근들을 다시 불러모았다. 그러나 민비는 비밀리에 고종에게 자기가 살아 있음을 알리고 청나라에 요청하여 대원군을 납치하게 했다. 그렇게 민씨 정권이 다시 서게 되었다.

대원군은 민씨 정권과 다투지 않겠다는 조건으로 환국했지만, 더 이상 세력을 회복하지는 못했다. 민비는 러시아와 청국을 이용해 일본에 반대하다가 1895년(고종 32)에 이노우에 가오루井上馨의 사주를 받은 일본 공사 미우라 고로우三浦梧樓와 일본 낭인들에 의해 살해되었다. 이로써 외척세도정치도 끝이 나고, 이후 조선은 역사 속으로 사라지고 말았다.

1장

사림정치기 1

1
동서분당

당쟁의 역사는 1575년(선조 8)에 일어난 동서분당으로부터 시작되었
다. 그런데 이보다 앞선 1572년(선조 5)에 사림의 붕당을 예견한 사람
이 있었으니, 동고 이준경李浚慶이다. 이준경은 외척 세도가였던 윤원
형이 몰락한 뒤에 영의정이 되었고, 명종의 고명을 받들어 선조를 즉
위시킨 장본인이었다. 그는 중종에서 선조까지 네 임금을 섬긴 명망
있는 조정의 원로였다. 그러나 사림의 말을 잘 들어 주지 않는다는 이
유로 후배 사림들로부터 비난을 받고 있었다. 이준경은 죽기 전에 왕
에게 차자箚子(간단한 상소문)를 올려 붕당의 조짐을 알리고 그 대비책
을 마련할 것을 요청했다.

　선조는 즉시 대신들을 불러들여 "조정에서 누가 붕당을 짓는가?"라
고 묻고, 만일 붕당의 징조가 있으면 조정이 반드시 문란해질 것이라
고 걱정했다. 이에 대신들은 시원하게 답을 못하고, 사헌부, 사간원,

홍문관 등 3사에서는 이준경이 사림에게 화를 미치게 하니 관직을 몰수해야 한다고 주장했다. 조선은 명나라 법전인 『대명률』에서 규정한 대로 붕당을 금하고 있었다. 또한 이를 어길 때에는 죽음을 면하지 못하는 것이 원칙이었다. 그러니 붕당에 대해 언급한 이준경의 유차遺箚가 여러 사림들을 긴장시킨 것이다.

이준경이 근본적으로 우려했던 것은 특정 세력의 붕당 조짐이었다. 그 특정 세력이란 인순왕후仁順王后의 동생으로서 척신을 대표하던 심의겸과 사림의 중망을 받고 있던 이이였다. 물론 차자에서 두 인물을 구체적으로 지목한 것은 아니지만 그들을 경계한 것임을 심의겸과 이이 자신도 모르지 않았다. 이에 심의겸은 이준경이 근거도 없이 붕당이란 말을 지어내어 임금의 마음을 현혹시키고 있다고 반박했다. 이이역시 "조정이 청명한데 어찌 붕당이 있겠는가? 사람이 죽으려 할 때에는 그 말이 착한 법인데, 준경은 어찌 죽을 때에도 그 말이 악하단 말인가?"라며 이준경을 강하게 비판했다. 이이가 이렇듯 심하게 공박한 까닭은 이준경의 말로 인해 임금이 사림을 지나치게 의심하지 않을까 우려했기 때문이다.

후배 사림들이 이준경을 혹독히 비난한 반면, 대체로 선배 사림들은 이준경을 비호하는 쪽이었다. 유성룡의 경우에는 후배 사림이었지만 이준경을 옹호했다. 그는 3사의 언관들에게 "대신이 죽을 때에 말씀 올린 것에 부당함이 있으면 변명할 것이지, 죄 주자고까지 청하는 것은 조정에서 대신을 대접하는 체모가 아니니 여러분은 너무 심한 짓을 하지 마시오."라고 말했다. 선조 역시 끝내 이준경을 벌하지는 않았다.

사실 사림들 사이의 붕당은 선조 즉위와 함께 본격적인 사림정치시대가 열리기 전부터 그 조짐이 조금씩 보이기 시작했다. 훈신정치시대의 말기적 현상으로 외척권신정치시대가 과도기적으로 생겨났다. 이 시기에 명종은 문정왕후文定王后의 수렴청정이 끝나고 친정을 시작하면서 외척 권신들을 견제하기 위해 명종비인 인순왕후 심씨의 아버지인 심강沈鋼의 처남 이량李樑을 기용했다. 그러나 이량 또한 명종의 신임을 믿고 새로운 파벌을 만들었다. 그뿐이 아니었다. 순종하지 않는 사림 출신들을 외직으로 추방하고, 심지어 사림들을 숙청하기 위해 사화를 일으킬 계략까지 꾸몄다. 이때 심강의 아들이자 인순왕후의 동생인 심의겸이 그 계획을 미리 알아차리고 외숙인 이량을 제거함으로써 사림을 위기 직전에서 구하게 되었다.

심의겸은 비록 외척이었지만 권신을 내쫓고 사림의 화를 미연에 방지한 공으로 사림들 사이에서 신망이 높았다. 또한 평소 사림 세력과 친밀한 관계를 맺고 있었다. 심의겸의 조부 심연원沈連源은 김안국金安國의 문인으로 사림에 우호적인 인물이었다. 부친인 심강도 사림 보호를 역설한 적이 있었다. 이준경, 홍섬洪暹 등 훗날 선배 사림으로 불리는 이들은 바로 이때 심의겸의 도움으로 관계에 진출한 사류들이었다.

선조 즉위 이후 가장 두드러진 것은 기묘사화 이후에 위축되었던 사림이 정계에 대거 진출했다는 점이다. 반면 명종과 문정왕후의 비호 아래 권세를 휘두르던 권신들은 정치적으로 참패했다. 역사의 대세를 타고 성장한 사림은 이 시기에 이른바 '사림정치'라는 새로운 정치 형태를 연출하며 역사의 주체로 부상했다. 그러나 훈구 세력과 권신들이 정치 무대에서 사라지면서 더 이상 적대 세력이 없게 되자, 사림은 스스로 분열하기 시작했다.

선조 초년에 권신정권 당시 심의겸의 도움으로 관계에 진출했던 선배 사림과 사림정치가 시작되면서 새로이 정계에 진출한 후배 사림들 사이에 갈등 구도가 형성되었다. 물론 심의겸은 소윤小尹에 비견될 정도의 척신은 아니었다. 그러나 척신의 입장에서 모든 정치적 결정을 취한 것도 분명한 사실이었다. 따라서 후배들로서는 심의겸과 그를 용납하는 선배들에 대해 불만일 수밖에 없었다. 후배 사림들은 선배 사림들이 개혁에 적극적이지 않다는 이유로 그들을 소인으로 몰아세우고 스스로는 군자라 자처했다. 양자 간의 대립은 점차 심화되어 마침내 동·서 분당으로까지 발전하게 되었다. 결국 이준경의 유언은 이이의 말처럼 결코 저주와 음해가 아닌 선견지명으로 밝혀졌다. 이준경의 예견대로 사림들은 1575년(선조 8)에 이르러 마침내 동인과 서인으로 갈라졌기 때문이다. 이를 을해붕당乙亥朋黨이라고 한다. 이준경이 붕당의 조짐을 예고해 조정에 파문을 일으킨 지 3년 만의 일이었다.

선후배로 나뉜 두 당파

동서 분당은 이조전랑吏曹銓郎 자리를 둘러싼 심의겸과 김효원金孝元의 알력에서 비롯되었다. 조선에는 문·무관의 인사 행정을 담당하던 전랑이라는 관직이 있었다. 전랑은 정5품의 정랑과 정6품의 좌랑을 통틀어 이르는 말이다. 그런데 조선은 문관을 중시하던 풍토대로 중앙 행정 기구인 6조六曹 중에서도 이조전랑의 자리를 매우 중요하게 여겼다. 이조전랑은 품계가 그리 높지는 않았지만, 이른바 청요직 중 으뜸가는 직책이었다. 이조전랑은 문관의 인사와 관련해 정승과 판서를 견제

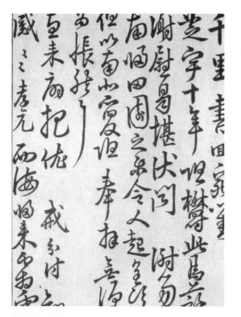

김효원의 필적
소장관인의 대표적인 인물로, 김효원을 따르는 이들을 동인, 심의겸을 따르는 이들을 서인이라 부르게 되었다.

할 수 있는 권한이 있었다. 또한 언론 3사인 사헌부, 사간원, 홍문관의 청요직을 추천하고 재야인사에 대한 추천권을 가지는 등 여러 가지 특권이 있었다. 아울러 자신의 후임을 지명하는 이른바 자대권自代權도 갖고 있었다. 이처럼 인사권과 언론권이 집중된 직책이었기 때문에 전랑을 누가 차지하고 있는가에 따라 권력의 향배가 결정될 수 있었다. 그래서 그 자리를 놓고 쟁탈전이 벌어질 수밖에 없었다.

당시 이조전랑의 자리에 있던 오건吳健은 자신의 후임으로 문과 장원급제 출신의 김효원을 추천했다. 김효원은 예전부터 문장으로 꽤 이름이 나 있었고, 과거에 장원으로 급제한 이후로는 능력 있는 인물로 명성이 점점 높아졌다. 몸가짐이 청백하고 맡은 일도 잘 처리해 신진 사류의 모범이 되었다. 그러한 그가 이조전랑 자리에 추천이 되자 구세력의 대표 인물인 심의겸이 견제를 하고 나섰다.

심의겸은 표면적으로는 김효원이 일찍이 명종 대의 권신인 윤원형의 문객門客이었다는 점을 들어 반대했다. 문학하는 선비로서 권세 있는 집의 자제들과 함께 거처한 것은 잘못된 것이라고 주장한 것이다. 실제로 김효원은 윤원형의 집에 머물렀던 적이 있었다. 일설에는 그의 장인 정승계鄭承季가 윤원형의 첩인 난정蘭貞의 아버지 정윤겸鄭允謙의 조카였기 때문에 공부를 위해 그곳에 기숙한 것이라고 한다. 그러나 심의겸의 반대에도 불구하고 심의겸의 일파를 제외한 대다수 사림들은 김효원의 결백을 인정했다. 과거에 잠시 윤원형의 집에 머물렀다 하더라도 그것만으로 이조전랑 임용에 결격 사유가 되지는 않는다고 본 것이다. 그리하여 김효원은 심의겸의 방해 공작에도 불구하고 1574년(선조 7)에 이조전랑에 올랐다.

이조전랑이 된 김효원은 청렴한 선비들을 많이 진출시키고 일처리도 깔끔해 신진 사류의 중심이 되었다. 한편 김효원은 마음속으로 심의겸을 정치 일선에서 가장 먼저 배제해야 할 척신이라고 생각했다. 심의겸이 비록 이량에 맞서 사림들을 적극 보호해 신망을 얻었지만, 심의겸 자신에게 드리운 척신의 이미지는 결코 탈피할 수 없었다. 천신만고 끝에 이조전랑의 자리에 오른 김효원은 심의겸을 두고 "미련하고 성질이 거치니 크게 등용할 수 없다."고 하는 등 인신 공격적 발언도 서슴지 않았다. 그리하여 둘 사이에 반목의 골은 더욱 깊어졌다.

그 즈음 심의겸의 동생 심충겸沈忠謙이 문과에 장원급제를 한 이후 김효원의 후임으로 이조전랑 자리에 추천되었다. 그러자 김효원은 "전랑이 외척 집안의 물건인가? 어째서 심씨 문중에서 반드시 차지해야 한단 말인가?" 하면서 불편한 심기를 드러냈다. 이 말을 들은 심의겸 또한 "외척이 원흉의 문객보다는 낫지 않은가?"라며 비아냥거렸다. 이조전랑 자리를 놓고 또다시 파란이 일기 시작한 것이다. 김효원은 심충겸을 추천한 사람들의 의견을 무시하고 이발李潑을 자신의 후임으로 추천해 버렸다. 이에 심의겸 일파는 김효원이 심의겸에게 원한을 품고 보복하려 한다면서 그를 소인으로 지목했다. 반면 김효원 일파는 심의겸이 김효원을 해치려 한다고 몰아붙였다.

결국 사림은 심의겸과 김효원을 중심으로 선·후배로 갈려 당파가 나누어지게 되었다. 이때 김효원의 집은 한양 동쪽의 건천방乾川坊에 있었고, 심의겸의 집은 서쪽인 정릉동貞陵洞에 있었다. 이에 김효원을 따르는 이들을 동인, 심의겸을 따르는 이들을 서인이라 부르게 되었다. 동인은 대체로 이황李滉과 조식曺植의 문인들로서, 나이가 젊고 학행과 절개가 있는 인물들이 많았다. 동인의 영수로 추대된 허엽許曄은 선배 사림에 속하는 인물이었지만, 유성룡, 우성전禹性傳, 김성일金誠一, 남이공南以恭, 이발, 이산해李山海, 이원익李元翼, 이덕형李德馨, 최영경崔永慶 등 소장파 인사들이 동인의 주축을 이루었다. 서인은 허엽과 대립하던 박순朴淳을 영수로 해서 결집되었다. 허엽과 박순은 원래 다 같이 화담花潭 서경덕徐敬德의 제자였는데, 이때 와서 갈라서게 되었다. 서인에는 이이와 성혼成渾의 제자들이 많았다. 정철鄭澈, 송익필宋翼弼, 조헌趙憲, 이귀李貴, 김계휘金繼輝, 윤두수尹斗壽, 윤근수尹根壽, 이산보李山甫 등이 서인의 주축이었다.

동인과 서인의 분열이 가시화되자, 이이는 극단적인 대립을 막기 위해 조정책을 제시했다. 이준경의 유언을 저주와 음해라고 간주하긴 했지만, 상황이 이렇게 되고 보니 이이 역시 책임을 면할 길이 없었다. 이이는 우의정 노수신盧守愼에게 다음과 같이 권했다.

심·김 두 사람은 모두 학문하는 선비들이니 혹과 백, 사邪와 정正으로 구분할 수 없소. 또 틈이 벌어졌지만 정말 서로 해치려는 것도 아니오. 다만 말

서인의 영수 박순의 암각 시문
서인은 허엽과 대립하던 박순(朴淳)을 영수로 해서 결집되었다. 허엽과 박순은 원래 다 같이 화담 서경덕의 제자였는데, 이때 와서 갈라졌다.

세의 풍속이 시끄럽고 말이 많아 뜬 말로 이간질을 해 조정이 조용하지 못하므로 두 사람을 다 외직外職으로 내보내어 뜬 의견을 진정시켜야 하겠으니, 대감이 경연에서 그 사유를 말씀드려야 하겠소. _『연려실기술』권 13, 「선조조고사본말」

이이는 김효원을 명예를 아는 사람으로 보았고, 심의겸은 외척 중에 좀 나은 사람으로 보았다. 그런 한편으로 김효원에게는 선배들을 배척하고 억누르려 한 잘못이 있고, 심의겸은 이들을 포용하지 못한 잘못이 있다고 생각했다. 그래서 두 사람 모두 외직으로 보내자고 제안한 것이다. 선조가 이를 받아들여 김효원은 경흥부사로, 심의겸은 개성

유수로 임명했다. 그러나 이것은 김효원의 입장에서 보면 심의겸에 비해 불리한 조처였다. 동인들이 반발하자 선조는 김효원과 심의겸을 각각 삼척부사와 전주부윤으로 다시 발령했다.

이 일로 이이는 동인들로부터 서인을 편든다는 불평을 들어야 했다. 이이가 김효원을 외직으로 내보낸 것은 그를 따르는 사람이 많아 그 세력이 성해질까 우려해서였다. 동인에는 청명한 젊은 선비들이 많았다. 반면 서인에는 나이든 선배들 몇몇 외에는 인망 없는 이들이 많았다. 때문에 당시는 동인이 성하고 서인이 약한 편이었다. 동인이 우세하게 되자, 별별 사람들이 다 동인에 붙어 동인이 옳다고 떠들어댔다. 그래서 이이는 동인을 억제하려고 했던 것이다. 동인이 우세할 때에는 동인을 눌러야 서인과 세력 균형을 이룰 수 있기 때문이다.

그런데 일단 김효원이 외직으로 쫓겨가자, 서인들은 그의 잘못을 추궁하는 데 여념이 없었다. 한편 서인은 김효원을 외직으로 보내자고 한 이이를 자기네 편이라고 생각했다. 그러나 김효원을 내보낸 후 서인이 심하게 동인을 공격하자, 이이가 다시 이를 말렸다. 그러자 이번에는 서인이 이이를 원망했다. 이이는 양편을 조정하려고 애썼으나 도리어 태도가 모호하고 분명하지 않다는 불평만 양쪽에서 듣게 되었다.

이이는 철저한 양시양비론兩是兩非論을 내세워 힘닿는 데까지 동인과 서인의 다툼을 조정해 보려고 했으나 역부족이었다. 결국 더 이상 조정에 머물러 있어서는 안 되겠다는 결론을 내리고 물러났다. 그가 물러난 후 동서 양당은 더욱 분열되어 대립 양상을 조정할 수 없는 지경에까지 이르고 말았다.

2
계미삼찬

1575년(선조 8)의 동서 분당 이후 조정에는 하루도 조용한 날이 없었다. 1578년(선조 11)에는 윤두수, 윤근수, 윤현尹睍이 동인의 공격을 받아 뇌물 수수 혐의로 파직되었다. 김성일이 경연에서 진도군수 이수李銖가 윤두수, 윤근수 형제와 그들의 조카 윤현에게 쌀 수백 석을 뇌물로 바친 사실을 폭로했던 것이다. 3윤三尹은 서인의 맹장이고, 이들의 파직을 주장한 김성일은 동인의 맹장이었다. 이처럼 동인, 서인은 상대방을 비판하고 공격하는 데 여념이 없었다.

오로지 이이 한 사람만이 양자의 조정을 위해 노력했다. 그는 비록 서인으로 지목받았지만 논의가 공정하고 행동에 치우침이 적었다. 그러나 1579년(선조 12) 7월, 백인걸白仁傑의 상소를 계기로 그의 이미지가 크게 달라졌다. 상소문에는 동·서인의 화해를 요구하면서도 동인을 비난한 구절이 있었다. 그런데 이 상소문의 초고를 수정한 사람이 바로 이이였다. 이에 동인들은 이이가 백인걸을 사주한 것으로 여겨 이이를 심하게 공격했다. 당론의 조정자가 도리어 당론을 격화시켰다고 공격을 당한 것이다.

1581년(선조 14) 6월, 선조는 이이를 대사헌에 임명했다. 이때 항간에는 유언비어가 나돌고 있었다. 그 골자는 심의겸이 누이 인순대비仁順大妃에게 출사를 주선하게 해 권력을 잡으려 한다는 것이었다. 당시 심의겸은 상중에 있었다. 따라서 기복起復이 되어야 벼슬할 수 있었다. 소문이 퍼지자 정인홍鄭仁弘이 이를 탄핵하려고 했다. 사태의 심각성을 깨달은 이이는 정인홍으로 하여금 자신이 불러 주는 대로 상소문을 작성하도록 하고 더 이상 강경한 말을 못하게 했다. 그러나 정인홍은 이이가 불러 준 대로 하지 않고 심의겸이 사류를 규합해 세력을 양성한다는 과격한 말을 추가했다. 그리고 심의겸에게 아부한 자로 윤두수, 윤근수, 정철 등을 지목했다. 정철은 이이의 두둔에도 불구하고 동인들에게 집중 공격을 당하자 고향으로 내려가 버렸다.

선조는 내심 심의겸을 미워하고 있었다. 선조가 16세의 어린 나이로 왕위에 올랐을 때, 심의겸이 누이 인순왕후에게 선조에 대한 통제를 종용한 일이 있었기 때문이다. 이이는 그런 사실도 모르고 동인과 서인을 조정하기 위해 심의겸을 두둔했다. 이것은 동인의 불만을 가중시킨 또 하나의 원인이 되었다. 그러면서 이이와 동인 사이의 충돌은 빈번하게 되었다. 1583년(선조 16) 3월에는 선조에게 수시로 왕을 만날 수 있게 해달라고 청했다가 동인들로부터 비난을 받았고, 그해 4월에는 유성룡, 이발, 김효원, 김응남을 동인의 괴수로 비판한 경안군慶安君 요瑤의 배후 조종자로 지목되기까지 했다.

이이가 병조판서로 재직하던 그해 여름, 니탕개尼蕩介가 함경도 종성을 공격한 일이 있었다. 상황이 급박한지라 병조판서 주관으로 출전 명령이 내려졌다. 이에 사헌부와 사간원 양사에서는 이이가 병권을 마음대로 주무르고 임금을 업신여긴다고 공격했다. 이이는 사직하고자 했지만 선조는 허락하지 않았고, 이이에 대한 동인의 공격은 더욱 격화되었다. 이이에 대한 공격은 박근원朴謹元, 송응개宋應漑, 허봉許篈 등이 주도했는데, 특히 대사간 송응개의 공격이 가장 맹렬했다.

동인들의 공격은 박순, 성혼 등 서인의 중진으로까지 확산되었다. 그러자 조정에는 이이에 대한 동정론이 확산되었다. 성균관 유생들이 이이를 두둔하는가 하면 선조도 이이의 편을 들었다. 심지어 동인 중에서도 이이를 변호하는 사람이 있었다. 결국 1583년(선조 16)에 선조는 조신과 유생들의 여론을 반영해 송응개, 박근원, 허봉을 각각 회령, 강계, 갑산으로 유배시켜 사태를 마무리지었다. 세상에서는 이 사건을 두고 계미년에 세 사람을 귀양 보냈다는 의미로 계미삼찬癸未三竄이라고 불렀다. 계미삼찬은 한마디로 이이를 맹렬하게 공격했던 동인의 맹장 3인이 도리어 간신으로 몰려 처벌받은 사건이었다.

선조는 계미삼찬 이후 이이를 이조판서에, 성혼을 이조참의에 임명했다. 그리고 다음과 같이 주자의 인군위당설人君爲黨說을 인용하며 이이와 성혼에 대한 지지를 표명했다.

이이에게 편당을 만든다고 하는데, 이 말로써 내 뜻을 움직이려 하는가?
아! 진실로 군자라면 그들끼리 당을 만드는 것이 걱정이 되기는커녕 그 당이 작은 것이 걱정이다. 나도 주희朱熹의 말을 본받아 이이와 성혼의 당에 들기를 원한다. 지금 이후로는 나를 이이와 성혼의 당이라고 해도 좋다. 만일 이이와 성혼을 훼방하고 배척하는 자라면 반드시 죄 주고 용서하지 않을 것이다. _『계미기사』

이듬해인 1584년(선조 17) 1월 16일, 이이는 동인과 서인을 조정하려고 애쓴 보람도 없이 죽고 말았다. 살아서 교우 관계 때문에 서인의 지지를 받은 반면에 동인의 배척을 받았던 이이는 결국 서인으로 지목되었고, 뒤에 서인의 종장宗長으로 추대되었다. 이이의 이러한 처지를 이원익은 다음과 같이 평했다.

두 사람이 술에 취해 언덕 아래서 싸움을 하고 있다. 그때 한 사람이 언덕 위에서 타일러 말리다가 두 사람이 듣지 않자 언덕에서 내려와 싸우는 두 사람을 뜯어 말리려 했는데, 결국 같이 끌리고 밀리고 한다면 어떻게 되겠는가? _『연려실기술』권 13, 「선조조고사본말」

한편 선조는 이이가 죽은 이듬해인 1585년(선조18)에 박근원, 송응개, 허봉을 유배에서 풀어주었다. 두 당파를 저울질하면서 국왕의 권한을 강화하고자 했던 의중을 드러낸 것이다.

3
정여립의 난과
기축옥사

1589년(선조 22) 10월, 황해감사 한준韓準의 비밀 장계가 올라왔다. 정여립鄭汝立이 모반을 꾀하고 있다는 내용이었다. 이 고변告變은 정여립의 일당이면서 안악에 사는 조구趙球가 밀고한 내용을 안악군수 이축李軸, 재령군수 박충간朴忠侃, 신천군수 한응인韓應寅이 함경감사에게 보고함으로써 알려지게 되었다. 그 내용은 정여립이 황해도와 전라도에서 군사를 일으켜 그해 겨울에 한양으로 쳐들어와 신립申砬과 병조판서를 죽이고 일을 도모하려 한다는 것이었다.

전주 출신의 정여립은 24세 되던 1570년(선조 3)에 과거 급제한 인물로 뛰어난 언변과 기백으로 고향인 전라도 지방에서 그 이름이 널리 알려졌다. 그는 촉망받는 인재로 조정에 천거되어 1583년(선조 16)에 예조좌랑이 되고 이듬해에는 수찬의 자리에 올랐다. 그는 이이, 성혼의 문하를 왕래해 서인으로 간주되었으나 동인의 지도자인 이발과도 친하게 지냈다. 이이와 성혼은 정여립의 다소 과격하고 급한 기질을 늘 안타깝게 여겼지만, 그의 박학다식에는 탄복해 조정에 천거하기까지 했던 것이다. 그러나 이이가 죽자, 정여립은 그를 나라를 그르치는 소인으로 매도하며 이발에게 붙어 동인이 되었다. 선조는 이런 정여립을 배은망덕한 자라고 혹평하고 조정에서 내쫓아버렸다.

정여립은 고향으로 내려가 전주, 금구, 태인 등 이웃 고을의 무사들과 노비들을 모아 대동계大同契를 조직했다. 잡술에 능했던 그는 장차 나라에 변이 일어나게 된다고 예측

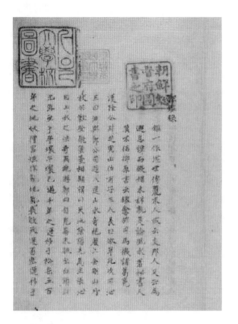

「정감록」
조선시대 이래 민간에 널리 유포되어온 예언서로, 정씨 성을 가진 진인眞人이 출현하여 이씨 왕조를 멸하고 새로운 세상을 열게 된다는 내용을 중심으로, 국가의 흥망과 개인의 안거 등을 말하고 있다.

했다. 그래서 왜구가 전라도 손죽도를 침범했을 당시 전주부윤 남언경南彦經의 요청으로 대동계를 통해 군사를 지원해 주기도 했다. 왜구를 진압한 후 군대를 해산할 때, 정여립은 훗날 일이 발생하면 각기 군사를 이끌고 모이라고 이르고 군사 명부 한 벌을 가지고 돌아갔다. 한편 정여립은 임꺽정林巨正의 난이 일어났던 황해도 안악에 내려가 그곳에서 교생 변숭복邊崇福, 박연령朴延齡, 지함두池涵斗와 승려 의연義衍, 도잠, 설청 등과 사귀었다.

당시 세간에는 "목자(木子＝李)는 망하고 전읍(奠邑＝鄭)은 흥한다."는 『정

50

감록鄭鑑錄』류의 동요가 유행하고 있었다. 일설에 따르면, 정여립은 그 구절을 옥판玉板에 새겨 승려 의연으로 하여금 지리산 석굴 속에 숨겨 두도록 했다. 그러고는 뒤에 산 구경을 갔다가 우연히 발견한 것처럼 위장해 변숭복, 박연령 등이 자신을 시대를 타고난 인물로 여기게 했다고 한다. 또 이런 이야기도 전해진다. 천안 지방에서 길삼봉吉三峯이라는 자가 화적질을 하고 있었는데 용맹이 뛰어나 관군이 아무리 잡으려 해도 잡을 수 없었다. 정여립은 지함두를 시켜 황해도 지방으로 가서 "길삼봉, 길삼산吉三山 형제는 신병神兵을 거느리고 지리산에도 들어가고 계룡산에도 들어간다.", "정팔룡鄭八龍이라는 신비롭고 용맹한 이가 곧 임금이 될 것인데, 머지않아 군사를 일으킨다."라는 유언비어를 퍼뜨리게 했다. 팔룡은 여립의 어릴 때 이름이었다. 소문은 곧 황해도 지방에 널리 퍼져 "호남 전주 지방에서 성인이 일어나서 만백성을 건져, 이로부터 나라가 태평하리라."라는 말이 떠돌아다니게 되었다.

정여립은 "천하는 공물이니 어찌 정해 놓은 주인이 있으리오. 충신은 두 임금을 섬기지 않는다 함은 왕촉王蠋이라는 자가 죽을 때 일시적으로 한 말이지 성인의 통론이 아니다."라는 말로 자신의 급진적인 성향을 드러내기도 했다.

1589년(선조 22)에 황해감사 한준의 장계가 조정에 올라오자, 선조는 정여립의 생질인 예문관 검열 이진길李震吉을 빼고 중신회의를 열었다. 이때는 이산해가 영의정, 정언신鄭彦信이 우의정을 맡았고, 이발, 백유양白惟讓 등의 동인이 득세하고 있을 때였다. 정언신은 정여립을 변호했다. 또 백유양의 아들 백진민白震民은 "황해도는 수령의 절반이 서인이고 또 이이의 제자들이 많은 곳이라 그들의 무고일지도 모르는 만큼, 정여립이 상경하여 입장을 밝힐 때까지 기다려야 한다."고 했다. 아울러 그는 재령군수 박충간의 제보에 대해서는 오히려 근거 없이 발설한 것이라며 참형에 처해야 한다고까지 주장했다. 그러나 이 사건으로 서인들은 의기양양해진 반면, 동인들은 위축되기 시작했다. 정여립이 동인이었기 때문이다.

변숭복은 조구가 고변한 것을 알고 안악에서 사흘 반나절 만에 금구로 달려가 정여립에게 그 사실을 알렸다. 정여립은 그날 밤 변숭복, 아들 정옥남 등과 함께 진안현 죽도로 달아났다. 이에 진안현감 민인백閔仁伯이 관군을 이끌고 정여립을 추격했다. 포위망이 좁혀지자 정여립은 변숭복과 정옥남을 먼저 칼로 쳐서 죽인 다음 자신도 스스로 목을 찔러 자살했다.

정여립의 자살로 정국은 돌변했다. 그의 말을 들어 보고 결정하자던 동인들이 설 땅을 잃고 만 것이다. 그의 자살이 스스로 혐의를 인정하는 것으로 해석되었기 때문이다. 결국 이 사건은 수많은 동인들이 화를 입은 기축옥사己丑獄事로 이어지게 되었다.

영의정 유전柳㻐, 좌의정 이산해, 우의정 정언신, 판의금부사 김귀영金貴榮 등이 재판관이 되어 죄인들을 심문했다. 이때 고향에 있던 정철은 송익필, 성혼의 권유를 받고 입궐해 차자를 올렸다. 그는 정언신이 정여립의 일가이니 재판관으로 적당하지 않으므로 교체해야 한다고 주장했다. 결국 차자를 올렸던 정철이 심문을 담당하게 되었다. 송익필은 정철의 집에 묵으면서 동인 타도를 지휘했다.

정여립과 공모했다는 죄로 이기, 황언윤, 방의신, 신여성辛汝成 등이 처형되었다. 또한 정여립의 생질인 이진길을 비롯해 이발, 이길李洁, 이

급李汲 세 형제와 백유양, 백진민 부자, 조대중曺大中, 유몽정柳夢井, 이황종李黃鍾, 윤기신尹起莘 등이 정여립과 가깝게 지냈다는 이유로 죽임을 당했다.

정철은 겉으로는 이발 등을 구하는 척했으나, 뒤로는 갖은 수법으로 이들을 옭아 넣으려 했다. 그는 평소 미워하던 사람들을 모두 역당으로 몰아 처단했다. 3년 동안 죽은 자만도 1천여 명이 넘었다. 반면에 정여립의 난을 고변한 박충간 등 22명은 평란공신平亂功臣이 되어 관직을 올려 받았다. 이때가 1590년(선조 23) 2월이었다.

기축옥사의 의혹들

기축옥사는 표면적으로는 역모 사건과 그 사건 연루자를 처단한 사건이지만 그 속내를 보면 사화라고 할 만했다. 정철을 위시한 서인들이 동인 제거를 위해 정여립의 난을 옥사에 이용해 억울하게 죽어간 사람이 많았기 때문이다. 정개청鄭介淸은 정여립의 집터를 봐준 적이 있고, 또 그의 저술 중에 절의節義를 배척한 내용이 있다 하여 경원으로 귀양을 가서 죽었다. 심지어 정철은 "개청은 반역하지 않은 여립이요, 여립은 반역한 개청이다."라고 몰아붙이기까지 했다. 남명 조식의 제자 최영경崔永慶은 정여립의 편지 한 장을 받은 죄로 길삼봉으로 지목되어 죽었다. 당시 떠돌던 말에 따르면, 길삼봉은 진주에 사는 사람으로 나이는 30세이고, 낯은 쇠빛이며 수척하고, 수염은 길어서 배까지 내려가고, 키가 크다고 했다. 어이없게도 최영경은 외모가 비슷하다는 이유로 길삼봉으로 몰려 죽어야 했던 것이다.

당사자는 물론이고 죄 없는 가족들까지 억울하게 죽었다. 이발의 82세 된 어머니를 주리를 틀어 죽였고, 그의 11세 된 아들과 5세 된 아들도 죽였다. 좌랑 김빙金憑은 바람병이 있어 차가운 바람이라도 불면 눈물을 줄줄 흘리곤 했다. 그는 정여립과 썩 좋은 사이가 아니었다. 그런데 정여립의 시체를 찢던 날 바람병 때문에 그만 눈물을 흘리고 말았다. 옆에서 이를 본 백유함은 "김빙이 여립의 죽음을 슬퍼해 울었다."며 역모로 몰아 죽였다. 이렇듯 기축옥사는 정여립의 역심을 역이용한 정치적인 사건으로, 실로 당쟁의 비극 중 비극이었다.

그런데 정여립이 실제로 역모를 꾀했는가, 아니면 역모를 꾀한 것처럼 꾸며진 것인가에 대해서 그 당시는 물론이고 지금까지도 논란이 많다. 만약 그가 실제로 역모를 꾸몄다면 달아나면서 문서들을 없애 버리지 않았을 리가 없다는 것이 그 이유다. 또 그가 누군가의 꾐에 빠졌다면 그를 유인한 자는 변숭복일 가능성이 크다. 정여립은 자살한 것이 아니고 누군가에 의해 타살당한 뒤 자살로 위장되었을지 모른다는 추측도 가능하다.

사실 정여립의 난과 관련해 납득하기 어려운 의문이 많다. 하필 자신의 연고지인 죽도로 도망을 간 것도 그렇고, 더욱이 그곳으로 간다고 행방을 알린 일부터가 이상하다. 진안현감이 추격한 것도 그래서 가능했다. 무엇보다도 이상한 것은 정철이 정여립은 도망갔을 것이라고 미리 말했다는 점이다. 실제로 정여립의 난으로 촉발된 기축옥사는 정여립 본인을 문초한 것도 아니고 단지 그의 집에서 나온 문서들을 근거로 동인들을 일망타진한 사건이었다. 이 모든 사실을 종합해 볼 때, 기축옥사는 조작된 사건, 즉 무옥誣獄이 아닐까 하는 의구심을 충분히 가질 수 있다.

기축옥사를 조작한 혐의를 받고 있는 인물은 살아 있는 제갈공명이라는 말을 듣던 송익필이다. 그의 아버지인 송사련宋祀連이 천첩의 후손이었기 때문에 송익필은 그 출신이 미천했다. 그런데 송사련은 좌의정을 지낸 안당安瑭의 아들 안처겸安處謙을 역모로 고변하고 그 대가로 정3품 당상관에 올랐다. 뿐만 아니라 문초를 받고 사사된 안씨 집안의 토지와 노비까지 모두 차지했다. 덕분에 송익필은 유복한 환경에서 자랄 수 있었다. 맏형이 송인필宋仁弼, 둘째형이 송부필宋富弼, 그리고 동생이 송한필宋翰弼이다.

송익필은 이산해 등과 함께 8문장에 들 정도로 글을 잘 했으며 성리학에도 조예가 깊었다. 그는 이이, 성혼과도 친하게 지냈다. 이이가 평생 서얼 허통을 주장한 것도 송익필을 위해서였다고 한다. 김장생, 김집의 스승이기도 한 송익필은 서인의 모사謀士로 알려져 있다.

그런데 안당의 후손들이 송사를 벌여 송사련의 고변이 조작된 것임을 밝히고, 송사련의 어머니가 안돈후安敦厚의 딸이 아니라 사노비인 전 남편의 소생이니 그 자손 70여 명을 모두 노비로 되돌려야 한다고 주장했다. 동인인 이발 등은 법의 시한이 지났음에도 그 주장을 받아들여 송익필과 그 형제들을 모두 환천시켰다.

이러한 수모를 당한 송익필은 동인들의 천하를 뒤바꾸어 놓으려는 계책을 세웠다. 정여립의 대동계가 그 빌미가 되었다. 더욱이 정여립은 이이를 배반해 서인들의 미움을 사고 있는 터였다. 송익필은 이이와 친하게 지내왔기 때문에 누구보다도 정여립을 잘 알고 있었다. 또한 그의 동생 송한필은 황해도 사람들에게 "전주에 성인이 났으니, 곧

정수찬鄭修撰이다. 그는 길삼봉과 서로 친하게 왕래하는데, 삼봉은 하루 3백리 길을 걸으며 지혜와 용맹이 비할 데 없으니 역시 신인神人이다. 너희들이 만일 가서 볼 것 같으면, 벼슬이 스스로 올 것이다."라는 말을 했다. 교생 변승복, 박연령 등이 그 말을 믿고 정여립을 만나게 되었고, 정여립도 그들을 후하게 대접해 주었다. 이러한 정황을 볼 때 변승복은 송한필의 사람일 수 있다. 조구가 정여립의 반역을 고발한 것도 송익필 형제의 사주에 의한 것일 가능성이 크다.

송익필은 동인을 공격하는 서인의 상소문을 대신 써주고 정철을 조종해 정여립 사건과 기축옥사를 주도면밀하게 추진했다. 그래서 세간에서는 기축옥사를 두고 송익필이 꾸미고 정철이 실행한 사건이라고 평하기도 한다.

4
남북 분당

정여립의 난과 기축옥사 이후 정국은 좌의정 정철 등 서인이 주도했다. 동인 중에 이산해, 유성룡 등도 선조의 신임을 받고는 있었지만 역시 주도권은 서인이 쥐고 있었다.

그러던 1591년(선조 24) 어느 날, 유성룡은 정철에게 세자 책봉을 건의하자고 했다. 당시 선조의 정비인 의인왕후懿仁王后 박씨에게는 소생이 없었다. 이에 대신들 사이에서 세자 책봉 문제가 조금씩 거론되기 시작했다.

이 무렵 선조는 인빈仁嬪 김씨와 그녀가 낳은 신성군信城君에게 한창 마음을 뺏기고 있었다. 그래서 유성룡은 서둘러 국본을 정하지 않으면 안 되겠다고 생각해 정철에게 이 문제를 의논해 온 것이다.

두 사람은 영의정 이산해와 이 문제를 논의할 약속 날짜를 정했다. 그러나 이산해는 두 차례나 약속을 어기고 나오지 않았다. 오히려 그는 인빈 김씨의 오빠인 김공량金公諒에게 "정철이 장차 세자 세우기를 청하고 이어서 신성군 모자를 없애 버리려 한다."고 거짓 귀띔을 했다. 이에 김공량은 곧바로 인빈에게 달려가 그 사실을 알렸고, 인빈은 선조에게 울면서 "정철이 우리 모자를 죽이려 한다."며 하소연했다.

처음에 선조는 이 말을 뜬소문이라며 믿지 않았다. 그러나 아무것도 모르는 정철이 경연에서 세자 세울 것을 건의하고야 말았다. 소문이 사실이었음을 확인한 선조는 크게 노해 "내가 지금 살아 있는데, 세자 세우기를 청하니 어쩌자는 것이냐?"라고 호통을 쳤다. 선조가 신성군을 사랑하고 있음을 김공량을 통해 잘 알고 있었던 이산해는 그 자리에 나가지 않았고, 정철에게 먼저 세자 책봉 이야기를 꺼냈던 유성룡은 아무 말도 하지 않았다.

이렇게 되자 상황은 정철에게 불리하게 돌아갔다. 동인들은 기회를 놓치지 않고 그가 정권을 독차지하고 최영경 등을 억울하게 죽였다며 맹공을 퍼붓기 시작했다. 결국 정철은 파직되어 명천으로 귀양을 가고, 백유천, 유공신, 이춘영 등도 조정에서 쫓겨났다. 서인들이 실세한 것이다.

반면에 영의정에는 이산해, 좌의정에는 유성룡이 임명되었다. 기축옥사에서 죽었던 최영경은 죄가 풀려 벼슬을 올려 받았고, 뒤에 이발, 이길, 정개청 등도 사면되었다. 선조는 "간사한 성혼, 악독한 정철奸渾毒澈"이라는 말까지 쓰면서 서인을 배척했다.

그런데 다시 정권을 잡은 동인은 분열하게 되었다. 기축옥사를 잘못처리한 정철에 대한 죄를 논의할 때, 정철뿐만 아니라 서인들 모두를 대거 처벌해야 한다는 이발, 이산해, 정인홍鄭仁弘 등의 강경파와, 처벌

범위를 최대한 줄여야 한다는 유성룡, 김성일, 우성전禹性傳 등의 온건파로 의견이 갈렸다. 이때 강경파를 북인이라 하고, 온건파를 남인이라 했다.

이러한 분당의 조짐은 이미 그 전부터 있었다. 정여립이 이발을 통해 전랑이 되고자 할 무렵이었다. 이경중李敬中은 정여립이 반역하기 전부터 그 사람됨이 나쁘다는 것을 알고 벼슬길을 막으려고 했다. 이에 정인홍이 이경중을 탄핵했는데, 바로 6년 뒤 기축옥사에서 정여립의 실상이 여지없이 드러나고 만 것이다. 그러자 유성룡은 이경중의 선견지명이 있었음에도 그 당시 대간들에게 반박당해 체직되고 말았다며 불만을 터뜨렸다. 그런데 유성룡의 그 한마디가 조정에 파문을 일으켜 이경중 탄핵 당시의 대간이었던 정인홍은 관직을 내놓아야 했다. 이와

정철의 「사미인곡」
송강 정철은 가사 문학의 일인자로, 시조에 능했던 고산 윤선도와 더불어 한국 시가사상 쌍벽으로 평가받는다. 당쟁으로 관직을 잃고 은거하던 중에 지은 이 가사 작품에서 '미인'은 임금을 은유하고 있다.

같은 정인홍과 유성룡의 불화가 남북 분열의 빌미가 되었다.

한편 우성전과 이발의 대립도 남북 분열에 한몫을 했다. 우성전이 부친상을 당해 이발이 문상을 갔다. 그때 이발은 우성전이 평양에서 데려온 기생첩이 머리를 풀고 며느리 노릇을 하고 있는 것을 보았다. 원래 그 기생은 우성전의 아버지가 함종현령으로 있을 때, 평양을 왕래하다가 알게 된 여인이었다. 그가 병이 들어 사직하자, 평양감사가

그 여인을 우성전의 집으로 보낸 것이었다. 자초지종을 모르는 이발은 아버지가 죽게 되었는데 무슨 마음으로 기생을 데려왔는지 모르겠다며 좋지 않은 소문을 퍼뜨렸다.

이에 정인홍이 우성전을 탄핵하기 시작했다. 그 당시 이발은 북악산 아래 살고 있어서 그의 당을 북인이라 불렀고, 우성전은 남산 아래 살아서 그를 두둔하는 이들을 남인이라 불렀다.

그런데 동인이 각기 남과 북으로 갈린 원인이 이렇듯 단순한 사사로운 감정 대립 때문일까? 동인은 그 구성원이 매우 다양했다. 서인이 이이와 성혼의 문인을 중심으로 결집된 반면, 동인은 서인에서 제외된 다수의 신진 세력으로 구성되어 있었다. 그중에서도 특히 퇴계 이황과 남명 조식, 그리고 화담 서경덕의 학문적 전통을 계승한 사람들이 많았다. 그러나 이황과 조식의 사상적 차이는 제자들 단계에 이르러 표면화되었고, 급기야 중앙 정계에서 남인과 북인이라는 두 세력으로 갈라지게 되었던 것이다.

남인인 유성룡 일파에는 퇴계 문인이 많았고, 북인인 이발의 일파에는 화담, 남명 문인이 많았다. 이덕형 같은 경우는 본래 남인이었다. 그러나 북인 이산해의 사위였기 때문에 남·북인을 동시에 출입했는데, 북인이 점점 성해지자 남인으로 돌아섰다. 그는 서인인 이항복李恒福과도 막역한 사이로, 당색에 구애받지 않는 행보를 보이기도 했다.

이덕형뿐만 아니라 남인들은 대체로 자기들 외의 다른 당의 존재를 긍정적으로 받아들이고, 서로 간의 시비 분별을 엄격히 하기보다는 정국의 안정을 위해 서로 협조하는 것을 더 중시하는 입장이었다. 그러나 남인 세력의 이러한 정치적 인식은 왜란으로 일본에 대한 적대감이 고조되어 엄정한 시비 분별이 중시되던 분위기에서는 적절하지 못한 것이 되었다.

5
임진왜란과
당쟁

1591년(선조 24) 조선에서는 일본의 정세를 살피기 위해 통신사通信使를 파견하기로 했다. 정사正使에는 서인 황윤길黃允吉, 부사副使에는 동인 김성일金誠一, 서장관書狀官에는 동인 허성許筬이 임명되었다. 일본에 다녀온 후 황윤길은 "도요토미 히데요시豊臣秀吉는 눈이 반짝거리고 지력이 있는 인물인 듯하다."고 했다. 반면 김성일은 "눈이 꼭 쥐눈과 같더라."며 그의 인물됨을 하찮게 보고했다. 서인들은 황윤길의 말을 믿었고, 동인들은 김성일의 말을 믿었다. 당시는 동인 정국이었는데, 주도권을 쥔 동인들은 김성일의 말에 따라 별다른 방비책을 쓰지 않았다. 후일담이지만 김성일은 민심의 동요를 우려해서 그렇게 말한 것이라고 한다.

이듬해 4월, 왜군은 부산에 상륙한 후 파죽지세로 쳐 올라왔다. 조선은 속수무책이었고, 급기야 선조는 의주로 피란을 가야만 했다. 서인들은 왜란의 책임을 물어 동인 이산해를 탄핵했고, 강계로 귀양 간 정철과 윤구수 등 서인을 불러들이자고 했다. 피란 가는 길이 서인이 우세한 지역이었기 때문에 선조는 이들의 요구를 무시할 수 없었다. 서인은 동인을 공격해 이산해를 귀양 가게 했다. 그러나 유성룡만은 이항복의 비호로 남아서 전란을 총지휘하게 되었다. 의주로 피란 간 뒤에도 동인과 서인의 다툼은 끊이지 않았다. 선조가 시국이 이러한데 아직도 동·서인이 싸움만 하느냐고 호통을 치기까지 할 지경이었다.

1594년(선조 27) 한양에 돌아온 선조는 유성룡, 김응남金應南, 정탁鄭琢 등 남인을 재상으로 기용했다. 선조는 서인과 남인을 적절히 기용하면서 왕의 입지를 강화하고자 했다. 이 무렵 명나라와 일본 사이에 화의 논의가 있었다. 유성룡과 성혼은 화의론에 찬성했지만, 대부분은 반대했다. 독자적으로 명과 일본의 화의를 막을 도리도 없었고, 화의 조건이 조선에 불리한 것이 아닌데도 대의명분만을 내세워 반대했던 것이다.

이때 전라감사 이정엄李廷馣이 화의에 찬동하는 장계를 올렸다. 이에 조신들은 그를 목 베어 죽여야 한다고 들고 일어섰다. 성혼만이 이정엄을 극구 변호했다. 선조는 그런 성혼을 두고 "간사한 자의 사특한 말"이라고 쏘아붙이며 대궐에 방을 붙여 타도하도록 했다. 선조는 성혼에게 묵은 감정이 있었다. 선조가 피란 갈 무렵이었다. 피란 행차가 성혼의 고향을 지나가게 되었는데, 성혼은 찾아와서 뵙지 않았다. 당시 성혼은 산 속으로 피란 가 있었기 때문에 선조가 그곳을 지나간다는 사실조차 몰랐다고 한다. 동인 중에서도 김우옹金宇顒은 성혼만을 공격하고, 이이첨李爾瞻, 정인홍은 유성룡을 공격해 남인과 북인의 분열은 분명해지기 시작했다. 서인들은 화의를 주장하는 건 유송룡인데 성혼에게만 그 죄를 뒤집어씌운다고 비난했다.

이순신李舜臣은 처음에 유성룡의 추천으로 전라좌수사가 되어 왜군을 물리치는 데 큰 공을 세웠다. 그 후 이순신은 삼도수군통제사를 겸하게 되었다. 이때 이순신과 함께 전공을 세운 이로 원균元均이 있었다. 그는 이순신이 통제사가 되면서 그 휘하에 들어가게 되자, 이순신과는 다른 노선을 걷기 시작했다. 당시 동인은 이순신을 지지했고, 서인은 원균을 지지했다.

이 무렵, 왜장 고니시 유키나가小西行長가 경상우병사 김응서金應瑞에게 이중간첩 요시라要時羅를 몰래 보내 다음과 같이 통지했다.

이번 강화의 일이 성립되지 않은 것은 가토 기요마사加藤淸正 때문이므로 나는 그를 매우 미워하고 있다. 아무 날에 가토가 바다를 건너올 것인데, 조선은 수전을 잘하니 만약 바다 가운데에서 마주치면 승리할 수 있을 것이다._『연려실기술』권 17,「선조조고사본말」

김응서는 이 사실을 급히 조정에 보고했고, 선조는 출정 명령을 내렸다. 그러나 이순신은 이것이 적의 흉계라 여기고 출정하지 않았다. "바닷길은 험난한데 적군은 반드시 복병을 많이 숨겨두고 기다릴 터이니, 배를 많이 거느리고 가면 적이 모를 리가 없고 적게 거느리고 가면 도리어 습격을 당하게 될 것이다."라는 것이 출정하지 않는 이유였다. 이미 그 무렵 가토는 육지에 상륙한 뒤였다. 이순신이 명령에 따라 움직였다고 해도 때가 늦었을 터였다.

이에 북인은 이순신이 어물어물하다가 기회를 놓쳤다며 그를 취조

했다. 이순신은 유성룡이 추천
한 인물이기 때문에 평소 유성
룡에게 반감을 갖고 있던 자들
이 이순신을 치죄한 것이다.
이순신은 사형의 벌을 간신히
면하고 권율權慄의 밑으로 들어
가 백의종군하게 되었다. 당쟁
으로 인해 실로 우려되는 정국
이 전란 내내 계속되었다.

『선조실록』과 『선조수정실록』
『선조실록』은 광해군대에 집권한 기자헌과 이이첨 등 북인
이 중심이 되어 편찬했으며, 『선조수정실록』은 인조반정 이
후 집권한 서인들이 편찬했다.

왜군을 완전히 몰아낸 후에는 경
의와 실천을 중시한 남명 조식의 영
향을 받아 의병장을 많이 배출한 북
인 세력이 정국을 장악해 나갔다. 그들은 절의를 중시하고 강력한 척
화를 표방했다. 1598년(선조 31) 정유재란 뒤에 명나라의 정응태鄭應泰
가 조선이 왜와 통하고 명나라를 배반하려고 한다고 무고한 일이 있었
다. 이에 선조는 유성룡을 변무사로 명나라에 보내어 오해를 풀고자
했다.

그런데 이때 유성룡은 노모가 있어 멀리 갈 수 없다고 사양했다. 그
러자 남이공, 정인홍, 이이첨 등 북인들은 유성룡에게 신료로서 왕의
뜻을 거스르는 것은 잘못이라며 탄핵했다. 유성룡에 대한 북인 세력의
공격은 남인 전체에 대한 비판으로 이어졌다. 결국 유성룡, 김성일 등
남인은 임진왜란의 책임을 지고 물러났다.

6
북인과
광해군 정권

북인은 남인을 몰아내고 정권을 잡았지만 그 전신인 동인의 경우와 마찬가지로 잡다한 계열의 사람들이 섞여 있어서 결속력이 미약했다. 퇴계 계통의 문인들로 구성된 남인에 비해, 북인은 조식과 서경덕의 학통을 계승한 사람들이 중심이었다. 그래서 서인이나 남인에 비해 학연성의 순수성은 그다지 강하지 못했다.

전란 말기에 신진 세력의 지지를 얻은 김신국金藎國, 남이공 등은 권력 장악과 동시에 북인 내부의 기성세력인 이산해, 홍여순洪汝諄 등의 정국 운영에 불만을 토로했다. 그러던 중 이조판서 이기李墍가 홍여순을 대사헌으로 천거하려 하자, 이조전랑 남이공이 청론을 앞세워 이를 막은 것에서부터 사단이 벌어졌다. 이때부터 북인은 이산해, 홍여순, 이이첨, 정인홍 등의 대북大北과 유영경柳永慶, 남이공, 김신국 등의 소북小北으로 갈렸다.

그러나 분열은 여기서 그치지 않았다. 대북 세력이 정국을 주도하는 가운데 홍여순의 세력 확대와 그에 대한 이산해의 견제로 또 다른 갈등이 표면화되면서, 대북은 이산해를 지지하는 육북^{肉北}과 홍여순을 지지하는 골북^{骨北}으로 다시금 분열되었다.

1606년(선조 39), 선조가 김제남의 딸을 새로운 왕비로 맞이해 적자인 영창대군을 낳았다. 이때부터 북인의 분열은 광해군을 지지하는 대북과 영창대군을 지지하는 소북으로 갈리면서 더욱 심화되었다.

앞서 선조는 각 당파의 대립이 심각해지는 상황에서 정치적 경륜이 있고 정국의 소용돌이에도 휩쓸리지 않으며 중립적인 입장을 견지하던 유영경을 중용한 바 있었다. 그는 이조판서에서 우의정, 그리고 곧 영의정으로까지 올랐다.

그런데 유영경은 영창대군이 태어나자 세자인 광해군이 있음에도 불구하고 백관을 거느리고 하례했다. 광해군은 임진왜란 때인 1592년(선조 24)에 급히 세자로 책봉되었는데, 전란 중에 많은 공적을 쌓아 따르는 무리가 많았다. 이에 선조의 의심과 불신을 사고 있었고, 영창대군의 출생 무렵에는 선조가 세자의 문안조차 받지 않을 정도로 갈등의 골이 깊은 상태였다.

유영경은 세자에 대한 선조의 불만을 자기의 손자이며 선조의 부마인 유정량^{柳廷亮}을 통해 익히 알고 있었다. 유영경은 내밀히 영창대군을 지지하기 시작했고, 급기야 왕위 계승에까지 관여하게 되었다. 당시 광해군이 세자이긴 했지만 아직 명나라로부터 정식 승인을 받지 못하던 터였다. 따라서 영창대군을 세자로 세울 수 있는 가능성은 얼마든지 있었다.

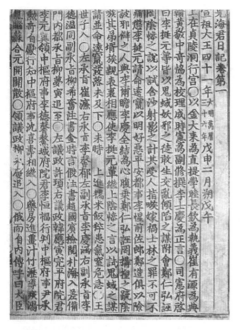

광해군일기

1608년 2월부터 1623년 3월까지 광해군 재위 기간의 역사를 기록한 책으로, 조선시대 다른 왕의 실록과 함께 일괄해서 국보 제151호로 지정되어 있다.

1607년(선조 40) 겨울, 선조는 병세가 악화되자 밀지를 내려 대신들을 불렀다. 전·현직 대신들은 이미 대궐 안에 모여 있었다. 그런데 유영경은 왕이 현직 대신들만을 들어오라고 했다면서 전직 대신들을 모두 내보내게 했다. 왕은 세자에게 임금의 자리를 물려주겠다는 전교를 내렸다. 그러나 유영경은 좌의정 허욱許頊, 우의정 한응인韓應寅과 함께 세자 전위의 명을 거두라고 했다. 영창대군이 아직 두어 살밖에 되지 않았기 때문에 전위를 최대한 지연시켜 보자는 뜻에서였다. 이에 사람들은 "영경이 세자를 옹호하지 않으려는 마음을 가지고 있다."고 의심하게 되었다.

유영경은 7년 동안이나 영의정 자리에 있으면서, 소북이 정권을 주도하는 데 큰 역할을 했다. 한편 유영경이 집권하는 동안 같은 소북 중에서도 유영경의 소북당을 탁소북濁小北 혹은 탁북濁北이라 하고, 세력이 약한 남이공의 소북당을 청소북淸小北 혹은 청북淸北이라 불렀다. 구성원이 다양해 고정되지 않은 당색을 띠었던 북인은 잦은 분열과 대립의 모습을 드러냈다.

이산해, 이경전李慶全, 이이첨 등의 대북은 진주에서 정인홍을 불러들여 유영경을 공격하도록 했다. 산림 세력을 끌어들여 밖으로부터 지지 세력을 확보할 요량에서였다. 그동안 대북 인사들을 통해 중앙 정계의 동정을 파악하고 있던 정인홍은 "유영경이 광해군을 동요시키고 좌의정, 우의정 등이 이를 부추긴다."며 강경한 어조로 비판했다.

선조는 정인홍의 상소를 보고 대단히 불쾌하게 여겼다. 명나라의 책봉도 받지 못한 세자를 두둔하면서 유영경을 모함한 것이 괘씸하기 그지없었다. 대간에서는 정인홍이 왕과 세자를 이간질한다고 공박했다. 선조는 정인홍, 이이첨, 이경전 등을 유배 보냈다.

그러던 중, 1608년(선조 41) 2월에 선조가 갑작스럽게 죽음을 맞이하면서 광해군이 즉위하게 되었다. 이와 함께 광해군을 전폭적으로 지지하던 대북이 정권을 장악했다. 유영경을 위시한 소북은 졸지에 궁지로 몰렸다. 광해군의 왕비 유씨의 오빠인 유희분柳希奮은 원래 소북이었지만 대북 정권에 가담했다. 그는 전한典翰 벼슬을 하는 최유원崔有源을 시켜 광해군이 당일로 즉위해야 한다고 주장하기까지 했다.

광해군의 즉위와 급변하는 정국

광해군은 공빈恭嬪 김씨의 둘째아들로, 전란 중에 세자로 책봉되었다. 선조는 정비 박씨에게서 소생이 없자, 임진왜란이라는 위급한 때를 당해 광해군을 세자로 삼고 분조分朝(정부를 나눔) 체제로 들어갔다. 선조는 세자로 하여금 근왕병을 모집하게 했고, 이때 광해군은 많은 공적을 남겨 추종하는 이들이 많아졌다. 의주로 피란해 백성의 원망과 질책을 받고 있던 선조에 비해 너무도 대조적인 현상이었다. 명나라는 이를 이용하여 선조와 광해군 사이를 이간하기 시작했다. 급기야 이들 부자간에 메울 수 없는 틈이 생겨버렸다.

명나라에서는 세자에게 형인 임해군臨海君이 있다는 이유로 세자 책봉을 허락해 주지 않았다. 임해군은 성격이 포악하고 덕이 없어 세자로 책봉되지 못했다. 선조 또한 계비 김씨에게서 영창대군이 출생한 후로는 명나라로부터 세자 책봉 허락을 받지 못했다는 이유로 광해군을 더욱 박대했다. 이에 광해군을 지지하는 대북 세력과 영창대군을 지지하는 소북 세력 간에 권력 투쟁이 벌어진 것이다. 그러나 선조가 죽음으로써, 비로소 광해군은 인정받지 못한 16년간의 세자 시절을 가까스로 마감할 수 있게 되었다.

광해군은 즉위와 동시에 이산해를 원상院相으로 삼아 승정원에서 숙직하게 했다. 영창대군을 지지했던 영의정 유영경은 사직했다. 광해군은 처음에 이를 받아들이지 않았다. 그러나 대북 정권의 조종을 받은 대간의 끈질긴 탄핵으로 결국 영의정에 이원익을 임명했다. 반면에 유영경, 김대래金大來, 이홍로李弘老 등 소북의 원로들은 각기 경흥, 종성, 제주 등지로 귀양 가서 그곳에서 죽임을 당했으며, 훗날 한양 네거리에서 관을 쪼개고 시체를 꺼내어 베는 부관참시剖棺斬屍의 추형追刑까지 당했다.

유영경의 죄목은 광해군이 임진왜란 때 분조를 해 중흥의 공로가 있음에도 불구하고 선무공신宣武功臣으로 책정되는 것을 방해한 죄, 선조가 병이 위중해 광해군에게 왕위를 물려주려고 한 것을 방해한 죄 등이었다. 사실 그가 세자를 바꾸려 했다는 것은 어디까지나 심증이었을 뿐 명백한 증거가 있는 것은 아니었다. 그럼에도 왕권 계승이란 미묘한 문제에 결부되었기 때문에 정국이 바뀌자 그는 첫 번째 처벌 대상으로 꼽혔던 것이다. 선왕의 대신이었기에 광해군은 그를 선뜻 처벌하기 어려웠지만 어쩔 수 없었다.

비극은 여기서 그치지 않았다. 1612년(광해군 4) 2월, 김직재金直哉의 옥사가 일어났다. 봉산군수 신율申慄이 병조의 문서를 위조해 군역을 피하려다가 붙들린 김경립金景立이란 자를 문초했다. 그런데 그가 성균관 학유學諭로 있는 김직재, 김백함金白緘 부자가 모반을 계획한다고 발설했다. 이때 김직재 등은 물론이고 유영경의 아들들도 모두 연루되어 일문이 참화를 입게 되었으며, 많은 소북 인사들이 정계에서 축출되었다. 이는 대북이 소북을 제거하기 위해 꾸민 무옥誣獄이었다.

반면에 선조의 명으로 귀양을 가던 정인홍, 이경전, 이이첨은 곧바로 석방되었다. 이어 정인홍은 한성판윤에 임명되었다. 그러나 정인홍은 이를 사직하고 다시 고향으로 내려갔다. 그는 이른바 산림으로 예우를 받으며 중앙의 중요한 정치 현안들을 배후에서 지휘했다.

한편 이이첨은 사헌부 지평, 홍문관 부교리 등의 요직을 거쳐, 이듬해 정월 동부승지로 승진해 왕의 측근에 있게 되었다. 이산해는 현직에서 물러나 있었으나 대북의 원로로서 여전히 영향력을 행사하고 있었다. 그 아들 이경전도 정인홍, 이이첨과 함께 광해군의 즉위에 공을 세웠다 하여 역시 중용되었다.

그러나 광해군 초에는 소북 중에서 유영경 일파가 아닌 사람들이 아직 큰 세력을 형성하고 있었다. 왕비의 오빠인 유희분, 왕비의 외숙인 정창연鄭昌衍과 남이공, 김신국 등이 각각 외척으로 혹은 청류란 이름으로 영향력을 행사했다. 이렇듯 광해군 즉위 후 한동안 대북과 소북이 공존하는 체제였다가 점차 대북 독점 체제가 되었다.

한편 남인과 서인의 원로였던 이원익, 이덕형, 이항복, 심희수沈喜壽 등이 대신으로 남아 있었지만, 이들은 별다른 세력이 없었으므로 급변하는 정국에 이렇다 할 변수가 되지 못했다.

7

5현의 문묘종사와
회퇴변척

붕당을 이해하는 데 중요한 단서가 되는 사림파의 학통學統은 일반적
으로 동방 이학의 조[祖東方理学之祖]로 일컬어지는 정몽주鄭夢周에서 시작해
길재吉再, 김숙자金叔滋, 김종직金宗直, 김굉필金宏弼, 정여창鄭汝昌, 조광조
趙光祖로 이어진다. 이 학통의 계보는 조광조가 주창한 이래 이황이 재
천명함으로써 사림의 통념이 되었다. 사림을 자처한다면 어느 누구도
이 계보와 무관하게 존재할 수 없었다. 이는 연원淵源을 중시하는 사림
사회의 정신적인 틀이었다.

훈구파와의 갈등과 반목, 그리고 그에 따른 수차례의 사화를 겪으면
서도 사림은 성장해 왔다. 그 결과 선조의 즉위와 더불어 사림시대를
개막할 수 있었다. 그러나 그렇다고 사림의 모든 욕구가 충족된 것은
아니었다. 그들의 남은 과제는 바로 자신들의 학문 연원을 현양顯揚하
는 일이었다. 이는 사림파의 도통道統을 천명하는 과정인 동시에 사림

정권의 정당성을 강화하는 중요한 작업이었다.

선조가 즉위하던 해, 기대승奇大升은 경연에서 조광조를 '현사賢士', 이언적李彦迪을 '현자賢者', 이황, 김굉필을 '현인賢人'으로 칭송한 일이 있었다. 표현은 다르지만 모두 '어진 사람'이라는 뜻에서는 동일하다. 또한 이황은 김굉필, 정여창, 조광조, 이언적을 '현사'로 평가했다. 사림파의 학문 연원을 공인받기 위한 발언이었다. 이황이 조광조의 행장을 개찬하고, 이언적의 행장을 자진해서 찬술한 것도 그 준비 과정이었다. 김굉필, 정여창, 조광조, 이언적에 대한 존경과 현양의 분위기는 퇴계를 통해 한층 무르익어 갔다.

조선 왕조는 유학을 통치 이념으로 내세운 유교 국가였다. 그래서 유교를 집대성한 공자를 받드는 사당인 문묘文廟를 두었다. 조선시대 사림들이 가장 존경했던 주자도 여기에 종사從祀되어 있었다. 그런 만큼 공자, 주자와 더불어 같은 사당에서 제향祭享된다는 것은 유학자로서 누릴 수 있는 최상의 영광이었다.

1570년(선조 3) 3월, 성균관 유생들이 중심이 되어 김굉필, 정여창, 조광조, 이언적의 문묘종사를 청하는 상소를 올렸다. 선조 즉위년부터 태동하기 시작한 4현 종사에 대한 여망이 마침내 표출된 것이다. 여기서 주목할 사실은 '4현'이라는 용어가 공식적으로 사용된 점이다. 원래 4현은 이황이 김굉필, 정여창, 조광조, 이언적을 칭송하는 과정에서 처음으로 사용된 말이었다. 이후 4현은 사림의 범위를 넘어 국가적으로 통용되는 공식 용어가 되었다.

그런데 관학 유생이 4현의 문묘종사를 청하던 그해에 이황이 70세의 나이로 죽었다. 생전에 그는 이미 당대의 유종儒宗이며 사림의 영수

성균관의 문묘
서울 종로구 명륜동 3가에 있는 조선시대 문묘. 1398년(태조 7)에 완성되어, 임진왜란 때 소실된 것을 1601년(선조 34)에 중건한 뒤, 몇 차례의 중수를 거쳐 지금에 이르고 있다.

로서의 권위를 누렸다. 사망과 동시에 사림들은 그에게 현인, 현사의 칭호를 붙였다. 그리고 4현이란 말은 5현으로 대체되었다. '사림 5현' 또는 '동방 5현'이라는 역사적 용어는 이렇게 탄생되었다.

5현의 문묘종사는 처음 이야기가 나온 후로 1610년(광해군 2)에 달성되기까지 꼬박 40년의 세월이 걸렸다. 처음 4현의 문묘종사를 청한 관학 유생들의 명분은 기묘사화, 을사사화 이후에 실추된 사림의 사기를 고양하고 예의와 염치의 풍조를 회복하자는 데 있었다. 그런데 의외로 선조의 반응은 냉담했다. 사안이 중대하니 함부로 결정할 수 없다는 상투적인 이유를 내세워 차일피일 미루었다.

조신들의 입장도 다양했다. 이준경은 김굉필, 조광조의 종사는 찬성하면서도 이언적에 대해서는 회의적인 반응을 보였다. 4현을 한꺼번에 종사하는 것은 지나치다고 주장하는 부류도 있었다. 선조의 미온적인 태도와 조신들의 반대도 문제였지만, 사림의 공론도 제대로 수렴되지 않았다. 더욱이 을사사화의 신원에 조야의 관심이 집중된 나머지 종사론을 심의할 여유도 없었다. 한마디로 시기상조였다.

그로부터 3년 뒤인 1573년(선조 6)에 종사론이 다시 대두되었다. 바야흐로 이황을 포함한 사림 5현이 거론되기 시작했다. 이후 1581년(선조 14)까지 쉴 새 없이 5현 종사 운동이 전개되었지만, 선조의 태도와 조신들의 반응에 근본적인 변화는 없었다. 더욱이 1575년(선조 8) 이후에는 동서분당의 여파로 사론이 결집되기 힘들었다. 여기에 기축옥사(1589년)와 임진왜란(1592~1598년) 등 대내외적인 불안이 가중됨으로써 종사론은 약 20년 동안 고개를 들지 못했다.

한편 선조 후반에 이르러 임진왜란의 상처도 점차 치유되고 사회가 안정되었다. 이에 선조는 1602년(선조 32)에 문묘의 대성전을 중수하고, 1604년(선조 34)에는 성균관의 동서무를 낙성하는 등 존현尊賢에 열성을 보였다. 유생들은 이런 분위기에 편승해 20년의 침묵을 깨고 5현의 문묘종사 운동을 재개했다. 이번에는 의례적인 표방이 아니라 연일 계속되는 강도 높은 요청이었다. 선조는 여전히 이언적의 출처에 대해 매우 부정적이었다. 종사론은 다시금 난관에 봉착했다. 그러나 이때는 5현의 종사에 대한 관심이 지방까지 확산되었다. 이는 조야가 호응하는 계기가 되어 후일의 결실을 가져오는 원동력이 되었다.

광해군이 즉위하면서 종사론은 새로운 국면으로 접어들었다. 광해군 즉위년 7월, 영남 유생 이전이 5현의 문묘종사를 청하자, 관학과 홍문관은 물론 각도의 유생들이 대대적으로 호응했다. 1610년(광해군 2) 4월에는 성균관 유생 이지굉李志宏이 주도해 5현의 문묘종사를 대대적으로 추진했다. 이들이 연일 상소해 분위기를 고조시키자, 홍문관과 양사도 호응해 움직였다. 그리하여 다음 5월 한 달은 종사론으로 조용한 날이 없었다.

서서히 마음이 움직이기 시작한 광해군은 6월 1일에 대신들에게 이 일에 대해 의논할 것을 명했다. 이원익과 영의정 이덕형, 좌의정 이항복, 우의정 심희수가 전적으로 동조하자 광해군은 이를 그대로 수용했다. 이제 남은 것은 절차대로 의식을 거행하는 일뿐이었다. 이에 종사절목從祀節目을 만들고 좋은 날을 받았다.

그런 다음 곧바로 의식을 치러 김굉필, 조광조, 이황은 동쪽에 정여창, 이언적은 서쪽에 봉안했다. 1610년(광해군 2년) 음력 9월 5일의 일이었다. 사림들의 40년 노력이 결실을 맺은 것이다. 이로써 5현이 갖는 도학상의 지위는 확고해졌다.

조식과 이황의 갈등

그러나 5현의 문묘종사에 대해 강한 불만을 표시하는 학자가 있었다. 바로 남명 조식의 제자 정인홍이었다. 그의 불만은 퇴계 이황에 비해 자기 스승인 조식에 대한 예우가 형편없다는 데 있었다. 정인홍은 조식을 수식과 치장이 없는 참된 유학자의 표본이며, 의리가 분명하고 명분을 철저히 지킨 실천 유학의 선구자로 여겼다. 그럼에도 불구하고 조식은 문묘종사는커녕 5현 대열에 거론되지도 않았고, 평소 조식이 선비로 여기지도 않았던 이언적과 이황은 문묘에 종사되었다는 것이다. 급기야 1611년(광해군 3) 4월에 정인홍은 회재와 퇴계를 논박하는 글이라는 뜻의 '회퇴변척소晦退辨斥疏'를 올려 그 불만을 노골적으로 드러냈다.

정인홍은 이 상소에서 이언적, 이황을 냉혹하게 비판했다. 정인홍은 그들을 "이록利祿을 탐내고 진퇴가 분명하지 않은 몰염치한 사람"으로 여겼다. 이들에게는 선비의 칭호를 주기도 아까운데 도학을 인정해 문묘에 종사했으니 참으로 통탄스럽다는 것이 상소의 골자였다. 이는 이언적, 이황의 종사에 대한 반발이며, 조식의 종사를 위한 서설이었다. 비난의 화살은 이언적보다는 경쟁자로 여겼던 이황에게 집중되었다.

회재 이언적, 퇴계 이황, 남명 조식. 이 세 사람은 모두 조선 유학계의 거장들이다. 그중 이언적이 가장 선배이고, 이황과 조식은 동갑내기였다. 모두 영남 출신이었지만, 세 사람이 한 자리에 모인 적은 한 번도 없었다. 1543년(중종 38) 경상감사로 부임한 이언적이 조식에게 초청장을 보낸 일이 있었다. 그러나 조식은 만나주지 않았다. 그저 한 통의 편지로 속마음을 전했을 뿐이다.

어찌 거자擧子의 신분으로 감사를 뵈올 수 있겠습니까? 주자는 네 조정에서 벼슬했지만 40일을 넘기지 않았습니다. 저는 상공相公께서 벼슬에서 물러나 고향으로 돌아갈 날이 머지않았으리라 생각합니다. 그때에 제가 각건角巾을 쓰고 안강安康의 댁으로 찾아가 뵈어도 늦지 않을 것입니다._『남명집』

벼슬에 연연하는 이언적을 풍자한 글이었다. 조식과 이황의 관계는 더욱 미묘했다. 두 사람은 고향도 같은 경상도이고 나이도 같았지만 학문의 태도와 출처관은 매우 달랐다. 이황이 인仁을 숭상하고 바다처럼 넓은 학문을 지닌 인물이라면, 조식은 의義를 중시하고 태산처럼 높은 기상의 소유자였다. 문제는 두 사람 사이에 점차 경쟁의식이 생겨 서로를 비아냥거리게 되었다는 것이다. 한동안 두 사람은 서로를 북두성에 비기며 존경하고 그리워하기도 했다. 그러나 어느새 이황이 조식을 두고 "거만스러워 중용의 도를 기대하기 어렵고, 노장老莊에 물든 병통이 있다."고 비난했는가 하면, 조식은 "요사이 학자들은 물 뿌리고 비질하는 절차도 모르면서 입으로는 하늘의 이치를 말하며 허명을 훔친다."고 응수했다. 은근한 자존심의 대결이며, 경쟁심의 표현이었다.

이 무렵 조식의 인근에서 음부淫婦 사건이 발생했다. 진사 하종악의 후처가 음행을 저지른 것이다. 조식은 사건 처리를 위해 친구인 이정李楨에게 자문을 구했다. 그런데 이정이 세 번이나 태도를 번복했다. 이정이 음부로부터 뇌물을 받았다고 생각한 조식은 그날로 절교를 선언했다. 조식과 결별한 이정은 이황을 가까이 했고, 이황은 이정을 두둔했다. 이 일로 조식과 이황 두 사람 사이의 앙금은 더욱 깊어졌다.

정인홍은 조식과 이황 사이의 불화를 잘 알고 있었다. 그는 오히려 조식보다 이황을 더 싫어했다. 음부의 집을 불태운 사람도 정인홍이었다. 그리고 1604년(선조 37)에는 『남명집』을 간행하면서 이정을 비난하고 이언적, 이황을 비하하는 내용을 실었다.

선조 대에는 조정 신료들 중에 이황의 문인이 가장 많다. 반면에

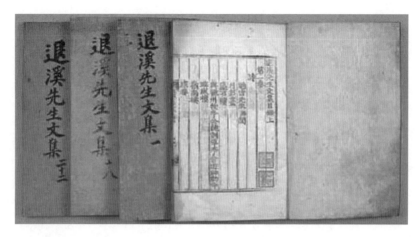

『퇴계선생문집』
16세기에 이황, 이이, 조식, 성혼, 김인후 등의 학파가 생기면서부터 붕당은 학통을 바탕으로 발달하게 되었다.

임진왜란 당시의 의병장은 조식 문인이 주류를 이루었다. 한때 이들은 동인으로서 입장을 같이 하기도 했다. 그러나 1589년(선조 22) 기축옥사로 인해 남·북인으로 갈렸고, 임진왜란 중에 대립은 더욱 심화되었다. 그리고 그 과정에서 정인홍은 유성룡과 정적이 되었다.

양측은 이황과 조식의 학문, 출처, 언행에 대해 논란을 벌이며, 자기 스승은 높이고 상대방의 스승은 비하하기를 계속했다. 1600년(선조 33)에 유성룡에 의해『퇴계집』이 발간되고, 1622년(광해군 14)에 정인홍에 의해『남명집』이 간행된 것도 경쟁의 일환이었다. 그런 가운데 일어난 사림 5현의 문묘종사는 이황의 우위를 인정하는 결과가 되었다. 정인홍의 회퇴변척소는 이에 대한 반발이며, 퇴계학파와 남명학파의 정면 충돌의 시작이었다.

정인홍의 상소는 조정에 일대 파란을 일으켰다. 누구보다 민감하게 반응한 쪽은 유생들이었다. 이목 등 500여 명의 성균관 유생들은 즉시 상소를 올려 이언적과 이황을 옹호하고 정인홍의 이름을 유적儒籍에서 삭제해버렸다. 유적 삭제는 유림 사회에서의 매장을 의미했다.

그러나 광해군은 정인홍을 두둔해 주동한 유생들을 금고형으로 다스렸고, 이에 유생들은 단식 투쟁을 벌이며 팽팽하게 맞섰다. 언관들조차 입장이 분분했다. 사간원에서는 정인홍을 지지한 반면, 홍문관에서는 성균관 유생을 두둔했다. 그러나 조신들 대부분은 정인홍의 눈치를 살피는 형편이었다.

정인홍 역시 동요하거나 위축되는 기색이 없었다. 유적에서 삭제된 후에도 조식을 위해 서원을 건립하고 문묘종사 운동을 줄기차게 전개했다. 그리고 향촌에서의 영향력은 물론 중앙 정계에서의 비중도 전혀 약화되지 않았다. 이처럼 그는 표면적으로는 여전히 건재했다.

그러나 정인홍은 자신의 행동이 얼마나 독선적인지를 깨닫지 못하고 있었다. 유적 삭제를 계기로 이황의 문인들과 전국의 유림들이 정인홍에게서 등을 돌렸다. 심지어 평소 절친하게 지내던 정구鄭逑도 정인홍과 의절했다. 이는 남명학파의 점진적인 와해를 의미하는 것이었다. 결국 정인홍의 권력도 끝이 나게 되었다. 회퇴변척을 할 때에는 광해군의 비호를 받아 무사할 수 있었지만, 인조반정으로 사정이 달라졌던 것이다. 그는 폐모살제廢母殺弟의 원흉으로 지목되어 처단되었다. 여기에는 회퇴변척으로 야기된 반감이 강하게 투영되었다.

8

임해군과
영창대군의 죽음

광해군이 즉위한 지 보름도 채 안 되어 조정에는 임해군을 처단하라는
다음과 같은 상소가 올라왔다.

임해군이 오랫동안 다른 뜻을 품고 사사로이 군기를 저장하고 남몰래 결
사대를 기르더니 대행대왕께서 편찮으실 때에는 무사를 소집해 반역을 도
모한 진상을 백성들이 모두 명백하게 아는 바입니다. 선왕께서 승하하시
던 날에는 발상하기 전인데도 대궐에서 자기 집으로 나갔다가 한참 뒤에
서야 달려왔는데, 가병家兵을 지휘한 형적이 현저하게 남아 있습니다. 지
금은 궁궐과 지척인 곳에 있으면서 집을 짓는다는 핑계로 철퇴와 환도를
빈 가마니로 싸서 자기 집에 들였으니, 언제 무슨 일이 일어날지 모르겠습
니다. 귀양 보내도록 하소서. 『연려실기술』,「폐주광해군고사본말」

광해군은 형제로서의 우애와 충역시비를 분명하게 판별해야 했다.

갈등하던 광해군은 그저 대신들에게 문의해 보겠다고만 했다. 그러나 대북 일파는 즉시 국청을 열어 임해군의 부하들을 죽여야 한다고 했다. 특히 정인홍, 이이첨은 임해군까지도 죽이기를 청했다. 결국 임해군의 비복 100여 명은 국문 도중에 죽었다. 일부는 고문 끝에 "임해군이 뇌물을 써서 자신이 왕위에 오를 수 있도록 중국의 허락을 얻으려 했다."는 자백을 했다. 이로써 임해군의 모반죄는 간단히 성립되었다.

3사에서는 몇 달에 걸쳐 임해군을 극형에 처해야 한다고 몰아붙였다. 원로급 대신인 이원익, 이항복, 심희수, 정구, 이덕형 등은 형제의 도리를 들어 임해군을 귀양 보내는 선에서 마무리 짓자고 했다. 이에 정인홍, 이이첨 등은 대신들이 역적을 두둔한다고 비난했다. 이 과정에서 좌의정 이항복은 역적을 비호한다는 누명을 쓰고 포천에 있는 농장으로 물러갔다. 사태가 심각해지자, 광해군은 하는 수 없이 임해군을 일단 강화도 교동으로 귀양 보냈다. 이와 함께 임해군의 옥사를 다스린 공으로 허성許筬 등 48인을 익사공신翼社功臣으로 추대했다.

한편 광해군은 즉위하자마자 연릉부원군 이호민李好閔을 명나라에 보내 선조의 죽음과 본인의 즉위 사실을 알리고자 했다. 통상적인 관례일 뿐이라고 생각해서인지 조정에서는 특별한 준비 없이 선조의 행장과 일반적인 방물方物만을 가지고 가게 했다. 그런데 명의 태도는 예상 밖이었다.

명나라에서는 장자인 임해군이 있는데도 차자인 광해군이 왕위에 오른 이유가 뭔지 캐물었다. 당황한 이호민은 "임해군이 중풍이 있어 선조의 무덤을 지키고 있다.", "임해군이 광해군에게 왕위를 사양했다."는 등 궁색한 변명을 늘어놓을 수밖에 없었다. 그러나 명에서는

"선조의 묘를 지키고 있다는 것을 보니 필시 병이 든 것은 아닐 것이요, 임해군과 광해군이 서로 다투지 않았으면 어찌 왕위를 사양할 수가 있겠는가?"라며 한층 더 깊숙하게 추궁해 들어왔다.

이 소식을 접한 조선에서는 영의정 이원익 이하 문무관과 유생들 1만 8,805명의 연명으로 광해군의 추대를 결정한 자초지종을 적어 명나라에 보내기까지 했다. 그러나 이러한 노력도 모두 헛수고로 돌아가 광해군에 대한 인준은 여전히 불투명했다. 결국 명에서는 요동도사 엄일괴嚴一魁를 비롯한 조사단을 파견하기로 결정했다. 임해군이 정말로 병이 들었는가, 그렇지 않으면 무슨 내막이 있는가를 조사해 볼 심산이었다.

당시 임해군은 모반죄로 강화도에 유배되어 있었다. 그런데 요동도사 엄일괴는 임해군과 면담을 요청했다. 이에 영의정 이원익은 상복을 입은 사람은 손님을 보러 먼저 가지 않을 뿐더러, 모역 죄인인 임해군을 중국 관원이 만나는 것은 사리에 맞지 않다고 둘러댔다. 그러나 엄일괴는 끝까지 고집을 부렸다. 하는 수 없이 임해군을 서강西江으로 나오게 하고, 거짓으로 미친 체하도록 했다. 사신을 만나보고 임해군은 다시 강화도로 돌아갔다.

이 사건을 계기로 대북 당로자들은 다시금 임해군을 처형해야 한다고 들고 일어났다. 당시 대사헌에 임명된 정인홍은 임해군의 머리를 베어 차사差使에게 보일 것을 주장하기까지 했다.

광해군은 정인홍 등의 상소가 계속되는 가운데 중국 사신에게 은과 인삼을 뇌물로 주어 사태를 무마하려고 했다. 조선에서는 태조 이성계의 가계를 바로잡아 달라는 종계변무宗系辨誣 때나, 임진왜란 때 명나라에 구원병을 두 차례 요청할 때에도 뇌물은 쓰지 않았다. 그러나 광해군이 뇌물을 주는 전례를 만든 이후부터는 사소한 일에도 통역관이 농간을 부려 뇌물이 아니면 되는 일이 없게 되었다. 이후로 중국 사신들은 조선에 오기만 하면 뇌물을 요구하는 것이 통례가 되어버렸다.

그러던 중 1609년(광해군 1) 5월 3일, 임해군이 유배지 강화도에서 변사체로 발견되었다. 임해군은 이이첨의 사주를 받은 강화현감 이직李稷이 모살한 것으로 알려졌다. 그러나 그 사인과 사망 일시는 정확하게 밝혀지지 않았다. 사실 임해군은 난폭하고 무도한 행실 때문에 세인들로부터 인심을 잃고 있었다. 그래서 그토록 비참한 최후를 맞아도 누구 하나 동정하는 사람이 없었다. 임해군은 평소 상당한 재력과 무력을 갖추고 있었고 일부 무장들이 그의 집을 출입하고 있었기 때문에 오해의 소지가 분명히 있었다. 하지만 실제로 그가 모반을 꾀했다는 명백한 증거는 어디에도 없었다. 무엇보다도 임해군 자신이 그런 사실을 끝내 부인했다. 결국 그는 광해군의 왕위 계승에 걸림돌이 되어 제거된 것이다.

정통성 시비가 부른 영창대군의 비극

임해군이 사라졌지만 서차자인 광해군의 자리는 여전히 위태로운 상태였다. 그러던 중 1613년(광해군 5) 봄, 서인의 거두인 박순의 서자 박응서朴應犀를 비롯한 서양갑徐羊甲, 심우영沈友英, 이경준李耕俊, 박치인朴致仁, 박치의朴致毅, 허홍인許弘仁 등 일곱 명의 서자들이 모반을 도모했다는 죄목으로 잡혀 들어온 사건이 발생했다.

한때 이들 일곱 서자들은 소양강가에 무륜당無倫堂을 지어 놓고, 그 곳에서 시를 짓거나 술을 마시는 것으로 소일하곤 했다. 이들은 스스로 강변칠우江邊七友니 죽림칠현竹林七賢이니 하면서 허균許筠, 이재영李再榮, 이사호李士浩 등 중앙 관료들과의 친분을 이용해 벼슬길을 모색하고자 했다. 그러나 그 뜻을 이루기란 쉬운 일이 아니었다. 그들은 "우리들은 탁월한 재사인데, 당대의 서얼금고법庶孽禁錮法에 묶여 그 뜻을 펴지 못하게 되었다."며 자신들의 처지를 서얼에 대한 사회적 차별 탓으로 돌렸다.

또한 그들은 새로운 사회를 꿈꾸며 도원결의桃園結義를 모방해 형제의 의리를 맺고, 정협, 유인발, 김비, 김평손, 박종인 등과 같은 호걸들과 사귀면서 도적질로 재물을 모았다. 서양갑은 해주에서 소금 장수를 하다가 사람을 죽이고 도망쳐 왔고, 정협, 허홍인 등은 왕의 사신을 사칭해 부호 이승순의 집을 털었다. 그러다가 조령에서 상인을 죽이고 은 6, 7백 냥을 강탈한 죄로 잡힌 것이다.

그런데 이들을 문초하던 포도대장 한희길韓希吉, 정항鄭沆 등은 "시키는 대로만 하면 죽음을 면할 뿐 아니라 큰 공을 세울 수 있게 해주겠다."며 박응서를 꾀기 시작했다. 이 말에 귀가 솔깃해진 박응서가 마침내 "우리들은 단순한 도적들이 아닙니다. 장차 큰일을 일으킬 생각으로 양식과 무기를 준비하려 한 것입니다. 영창대군의 장인 김제남과 몰래 통해 영창대군을 받들어 임금을 삼으려 한 것입니다."라고 허위 자백을 하고야 말았다. 이러한 고변은 대북파인 이이첨이 친척인 이의숭李義崇을 시켜 사주한 것이라고 한다.

사건에 대한 자초지종이 왕에게 보고되었고, 광해군은 이들을 친히 국문했다. 박응서는 약속대로 사면될 수 있었다. 그러나 주모자 격인 서양갑이 고문을 이기지 못해 인목대비의 아버지인 김제남과 인목대비, 영창대군을 한꺼번에 옭아 허위 자백을 하는 바람에 옥사가 걷잡을 수 없이 확대되기 시작했다.

실제로 서양갑은 김제남과는 서로 소식도 통한 바 없었다. 그런 그가 왜 그런 거짓을 고한 것일까? 일설에 의하면, 서양갑은 자신의 어머니까지 모진 고문에 시달리는 것을 보다 못해 "광해가 내 어머니를 죽이니, 나도 제 어머니(인목대비)를 죽여야겠다."라고 했다고 한다. 그는 거사를 김제남과 함께 모의했고 그 사실을 대비도 이미 알고 있다며 그럴 듯하게 꾸며댔다. 나아가 광해군이 아버지를 죽이고, 형을 죽이고, 그도 모자라 친척의 부인까지 간음했다고 떠들었다. 그러자 사관조차도 차마 그의 말을 받아쓰지 못했다고 한다.

이렇게 박응서를 비롯한 칠서의 옥으로, 이 사건에 연루된 많은 사람들이 문초를 받고 죽임을 당했다. 이를 계축옥사癸丑獄事라 한다. 그런데 이 과정에서 그 불똥이 김제남뿐만 아니라 영창대군과 인목대비에게까지 튀고 말았다. 국청을 통해 자백받은 내용 중에 "임금과 세자를 죽이고, 옥새를 가져다가 대비에게 주어 수렴청정을 하게 한 다음, 영창대군을 받들어 임금으로 삼으려 했다."라는 대목이 문제가 된 것이다.

사간원은 김제남의 삭탈관직을 요청했다. 사실 김제남은 선조의 장인 신분으로서 처신을 잘 하지 못해 당시 사림에서 배척을 받고 있었다. 그는 대궐 안에서 허가 없이 유숙을 하는가 하면, 한강의 별영別營을 제 마음대로 헐어 버리고 정사亭舍를 옮겨 짓기까지 했다고 한다.

대간에서는 이어 신흠申欽, 박동량朴東亮, 서성徐渻, 한준겸韓浚謙, 유영경, 한응인韓應寅, 허성許筬 등 선조의 비밀 유교遺敎를 받은 일곱 신하들을 공격해 관직을 삭탈하거나 사판仕版에서 이름을 깎아버렸다. 일찍이 선조는 임종에 즈음해 한 통의 유서를 남겼다. 그 겉봉에는 대신들 7명의 이름이 적혀 있었으며 그 주요 내용은 다음과 같았다.

영창대군이 아직 어려 미처 성장함을 보지 못하고 가는 것이 한스럽소. 내가 죽은 후에 인심을 헤아리기 어려우니, 무슨 일이 있더라도 그대들은 대군을 잘 보살펴 주길 바라오. _『연려실기술』권 18, 「선조조고사본말」

인목대비는 처음에 선조의 비밀 유교를 빈청賓廳에 내렸다가, 즉시 도로 거두어 봉해버렸다. 이를 두고 이이첨은 유교는 선왕의 글씨가 아니라 대비가 내시 민희건을 시켜 위조한 것이며, 7명의 신하들 중 당시 생존해 있던 이들은 모두 유교를 받은 사실을 부인했다고 주장했다. 그런데 박동량은 오히려 자신이 무죄임을 밝히고자 이른바 '유릉 저주사裕陵咀呪事'를 털어 놓아 대비를 곤경에 빠뜨렸다.

대비의 처소에 있는 사람들이 선왕의 병난 까닭은 돌아가신 의인왕후 박씨에게 있다고 해 수십 명이 요망한 무당과 함께 연달아 의인왕후의 능인 유릉裕陵에 가서 저주하는 일을 크게 벌였습니다. _『연려실기술』권 20, 「폐주광해조고사본말」

이 일로 선조의 정비였던 의인왕후에 대한 저주 사건이 확대되어 선조를 모셨던 궁녀들은 모두 형벌을 받게 되었다. 이때 영창대군은 겨우 8세였다. 그러나 그는 선조의 적자로서 종법상 왕위 계승 서열 제1위였다. 그 때문에 '화란의 근본'으로 여겨져, 이이첨 등은 그를 죽이려고 혈안이 되어 있었다. 이이첨은 자신의 무리인 유생 이위경李偉卿을 시켜 영창대군을 처단하라는 상소를 올리게 했다. 이위경은 상소에서 영창대군과 김제남에게 죄를 물을 것을 청하는 동시에 인목대비에 대한 폐모론廢母論까지 언급했다.

이이첨은 3사를 사주해 영창대군을 죽일 것을 끈질기게 요청했다. 또한 3정승이 마땅히 백관을 거느리고 정청庭請해야 할 것인데 무엇을 하고 있는지 모르겠다며 노골적으로 불만을 터뜨렸다. 이이첨의 무리는 대표적 반대론자인 이항복을 포섭하기 위해 갖은 수를 다 써보았다. 그러나 이항복은 끝내 마음을 바꾸지 않았다. 영의정 이덕형도 이항복과 뜻을 같이했다.

갑론을박이 계속되는 가운데 결국 김제남은 위리안치되었다가, 3사의 주장에 따라 서소문 밖에서 사사賜死되었다. 그 후 1616년(광해군 18) 가을에는 김제남의 관을 저잣거리에서 부관참시했으며, 연좌율에 따라 그의 일가가 모두 참화를 당했다.

한편 김제남이 서소문 밖에서 사약을 받을 즈음, 영창대군은 이미 서인庶人으로 강등되어 있었다. 8세의 어린 나이였지만, 그는 사태의 심각성을 알아차리고 대비의 곁을 한시도 떠나지 않았다. 그러나 끝내 광해군은 영창대군을 대비의 처소에서 강제로 끌어내어 강화에 위리안치시켰다.

강화로 유배된 영창대군을 죽여야 한다고 조신들은 벌떼처럼 들고 일어섰다. 그런 가운데 영의정 이덕형은 '형제의 의리'를 생각해야 한다고 주장했다. 결국 이덕형은 관직만을 삭탈당했지만, 자신도 어찌할 수 없는 상황을 개탄하며 찬 술만 마시다가 죽고 말았다.

1614년(광해군 6) 봄, 영창대군은 강화도의 작은 골방에서 비참한 최후를 맞았다. 이이첨의 사주를 받은 강화부사 정항鄭沆이 대군을 밀실에 가두고 아궁이에 불을 지펴 질식시켜 죽인 것이다. 이로써 광해군의 정통성을 가로막았던 최대의 장애물이 제거된 셈이었다.

9
인목대비의
폐비

1615년(광해군 7) 4월, 광해군은 대비를 경운궁(덕수궁)에 홀로 남겨둔 채 창덕궁으로 들어갔다. 사실 유릉저주사가 불거지면서 제기된 이위경의 폐모론은 인목대비를 옴짝달싹할 수 없는 처지에 놓이게 했다. 대비가 있는 경운궁에는 군사들이 배치되어 대비의 일거수일투족을 일일이 감시했다.

설상가상으로 이듬해 1월, 누군가가 경운궁에 임금을 비방하는 내용의 익명서를 보내 커다란 파문을 일으켰다. 광해군은 상금을 내걸고 진범을 찾아내라고 하는 한편, 궁성을 더욱 엄히 호위토록 했다. 이투서 사건은 인목대비 폐모론에 불을 지피기 위해 허균이 꾸민 일이라 알려져 있다. 허균은 또한 호남, 영남의 무뢰배들을 모아 유생처럼 꾸미게 하고, 대비를 폐하고 역적의 괴수를 수호하는 영의정 기자헌奇自獻을 처벌해야 한다고 잇달아 상소하도록 했다.

이에 맞서 기자헌은 정청庭請을 열어 종친, 외척, 문무백관을 모아 폐비 문제를 공개적으로 논의한 후 그 가부를 결정하자며 맞섰다. 그는 조정 신료들 중에 만약 한두 사람이라도 폐비를 반대한다면 의견이 일치하지 않는다며 임금의 마음을 돌이켜볼 심산이었던 것이다. 기자헌은 유영경 일파가 영창대군을 옹립하려 하는 것을 저지하는 데 큰 역할을 했던 인물이다. 하지만 인목대비까지 폐비하는 것은 옳지 않다고 여겼다. 기자헌이 폐모론에 반대하고 나서자 3사에서는 기자헌을 위리안치시킬 것을 청했고, 그는 처분을 기다릴 수밖에 없었다.

폐비 정청에 백관 930명, 종실 170명 등 1천 명이 넘는 인원이 모여 의견을 나누었다. 강경과 온건의 차이는 있었지만 대부분은 대비를 폐출하자는 이이첨 등의 주장에 찬동했다. 다만 기자헌, 이항복, 정홍익鄭弘翼, 김덕함金德諴 등은 끝까지 폐모 주장에 반대했다. 결국 이항복은 북청으로, 기자헌과 정홍익은 길주로, 김덕함은 명천으로 귀양 가게 되었다. 그 밖에 참석하지 않은 종실 30여 명과 백관 40여 명도 모두 귀양 가거나 관직에서 쫓겨났다.

1618년(광해군 10) 1월, 마침내 인목대비는 폐비되었다. 또한 폐비절목廢妃節目을 만들어 대비로서의 모든 특권과 대우를 박탈하고 서궁西宮(원래 이름은 경운궁으로 고종이 덕수궁으로 바꿈)에 유폐했다. 그런데 폐출의 절차를 완결 짓는 데는 한 가지 과제가 남아 있었다. 바로 명나라로부터 폐서인의 허락을 받아내는 일이었다. 명에서는 좀처럼 허락하지 않았다. 그런 만큼 엄격한 의미에서 인목대비는 대비의 신분을 그대로 유지하고 있었다고 할 수 있다. 그래서인지 서인과 남인, 그리고 소북인은 "천자가 책봉한 고명과 관복이 있는데, 어찌 마음대로 폐하겠는가!"라는 말을 공공연히 하고 다녔다. 또 엄격한 금령에도 불구하고 과거 합격자들 중에는 서궁에 나아가 예를 올리는 이도 있었다.

인목대비를 폐한 이후에도 광해군과 대북 정권의 칼바람은 멈추지 않았다. 임해군과 영창대군에 이어 종친인 능창군綾昌君도 목숨을 잃었다. 능창군은 선조의 아들 정원군定遠君의 셋째아들이자 훗날 인조가 되는 능양군綾陽君의 동생이다. 광해군에게는 조카가 된다. 그런데 언제부터인가 정원군의 집이 있는 새문동塞門洞에 왕기王氣가 돈다는 소문이 돌기 시작했다. 소문을 들은 광해군은 마침내 그 집을 헐고 그 자리에 경덕궁景德宮을 지었다. 그런 와중에 1615년(광해군 7) 6월에 익산에 사는 진사 소명국이 올린 고변은 광해군을 더욱 자극했다.

> 장령 윤길尹길과 정언 양시진楊時晉이 신경희申景禧와 함께 몰래 반역을 모의해 능창군을 추대하려 합니다. 전 부사 신경희가 말하기를 "새문동에 왕기가 있는데, 신성부인信城夫人(신립의 딸)은 여자 중의 남자이며, 능창군은 배우지 않고도 글을 잘하고, 또 그 친족에는 무술에 익숙한 이름난 무인 2, 3명이 있다고 했습니다. 『연려실기술』권 21, 「폐주광해조고사본말」

광해군은 평소 정원군의 아들들이 인망이 있음을 꺼려했다. 그런데다가 신경희가 임진왜란 때 충주에서 죽은 신립 장군의 집안이며, 능성 구씨 가문에서 시집온 연주군부인(정원군의 부인)의 외사촌이었기 때문에 사태를 심각하게 받아들일 수밖에 없었다. 신경희의 평산 신씨 가문은 능성 구씨 가문과 함께 당시 이름 있는 무인 집안이었기 때문이다. 결국 신경희를 비롯해 소명국의 고변에 등장한 윤길, 양시진 등 관련자들은 고문을 견디다 못해 죽고 말았다.

이 일로 능창군은 강화도 교동에 위리안치되었다. 그동안 수많은 옥사와 억울한 죽음을 보고 들었던 능창군은 자신도 얼마 안 있어 죽음을 면치 못할 것이라는 사실을 직감하고 있었다. 그는 위리안치되어 있던 중 자신의 수발을 정성껏 도맡아온 고봉생에게 부모의 영결을 고하는 편지를 전했다. 그러고는 스스로 목매어 죽으니, 이때 그의 나이 17세였다. 고봉생은 편지를 감추어 두었다가 인조반정 후 인조에게 바쳤고, 그 공으로 천인 신분에서 해방되었다.

광해군은 형인 임해군과 적자인 영창대군 때문에 늘 왕권에 대한 위협을 느끼고 있었다. 대북 일파가 임해군과 영창대군을 죽이고 인목대비를 폐비시키는 등 무리수를 계속 둔 것도 적자嫡子도 장자長子도 아닌 광해군의 왕위를 지키기 위한 것이었다. 대북의 이이첨 등은 역모를 조작해 정적을 소탕하는가 하면, 관직을 팔아먹고 과거를 변칙적으로 운영하는 등 권력을 독점하기 위해 파행을 거듭했다.

대북의 전횡은 인목대비를 폐비시킬 때 절정에 달해, 북인 중에서도 이를 반대하는 정온鄭蘊 등의 중북中北이 나타나기에 이르렀다. 대북 정권을 공격하는 상소도 끊이지 않았다. 더욱이 이이첨, 허균, 박승종朴承宗 등 대북의 실력자들 사이에서도 권력 투쟁이 벌어져 역모죄로 허균이 처형되는 등 난마와 같은 정국이 계속되었다.

2장
───
사림정치기 2

1
인조 반정

광해군을 등에 업은 이이첨, 정인홍, 허균 등의 대북당은 임해군, 김제남, 영창대군을 차례로 죽였다. 그리고 인목대비마저도 폐위시켜 서궁에 유폐하는 파행을 저질렀다. 이에 서인들이 반정을 꾀했다. 반정을 일으킨 김류金瑬, 신경진申景禛, 구굉具宏, 구인후具仁垕, 최명길崔鳴吉, 장유張維, 이귀李貴, 이시백李時白 등은 모두 이항복의 문하에 드나들던 이들이었다. 반정을 통해 선조의 다섯째아들인 정원군의 장남 능양군이 새 왕으로 추대되니, 그가 바로 인조다.

인조는 동생 능창군이 역모로 몰려 죽고, 그에 충격을 받아 아버지 정원군마저 화병으로 죽자 철저한 사전 계획을 세워 거사를 준비했다. 인조의 집안은 신립의 아들인 신경진, 신경유申景裕 등 평산 신씨 가문, 구굉, 구인후, 구성具宬 등 능성 구씨 가문처럼 명망 있는 무인 가문과 인척 관계였다. 그래서 반정 지지 세력 확보에 큰 어려움이 없었다.

인조와 함께 반정 모의를 주도한 인물은 율곡 문인인 이귀와 김류였다. 일찍이 이항복은 무재가 뛰어난 문신 김류를 종사관從事官으로 삼았다. 그리고 광해조의 난정을 개탄하며 종묘사직을 편안히 할 만한 사람은 김류뿐이라고 넌지시 말했다고 한다. 당시 이항복은 대비 폐출 의논에 참가하지 않았다는 이유로 대북당에게 미움을 사고 있었다. 김류는 그 말의 뜻을 알았는지, 신경진과 함께 능양군을 추대하기로 의기투합했다. 김류와 신경진은 두 사람의 아버지 김여물金汝吻과 신립이 임진왜란 때 충주에서 함께 죽음을 맞이한 인연이 있어 평소 친한 사이였다. 김류와 신경진은 홍서봉洪瑞鳳, 박동선朴東善, 심기원沈器遠, 이중로李重老 등과 결탁해 군사를 모았다.

이귀는 함흥판관으로 있을 때 신경진과 뜻이 통했고, 심기원, 김자점金自點, 최명길, 장유와 함께 모의했다. 그는 신경진을 통해 김류와 만났고, 여러 사람들과 협의한 끝에 김류를 맹주로 삼았다. 이 밖에 이서李曙, 장만張晩, 한준겸韓浚謙, 이명李溟, 이해李澥도 반정모의에 참여했다.

1622년(광해군 14)에 이귀는 평산부사로 부임했다. 때마침 그 지방에 호환虎患이 많은 것을 적절히 이용해, 그는 범을 잡는다는 구실로 도의 경계에 구애받지 않고 군사 활동을 할 수 있도록 허락을 받았다. 그런 뒤 장단방어사 이서와 합세해 일을 꾸미려 했다. 그러나 이를 유천기柳天機가 고발해 이귀는 파직되고 말았다. 결국 이 일에 대한 소문이 돌기 시작해 반정모의 세력은 거사를 서두르지 않으면 안 되게 되었다.

이듬해 1월, 정언 한유상韓惟翔 등은 광해군에게 이귀가 김자점과 더불어 다른 마음을 먹고 대비를 감싸려 한다고 아뢰었다. 이귀와 김자점은 이이와 성혼 문하에서 동문수학한 사이였다. 또한 이귀의 딸이 김자점의 아우인 김자겸金自謙의 부인이었으므로 두 사람은 사돈 간이기도 했다. 모의가 조정에 알려지자, 김자점은 이귀의 딸을 궁중에 들여보내 광해군의 총애를 받고 있던 상궁 김개시金介屎를 포섭했다.

당시 김개시의 위세는 대단했다. 일설에는 선조 때의 궁인이었던 김개시가 선조의 시해에 가담해 이것을 빌미로 광해군을 협박했다고 한다. 선조는 동궁에서 가져온 약밥을 먹고 얼마 안 되어 죽었는데, 이 때문에 약밥에 문제가 있다는 말이 나돌았다. 선조 시해설의 진위 여부는 알 수 없으나, 김개시가 광해군의 비호 아래 이이첨과 더불어 관직을 마음대로 팔아먹을 정도로 권력을 휘둘렀던 것은 사실이다. 결국 김자점에게 포섭된 김개시의 말을 듣고 광해군은 한유상 등의 상소를 증거가 없다는 이유로 묵살해 버렸다.

한편 반정 세력은 당시 가장 많은 병력을 지휘하고 있었던 훈련대장 이흥립李興立을 끌어들이려고 애썼다. 이흥립이 대북당 박승종과 사돈 관계에 있어서 가담 여부를 장담할 수 없는 상황이었지만, 장유의 아우인 장신張紳의 장인이기도 했던 그는 별다른 반발 없이 동참의 뜻을 밝혔다. 그리고 곧바로 장단부사 이서와 이천부사 이중로에게 편지를 보내어 내응할 것을 약속했다. 거사일은 3월 12일로 정해졌다.

그 사이 반정세력은 한 명이라도 더 거사에 가담시키려고 인재들을 끌어 모았다. 신경진의 아우 신경유는 북병사 이괄李适을 설득해 함께 참여하기로 했고, 이후원李厚源은 이이반李而攽에게 동참을 권유했다. 그런데 이이반은 일이 성사되지 않을 것을 우려했다. 그래서 이 사실을 숙부인 이유성李惟聖에게 알렸고, 이유성은 김신국에게, 김신국은 박승종에게 고해바쳤다. 김류, 이귀 등이 군사를 모아 대궐을 치고 훈련대장 이흥립이 안에서 내응할 것이라는 구체적인 거사 모의 사실이 알려진 것이다.

박승종은 고발된 사람들을 모두 잡아들여 추국을 하려고 했다. 대신과 금부당상들도 급히 대궐에 모여들었다. 하지만 그 시각 광해군은 상궁 김씨와 함께 연회를 벌이고 있었다. 미리 김자점이 술과 안주를 푸짐하게 준비해 보냈던 것이다. 결국 광해군은 사태의 심각성을 인지하지 못하고 고변의 내용을 무시해버리는 바람에 추국이 이루어지지 못했다.

1623년(광해군 15) 3월 12일, 위기를 넘긴 반정세력은 예정대로 거사를 치르기로 했다. 능양군은 친위부대를 거느리고 연서역延曙驛 마을에 주둔하고 있었고, 김류, 이귀, 최명길, 김자점, 심기원 등이 사병을 거느리고 홍제원에 모였다. 능양군은 몸소 이들을 맞았다. 이렇게 모인 무리가 1,400여 명에 이르렀다.

김류가 이끄는 반정군은 지금의 북문北門인 창의문彰義門을 거쳐 창덕궁 앞에 이르렀다. 이들은 이흥립의 내응을 받아 돈화문敦化門을 도끼로 찍어 열고 인정전으로 갔다. 그리고 창덕궁 안 함춘원含春苑의 나무에 불을 놓아 반정의 성공을 가족들에게 알렸다. 반정군이 들이닥쳤다는 소식을 들은 광해군은 창덕궁 후원에서 내시의 등을 타고 궁성을 넘어 황급히 도망쳤다. 그러나 의관 안국신安國臣의 집에 숨어 있던 광해군은 이내 붙잡히고 말았다.

반정은 쉽게 성공했다. 새벽에 조정 대신을 불러 모은 능양군은 돈화문 안에 좌정하고 이귀를 호위대장에, 김류를 병조판서 겸 판의금부사에 임명했다. 또 정릉동 행궁行宮에 갇혀 있던 인목대비를 창덕궁으로 모셔오게 했다. 그러나 대비는 광해군 부자와 이이첨 부자, 이하 여러 흉당들의 목을 자른 후에라야 돌아가겠다며 강경하게 버텼다. 이에 능양군은 광해군을 서궁 앞에 나아가 무릎 꿇게 했다. 결국 광해군은 강화도로 유배를 가게 되었고, 병조참판 박정길朴鼎吉, 승지 박홍도朴弘道, 상궁 김개시 등은 그 자리에서 죽임을 당했다.

이렇게 왕위에 오른 인조는 이이첨, 정인홍 등 대북 세력을 몰아내고 권력을 장악했다. 이들이 반정의 명분으로 내세운 것은 크게 두 가지였다. 첫째는 형제를 죽이고 모후를 폐한 반인륜적 행위였고, 둘째는 명에 대한 은혜를 저버리고 오랑캐와 교분을 맺었다는 점이었다. 반정의 정당성을 인정받기 위해 그들은 이러한 내용을 인목대비의 교서를 통해 천명했다. 그러나 반정이 일어난 진짜 이유는 대북 정권의 패륜성 자체보다도 대북의 독주에 대한 서인의 반발에 있었다. 그야말로 '서인이 이를 갈고, 남인이 원망을 품고, 소북이 비웃는' 상황에서 반정이 일어난 것이다.

탁월했던 광해군의 외교책

그런데 여기서 반정의 명분이 된 광해군의 대 후금 외교책에 대해서 짚고 넘어가지 않을 수가 없다. 광해군은 1608년(광해군 1)에 일본과 기유조약己酉條約을 체결함으로써 임진왜란으로 얼룩졌던 조선에 평화를 가져왔다. 그러나 대륙과의 관계가 새로운 현안으로 떠올랐다. 여진족의 흥기와 명과의 충돌, 그에 따른 명으로부터의 청병 문제와 후금과의 교섭 문제 등 풀기 어려운 문제들이 계속 야기되었다.

16세기 초반 몽고족에 대항하는 과정에서 민족의식이 싹트기 시작한 여진족은 누르하치奴兒哈赤의 등장으로 통일국가를 이룩했다. 누르하치는 이미 1589년(선조 22)에 여진족의 대부분을 석권하고, 강력한 군사 조직을 바탕으로 주위의 여러 부족을 통합해 나갔다. 그리고 조선과 명나라 양국이 왜란에 시달리고 있는 틈을 타 더욱 세력을 확장했다. 마침내 1616년(광해군 8) 1월에는 58세의 나이로 후금을 건국하고 대한大汗의 자리에 오르니, 이가 바로 후금의 태조이다.

경제 기반이 매우 취약했던 후금은 이를 타개하고자 요동 일대에서 농경지 개척 사업을 추진했다. 당연히 명나라는 이를 인정하지 않았다. 그러자 누르하치는 1618년(광해군 10) 4월에 명에 대한 선전포고인 '칠대한서七大恨書'를 발표했다. 칠대한서란 명이 까닭 없이 자기의 조부를 죽이고 대대로 못살게 굴면서 민족 통일을 방해했다는 등의 일곱 가지 원한에 대한 글이었다. 그러나 이 일곱 가지 원한은 후금의 병사들을 고무시키기 위한 구실이었을 뿐이다. 후금은 단숨에 무순 등지를 점령하고 명의 변방을 위협했다. 이에 명나라는 요동경략遼東經略 양호楊鎬에게 후금을 정복하게 하는 한편, 임진왜란 때 10만의 병력을 지원해 준 사실을 들먹이며 조선에 파병을 요청했다.

명에 대한 의리와 명분으로 보면 당연히 파병해야 했고, 조신들 대부분도 파병에 이견이 없었다. 그러나 광해군의 생각은 달랐다. 그는 될 수 있는 한 후금과 명의 분쟁에 개입하지 않으려고 했다. 후금도 조선에 대해 중립을 지킬 것을 요구해 왔다. 그러므로 명의 요청을 들어주면, 후금에게 조선 침범의 구실을 주게 될 수도 있었다. 더욱이 훈련

양수투항도(兩帥投降圖)
조선 후기 화가 김후신이 그린 것으로 전해지며, 광해군의 밀명을 받은 강홍립이 부하들과 함께 청태조 누르하치에게 항복하는 장면을 묘사하고 있다.

도 부족한 병사들을 강제로 모병해 보냈다가는 강을 건너기도 전에 변심해 난을 일으킬지도 모를 일이었다.

광해군이 여러 구실을 들어 사태를 지켜보며 뜸을 들이자, 명은 급기야 단 1만 명이라도 파병해 줄 것을 거듭 독촉했다. 광해군도 더 이상 미룰 수가 없었다. 마침내 1618년(광해군 10) 7월에 형조참판 강홍립姜弘立을 도원수로 1만 3,000여 명의 군사를 파병했다. 그러나 이때 광해군은 강홍립에게 밀지를 내려 은밀히 지시했다.

우리는 대의명분상 어쩔 수 없이 출병하는 것이고, 우리의 힘은 약하니 후금을 적대해서는 안 된다. 형세를 보아 향배를 정하라. _『연려실기술』권 21,「폐주광해군고사본말」

1619년(광해군 11) 2월, 조·명 연합군과 후금군의 결전이 시작되었다. 그러나 3월 초에 사르호산에서 연합군이 대패하면서, 강홍립이 이끄는 조선군은 완전히 포위를 당했다. 이때 강홍립은 광해군의 밀지대로 후금과 은밀히 교섭해 조선의 부득이한 입장을 강조하는 뜻에서 무조건 항복했다.

그러자 조선의 중신들은 강홍립의 항복은 신하의 절개를 잃은 것이라 하며 그 처자를 죄 주어야 한다고 들고 일어섰다. 물론 광해군은 이들의 요구를 묵살했다. 강홍립의 항복은 출병 전 자신의 지시에 따른 것이었기 때문이다.

얼마 후 누르하치는 조선에 국서를 보내 조선 출병의 부득이함을 이해한다는 뜻을 표했다. 광해군도 좋은 표현으로 회신을 보냈다. 그해 12월에는 후금에 막대한 물자를 보내어 호의를 보였다. 이에 누르하치는 강홍립 등 10여 명을 제외한 포로 전원을 석방했다.

한편 후금군에 밀려 중원을 위협받게 된 명은 광해군의 친 후금 정책을 의심하기 시작했다. 명의 조정에서는 사신을 보내어 조선을 감독하자는 의견이 팽배했다. 이에 광해군은 병조판서 이정구李廷龜를 명에 보내 사르호산에서의 패배로 조선은 이제 더 이상 힘이 없음을 극력 변명했다.

1621년(광해군 13)에는 심양과 요양을 후금에 빼앗긴 명의 모문룡毛文龍이 압록강을 건너 가도假島로 들어온 일이 있었다. 그는 가도를 근거로 해서 후금에게 함락된 지역을 회복하려고 했다. 본의 아니게 조선이 명을 돕고 있는 것처럼 비춰졌고, 후금은 불쾌함을 드러냈다. 그러자 광해군은 척화론자들의 의견을 물리치고 정충신鄭忠信을 누르하치에게 보내 조선의 어쩔 수 없는 입장을 변명했다.

광해군은 이처럼 명의 쇠퇴와 후금의 성장이라는 국제 정세를 정확하게 파악하고 있었고, 새로운 정복국가의 대두에 맞서 우리 국토를 보존하기 위해 이중외교 정책을 펼쳤던 것이다. 덕분에 광해군의 치세에는 명이나 후금 어느 쪽과도 정면충돌이 없었다.

그러나 광해군의 탁월한 외교 정책은 인조반정과 함께 한낱 물거품이 되고 말았다. 인조반정을 주도한 서인 세력은 의리와 명분만을 중시한 친명배금 정책으로 급선회했고, 그 결과 후금의 침략을 자초하게 되었다.

반정 후 서인은 남인을 이른바 관제 야당으로 삼아 서·남인의 연립 정권을 세웠다. 서인은 대북이 일당 독재를 하다가 망한 것을 보았기 때문에, 의식적으로 남인과 소북의 일부를 관제 야당으로 육성한 것이다. 표면상으로는 나름대로 정권의 공정성에 노력하는 듯했다. 그러나 그것은 하나의 집권 방편이자 민심 수습책에 불과했다.

당시 조야朝野의 여론은 반정 자체를 단지 군주를 바꾼 것에 불과하다고 할 정도로 반정공신 세력에 대해 냉소적 태도를 보였다. 인조 정권의 기반이 확고하지 못한 것은 그 때문이었다. 그리하여 인조 대 초반은 여러 모역 사건과 고변이 끊이지 않았고, 반정 후 1년도 채 안 되어 이괄의 반란이 일어나는 등 정세가 어지러웠다.

2
이괄의 난

인조반정은 조선 후기 정치사의 분수령을 이루는 일대 사건이었다. 광해군은 '폐주廢主'로 낙인 찍혀 추방되었고, 이이첨, 정인홍은 만고의 역적이 되었다. 북인은 역당으로 지목되어 철저히 붕괴되었고, 국가권력은 오직 서인에게 집중되었다. 물론 남인의 영수 이원익을 불러 영의정에 기용하기도 했지만, 그것은 어디까지나 인심을 무마하기 위한 임시변통일 뿐이었다.

인조 정권의 핵심은 '정사공신靖社功臣'이라 불린 53명의 반정공신들이었다. 목숨을 담보로 한 거사였으므로 정치적 대가도 컸다. 인사권, 군사권을 비롯한 핵심 권력이 그들의 수중에 들어갔다. 그런데 이들 정사공신을 책정하는 과정에서 상당한 잡음이 일었다. 공신 집단의 친인척들이 설치는 바람에 반정의 명분이나 정당성이 퇴색되었다. 그들은 반정 후에도 여전히 사병을 보유한 채 위세를 과시했다. 이에 인조가 사병 해체를 종용하는 전교를 내리기까지 했지만 소용없었다. 오로지 국정을 전단하며 자신들의 기득권을 강화하는 데만 부심했다. 인조는 그런 공신세력을 견제하고자 했으나 뜻대로 되지 않았다.

이렇듯 반정의 명분이 설득력을 잃어가는 가운데 반정공신이었던 이괄이 반란을 일으켜 인조 정권에 치명적 타격을 안겼다. 이괄은 본관이 고성, 자는 백규白圭로 병조참판 이육李陸의 후손이다. 선조 때 무과에 급제한 뒤 형조좌랑, 태안군수를 역임했다. 1623년(광해군 15)에 북병사에 임명되어 막 부임하려던 차에 김류, 이귀 등이 반정에 가담할 것을 제안하자 쾌히 승낙했다. 그런데 반정 당일, 반정군이 모이기로 한 홍제원에 대장 임무를 맡기로 한 김류가 도착하지 않았다. 김류는 반정 계획이 탄로나 체포령이 내려졌다는 소식을 듣고 홍제원으로 나가는 것을 망설였던 것이다. 이에 반정군 내에 동요가 일었고, 이귀는 이괄에게 대장을 맡겨 반정군을 새로 정비했다. 그런데 뒤늦게 김류가 도착했다. 이괄은 할 수 없이 대장자리를 다시 내놓을 수밖에 없었다. 그 바람에 김류와 이괄 사이에 불화가 생겼다.

이러한 일이 있고 나서 반정이 성공하니, 이튿날 이귀는 인조에게 이괄의 공적을 높이 평가해 병조판서에 제수하자고 제안했다. 그러자 이괄은 김류를 비방하고 나섰다.

신에게 무슨 공적이 있겠습니까? 다만 일을 회피하지 않았을 뿐입니다. 어제 대장인 김류가 약속 시간에 오지 않아서 이귀가 신에게 그를 대신하게 했는데, 김류가 늦게 왔으므로 그를 베고자 했으나 이귀가 극력 말려서 시행하지 못했습니다. _『연려실기술』 권 24, 「인조조고사본말」

이괄의 말에 좌중은 술렁였다. 당황한 김류는 "이경二更으로 시간을 정했으니, 병법으로 논한다면 미리 온 자를 마땅히 참형에 처해야 한다."면서 억지 논리를 폈다. 이후로도 이괄과 김류는 사사건건 충돌했다. 인조가 모화관慕華館에서 반정군에게 술과 고기를 대접할 때, 호위대장인 이귀가 북쪽에, 거의대장擧義大將 김류가 왼쪽에, 그리고 나머지는 동서로 나누어 앉게 되었다. 이괄은 자기 자리가 김류의 아래인 것에 노골적으로 불만을 표했다.

이괄의 불만은 이것만이 아니었다. 그의 아우는 문과에 급제했는데도 벼슬자리를 얻지 못했고, 그의 아들은 반정에 참여했는데도 등용되지 못했다. 공훈도 김류의 아들 김경징金慶徵의 아래에 있었다. 더욱이 정사공신을 정할 때에도 이괄은 늦게 참여했다는 이유로 2등 공신에 책정되었다. 비슷한 시기에 가담한 이수일은 내응한 공을 인정받아 공조판서에 임명되었는데, 이괄은 그보다 낮은 한성판윤에 임명되었다. 사정이 이러니 공론도 이괄이 논공행상에서 제대로 평가받지 못한 점을 인정하는 분위기였다.

그해 5월, 여진족의 움직임이 심상치 않자 인조는 장만張晚을 도원수로, 이괄을 부원수 겸 평안병사로 임명했다. 북방 경비를 강화하기 위한 조처였지만, 이괄은 자신이 좌천되는 것이라고 느꼈다. 이괄은 쓸쓸한 기분으로 휘하에 훈련된 군사 1만 2천여 명과 항복한 왜인 130명을 거느리고 영변으로 가서 진을 쳤다.

그런데 1624년(인조 2) 1월, 이괄이 아들 이전李栴과 함께 반란을 도모하고 있으며, 전 영의정 기자헌과 한명련韓明璉 등이 이에 가담했다는 고변이 올라왔다. 당시는 반정 직후라 근거 없는 고변이 난무하고 있었고, 이번 고변 역시 그런 무고 중에 하나였다. 역모에 가담했다는 기자헌, 현집玄楫, 이시언李時言 등을 잡아다 문초했지만 별다른 증거를 발견하지 못한 사실이 이를 뒷받침한다.

그러나 조정 대신들 중에는 논공행상에 불만을 품은 이괄을 경계하는 세력들이 있었다. 그들은 이괄이 반드시 반역할 것이라고 주장했다. 이에 인조는 우선 이괄의 아들 이전과 기자헌만이라도 체포해 조사해 보자고 했다. 그리고 선전관과 의금부도사를 보내어 이전과 구성부사 한명련을 잡아오도록 했다. 이괄은 이러한 사실을 전해 듣고 반란을 결심했다. 하나밖에 없는 아들이 반란의 혐의를 받고 잡혀가는 마당에 아비인 자신도 무사할 리 없다고 생각한 것이다. 어차피 죽을 몸이라면 억울하지나 않게 반역해 죽어야겠다고 생각했다.

이괄은 아들을 잡으러 온 선전관과 의금부도사를 죽였다. 그리고 한양에 변이 생겼으니 군사를 이끌고 가 구해야 한다고 근방의 수령들을 속여 소집했다. 이들은 이괄의 반란군이 되어 영변을 출발했다. 평양에 주둔한 도원수 장만의 군대를 피해 자산, 상원을 거쳐 진군하며 관군을 대파하고 그 선봉장인 박영서朴永緖 등을 사로잡아 죽였다. 이때한양에서는 이괄의 아내와 아우 이돈이 능지처참을 당했다. 한편 한명련 역시 자기를 잡으러 온 금부도사를 죽이고 30명의 기병을 거느리고 이괄을 따랐다.

이괄은 서둘러 한양으로 진격했다. 관군의 방비가 엄한 평산을 피해 샛길로 진군해 저탄에서 또 한 차례 관군을 대파했다. 이어 개성과 임진을 지나던 관군을 기습 공격해 격파했다. 평양을 지키던 장만은 거느린 군사 수가 적어, 이괄의 군을 정면으로 공격하지 못했다.

공주 공산성 진남루
충청남도 공주시 산성동에 있는 백제시대 산성의 남문으로, 인조가 이괄의 난을 피해 이곳 공산성에 머물렀다고 한다.

장만의 패전 장계가 올라오자 도성 안은 민심이 흉흉했다. 인조를 비롯한 비빈과 대신들은 급히 공주로 피란했다. 얼마나 급했으면 기자헌 등 49인의 피의자를 제대로 조사도 않고 의금부 문 밖에서 죽여 버렸을 정도였다. 사태가 심각해지자 영의정 이원익과 우찬성 이귀는 종루 근처에 나아가 병사를 모집해 보려고 했으나 별다른 성과가 없었다. 그나마 있던 병사들도 도망을 가는 형편이었다. 왕이 피란을 가는 데 그 뒤를 따르는 백성들도 거의 없었다.

2월 11일, 이괄의 군은 마침내 한양에 입성했다. 지방에서 반란을 일으켜 한양까지 점령한 것은 일찍이 유례가 없던 일이었다. 이괄은 선조의 아들인 흥안군興安君을 왕으로 추대하고, 도성민들에게 각자 생업에 충실할 것을 요구하는 방을 곳곳에 붙였다. 많은 백성들이 이괄의 군을 환영했다. 심지어 한양 인근으로 피란 가 있던 사대부들 중에서도 이괄에게 귀부하려는 자가 속출했다.

이 무렵 도원수 장만의 군사와 각지에서 올라온 관군의 연합군이 이괄의 군을 뒤쫓아 한양 근교에 이르렀다. 그리고 지형상 유리한 길마재[鞍峴]에 진을 쳤다.

이튿날 이괄은 군사를 두 길로 나누어 관군을 포위하고 공격했으나 패하고 말았다. 그날 밤 이괄, 한명련 등은 수백 명의 패잔병을 이끌고 수구문(지금의 광희문)으로 빠져나가 삼전도를 거쳐 광주로 달아났다. 그러나 관군의 추격으로 이들은 뿔뿔이 흩어졌다. 다음 날 이괄의 무리가 이천의 묵방리墨坊里에 이르렀을 때, 부하 이수백李守白, 기익헌奇益獻 등이 이괄과 그의 아들 이전, 한명련 등의 머리를 베었다. 이괄 등의 머리는 공주에 머물고 있던 인종에게 바쳐졌다.

이렇게 부하들의 배신으로 이괄의 난은 평정되었고, 인조는 10여 일이 지나서야 겨우 환도했다. 환도 후 인조는 이괄의 난을 평정하는 데 공을 세운 장만, 정충신鄭忠信, 남이흥南以興 등 32명을 진무공신振武功臣에 책봉했다.

이괄의 난은 당시 국내외 정세에 큰 영향을 미쳤다. 안으로는 지방에서 일어난 반란에 국왕이 한양을 버리고 떠난 전대미문의 사태가 벌어져 집권층과 백성들에게 커다란 충격을 안겨주었다. 또한 밖으로는 후금의 침략 야욕을 자극한 결과를 낳았다. 반란이 실패로 돌아가자, 한명련의 아들 한윤韓潤이 후금으로 도망가 조선의 불안한 국내 정세를 알리고 침략을 종용했던 것이다. 이러한 동향이 1627년(인조 5)에 일어난 정묘호란丁卯胡亂으로 이어졌다.

3
공서와
청서

이괄의 반란으로 공신들이 자중지란을 겪는 동안 조정 한쪽에서는 공신들과는 정치적 노선을 달리하는 일군의 세력이 성장하고 있었다. 남인도, 소북도 아닌 서인의 한 갈래로서, 이들 역시 대부분 이이와 성혼의 문인이었다. 같은 서인이지만 이들은 인조반정에 참여하지 않았다. 공신들의 전횡에 밀려 권력의 핵심에서 소외되어 있었지만, 논의가 강경하고 청망淸望을 지닌 인물이 많았다. 척화파의 거두 김상헌을 위시해 신흠, 오윤겸吳允謙, 김상용金尙容, 나만갑羅萬甲, 강석기姜碩期 등이 그 대표적인 인물이었다. 이들은 정치적인 열세에도 불구하고 청의를 표방하며 공신들의 행태를 정면으로 비판했다. 이에 양자는 첨예하게 대립했고, 급기야 공서功西와 청서淸西로 갈리게 되었다.

공서와 청서의 대립과 갈등은 서인 내부의 분열을 의미했다. 인조대에는 기축옥사 신원 문제, 소현세자비의 간택 문제, 인성군의 치죄 문제, 이이·성혼의 종사 문제 등 서남 당쟁이 치열하게 전개되기는 했지만, 이것은 표면적인 문제일 뿐 정국의 변수가 되지는 못했다. 오히려 인조 대 정쟁의 본질은 공서와 청서의 대립에 있었다.

공서와 청서 사이의 마찰은 재위 중인 군주를 폐출하고 새 임금을 세운 반정에 대한 견해 차이에서 발단되었다. 청서는 반정 자체를 부정적인 시각으로 바라봤고, 특히 반정에 참여한 공신들이 관직을 독점하는 것을 비판했다. 공신 중에서 장유, 최명길 등은 관직을 사양하기도 했지만, 이귀 등은 여전히 '공신 우대'를 역설했다.

공서와 청서의 첨예한 대립은 인사 문제에서 극명하게 드러났다. 인사는 정치적 기반의 확보와 직결되는 문제였다. 인조는 서인, 특히 공서의 독주를 견제할 목적으로 남인과 북인을 널리 기용했다. 폐모론에 가담했던 인물까지도 포함된 파격적인 인사였다. 그런데 이러한 인조의 인사 기용에 당시 이조판서로서 독점적인 인사권을 행사하던 김류가 적극 동조하고 나섰다. 공서인 그가 남인과 북인의 기용에 찬성한 이유는 청서를 견제하기 위해서였다.

1625년(인조 3) 김류는 소북의 영수 남이공을 대사헌에 추천해 일대 파란을 일으켰다. 이전에도 김류는 소북의 원로 김신국을 평안감사에 추천한 일이 있었다. 남이공의 중용은 청서를 자극하기에 충분했다. 청서의 맹주 김상헌은 이를 그대로 두고 볼 인물이 아니었다. 그는 반정 직후부터 시종일관 남인과 북인의 배제를 주장한 대표적인 강경론자였다. 그는 상소를 올려 김류의 인사를 강력하게 비난하는 한편, 인조에 대해서도 노골적으로 불만을 드러냈다. 상소를 접한 인조는 몹시 분노해 청서를 '편당'으로 몰아 배격했다. 인조의 단호한 태도는 청서의 소장파를 자극해 문제를 더욱 복잡하게 만들었다. 박정朴炡, 유백증俞伯曾, 나만갑, 김반金槃, 이소한李昭漢 등은 상소를 올려 인조와 김류의 태도를 무조건적인 '보합'으로 규정하기에 이르렀다. 양쪽은 서로를 '편당' 또는 '보합'으로 몰아붙이며 연일 치열한 공방을 벌였다.

청서가 인조와 김류의 인사 정책에 반발한 것은 자신들의 정치적 기반을 유지, 강화하기 위한 것이기도 했다. 김상헌의 경우 폐모론에 조금이라도 관련이 있는 자는 배격해야 한다는 것이 기본 입장이었다. 그러나 이는 어디까지나 명분일 뿐, 속사정은 따로 있었다. 김류의 방침대로 남인과 북인을 수용할 경우 타격을 받는 쪽은 비공신 계열인 청서였다. 나아가 대북 정권에 항거한 자신들의 명분이나 공로마저 퇴색될 형편이었다.

그런데 이런 상황에 공신 이귀가 갑작스럽게 개입해 정국은 더욱 혼전을 거듭하게 되었다. 공신 세력의 핵심인 그가 청서를 두둔하고 나선 것이다. 반정의 원훈이었지만 김류에게 밀려 2인자로 처져 있었고, 인사권까지 김류가 독차지하고 있는 것에 불만이 컸다. 따라서 그가 청서를 두둔한 것은 김류를 견제하려는 의도에서였다.

이렇게 왕과 공서, 공서와 청서, 공서와 공서가 서로를 견제하는 분쟁의 양상에 견디다 못한 인조는 특단의 조처를 강구했다. 일단 당사자인 남이공을 외직인 함경감사로 발령했다. 그런 다음 이귀를 파직하고, 박정, 나만갑을 귀양 보냈다. 결과는 청서의 참패였다.

공서와 청서의 대립은 인조 7년을 전후해 노서老西와 소서少西의 대립으로 바뀌었다가 병자호란의 와중에 척화와 주화로 나뉘어 다시금 첨예하게 대립하게 되었다.

한편 인조반정 직후부터 조정에는 이른바 '산림山林'이라고 하는 일
군의 사람들이 등용되어 영향력을 발휘하고 있었다. 인조와 서인 정권
은 '숭용산림崇用山林'의 기치 아래 산림을 수용할 수 있는 제도적 장치
를 마련하고, 흔히 산림직으로 표현되는 많은 관직을 신설했다. 성균
관의 좨주[祭酒], 사업司業, 세자 시강원의 찬선贊善, 진선進善, 자의諮議는
그 대표적인 관직이었다. 그중에서도 최고의 영예직은 성균관의 좨주
였다. 이는 곧 '사유師儒'의 직책으로서, 불교 국가의 국사國師, 왕사王師
에 비견되는 위치였다.

그런데 이러한 숭용산림은 반정을 주도했던 정국 공신들의 밀약에
서 비롯되었다. 그 밀약의 내용은 다음과 같았다.

첫째는 국혼을 놓치지 말 것이며, 둘째는 산림을 숭용한다. 無失國婚 崇用山林
_『당의통략』

반정 공신들은 세력의 강화를 위해서 왕실과의 결탁이 불가피했고,
집권의 정당성을 확립하기 위해서 학덕 있는 선비를 등용할 필요가 있
었다. 실리와 명분을 모두 차지하겠다는 계획이었다.

산림은 '산림지사山林之士'의 준말로, 과거를 보지 않고 초야에서 학덕
을 닦은 선비를 지칭했다. 산림의 기원에 대해서는 견해가 다양했다.
일찍이 이이는 이황, 성혼에게 산림의 칭호를 부여한 일이 있고, 선조
말과 광해군 대에는 정인홍이 최초로 산림의 자리를 차지하며 조야를
호령하기도 했다. 그러나 이들은 어디까지나 산림 형성기의 인물들일
뿐이고, 본격적인 산림은 인조반정 이후에 비로소 출현하기 시작했다.

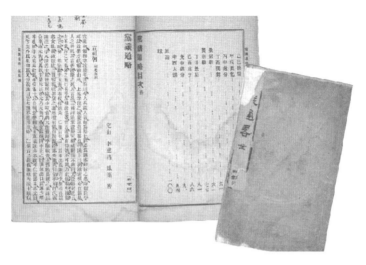

「당의통략」
조선시대 후기의 문신이자 학자인 이건창이 지은 책으로, 선조 대에 벌어진 동인과 서인의 분당부터 영조 대까지 진행된 당쟁의 역사를 정리해 놓았다.

산림은 비록 초야에 은거하고 있었지만 정국의 동향에 무관심하지 않았다. 때로는 간접적인 영향력을 행사해 정치의 옳고 그름을 예리하게 비판하기도 했다. 그리고 그들에게는 강력한 문인 기반이 형성되어 있었다. 따라서 산림은 한 개인이기보다는 특정 지역 또는 특정 학파의 영수였다.

공론을 중시하는 '사림정치'에서 산림의 영향력은 막강할 수밖에 없었다. "열 정승이 왕비 하나만 못하며, 열 왕비가 산림 하나만 못하다."는 말은 산림의 위상을 여실히 보여주는 표현이다.

산림으로 인정받기 위해서는 우선 과거를 거치지 않아야 했다. 도학이 존숭되는 사호에서 과장科場을 드나드는 인사가 사표師表가 될 수는 없었다. 무엇보다 산림은 학덕을 겸비한 명사라야 했다. 심산유곡에서 세상과는 결별한 채 강학과 수양에 매진해 대유大儒의 학식과 통유通儒의 기국이 있어야 했다. 이는 곧 산림의 본질이기도 했다.

그러나 이 두 가지 조건만으로 산림이 될 수 있는 것은 아니었다. 여기에 더해 징소徵召로 표현되는 조정의 초빙이 있어야 했다. 그러나 소명이 내렸다고 해서 곧바로 응해서는 안 되었다. 비록 의례적이나마 거듭 상소해 사직을 청하는 것이 관행이었다. '사수謝受(사양하며 받아들이는 행위)'는 선비가 지녀야 할 중요한 덕목이었기 때문이다. 만약 이러한 절차를 어기면 이록利祿을 탐내는 경박한 인물로 지목되기 십상이었다. 마지막으로 산림직에 임명되어야만 진정한 산림으로 인정될 수 있었다. 이처럼 산림이 되기 위한 조건은 까다롭고 절차는 복잡했다. 또한 사림의 공론에 부합하고 조야가 심복할 수 있는 인사를 선별하기란 쉽지 않았다.

그러나 일단 산림이 되면, 그에 못지않게 예우 또한 극진했다. 우선 산림에게는 관품에 구애받지 않고 등용·승진시키는 특전을 부여했다. 모든 것이 왕의 특지로 처리되었다. 여러 종류의 산림직이 있었지만, 초사일 경우 일반적으로 성균관 사업에 임명되었다. 이때는 세 사람의 후보를 갖추어야 하는 '비3망備三望'의 원칙을 뛰어넘어 단망單望으로 제수되는 특전을 입었다. 성균관 사업은 비록 5품직에 불과하지만, 일반 관료의 경우 십수 년 이상을 봉직해야 겨우 5품에 오를 수 있었다.

이 밖에도 산림에게 주어지는 예우와 특전은 다양했다. 사관이 왕의 소명을 받들고 산림의 거처를 직접 방문하는 예도 있었다. 그리고 소명에 응할 경우 가마를 타거나 역마를 이용할 수 있는 권한이 부여되었다. 그리고 조정에 들어오면 유신儒臣으로 칭송되고 경연에 참석할 수 있었다. 음식, 의복, 시탄(땔나무와 숯, 석탄 등) 예물의 하사는 물론, 병이 들면 어의가 와서 진찰하기도 했다.

그런데 산림에게는 일종의 '금기 사항'이 있었다. 그것은 바로 직책에 연연해 오래 조정에 머무는 일이었다. 입조入朝하기가 무섭게 사직하는 것이 행공行公의 원칙이었다. 그럴수록 관품은 올라가고 명망은 높아졌다. 불과 수개월 만에 판서를 거쳐 정승의 반열에 오른 경우도 있었다.

산림의 출처관은 '난진이퇴難進易退(나아가기를 어렵게 여기고 물러가기를 쉽게 여기는 행위)'로 요약된다. 그러나 모든 산림들이 벼슬을 사양한 것은 아니었다. 개중에는 자신의 성가聲價를 높이기 위해 위선을 부리는 경우도 있었다.

이처럼 왕과 집권 세력이 산림에 대해 예우를 다하는 본질적인 의도는 단순히 유현을 존경한다는 취지만은 아니었다. 한마디로 산림을 중용해 정권의 정당성을 확보하고 집권의 기반을 다지려 했던 것이다. 그러나 이러한 왕과 집권 세력의 기대가 부합할 때도 있었지만 상충할 때도 있었다.

4
원종 추승

인조는 반정이라는 비상수단으로 왕위에 올랐다. 아버지 대인 광해군을 몰아내고 왕이 되었기 때문에 본의 아니게 할아버지인 선조로부터 왕위를 직접 승계하게 되었다. 이것은 왕통의 정상적인 계승이 아니었다. 인조와 인조를 추대한 공신들은 이와 같은 비정상적인 왕통을 정상적인 것으로 바꾸어 놓고 싶어 했다. 그러기 위해서는 인조의 아버지 정원군定遠君을 왕으로 추숭해 선조와 인조 사이에 끼워 넣는 수밖에 없었다.

이 문제는 반정 성공 직후에 반정 사실을 인조의 생부인 정원군의 사당에 고할 때부터 시작되었다. 인조가 축문祝文에 정원군을 아버지라고 쓸 수 있는가 없는가 하는 것이 논란이 된 것이다. 인조와 공신들은 당연히 정원군을 아버지로 하고 스스로를 아들로 불러야 한다고 주장했다.[稱考稱子論] 반대로 조신들은 인조가 할아버지인 선조의 대통大統

118

을 이었으므로 선조를 아버지라 불러야 하고, 정원군을 백숙부伯叔父라 불러야 한다고 맞섰다[叔姪論].

이러한 논란의 배후에는 당시 산림으로 명망 높은 김장생과 박지계朴知誠가 있었다. 박지계는 전자를 지지했고, 김장생은 왕조례王朝禮의 특수성을 들어 후자를 지지했다. 당시 대다수 관료와 학자들은 인조가 선조를 바로 계승했기 때문에 종통상 부자 관계로 인정하는 데에는 이론이 없었다. 하지만 김장생의 주장처럼 정원군과 인조를 숙질 간으로 삼는다는 것은 좀 지나치다고 여기는 사람이 많았다.

김장생이 그와 같은 극도의 명분주의를 내세웠던 것은 정원군을 아버지로 인정해버리고 나면 그를 추숭해야 하는 문제가 뒤따를 수밖에 없었기 때문이다. 그는 이를 원천적으로 봉쇄하고자 했다. 반면에 박지계는 정원군을 아버지로 인정해야 한다고 주장했다.

왕실의 예도 일반인과 다를 바 없는데, 아버지 자리가 없이 바로 할아버지를 잇는 종통은 있을 수 없다. 마땅히 정원군으로 하여금 선조와 인조 사이를 잇게 해 대통을 바로 세워야 한다. _박지계, 『잠야집』

박지계의 제자들은 한 걸음 더 나아가 정원군을 왕으로 추숭해야 한다고 주장했다. 왕과 공신들은 박지계의 이론을 지지하며 추숭 작업을 진행시켰다.

그러나 당시의 분위기는 김장생의 주장이 옳고, 박지계의 주장은 인조에게 아부하려는 의도에서 나온 것으로 치부했다. 결국 인조의 아버지 정원군을 대원군으로 올리고, 인조의 어머니는 연주군부인蓮珠郡夫人

에서 연주부부인蓮珠府夫人으로 올리는 데 그쳤다. 또한 인조의 어머니가 거처하는 집을 계운별궁啓運別宮으로 부르고, 정원대원군의 제사는 바로 아래 동생인 능원군綾原君이 주관하기로 했다.

1626년(인조 4) 1월 14일, 인조의 어머니 계운궁 구씨啓運宮具氏가 죽었다. 인조는 계운궁의 장례를 국장에 준하도록 하고, 자신이 상주가 되어 3년상을 거행하려고 했다. 그러나 조신들은 대원군 부인의 예에 맞추어 장례를 치러야 한다고 주장했다. 결국 능원군이 인조를 대신해 상주 노릇을 하는 것으로 결정을 보았다. 하지만 인조는 어디까지나 자신이 상주임을 은연중에 암시했다.

그런데 계운궁 상에서 인조와 공신, 그리고 신료들은 상복 문제를 둘러싸고 심각하게 대립했다. 『가례家禮』에 따르면, 아들이 어머니의 상을 당했을 때에는 지팡이를 짚고 3년 동안 상복을 입어야 했다. 김장생은 종통상 계운궁이 어머니가 아니기 때문에 지팡이를 짚지 않는 1년복[不杖朞服]을 입어야 한다고 했고, 박지계는 계운궁이 어머니이기 때문에 너덜너덜한 3년복[斬衰三年服]을 입어야 한다고 했다. 박지계는 또한 정원군의 추숭을 다시 한번 노골적으로 주장했다.

조정에서 박지계의 이론을 지지하는 이들은 인조와 이귀, 최명길 등 몇몇 공신에 불과했다. 이귀는 정원군이 선조의 맏아들은 아니지만 그 앞의 형들이 모두 아들이 없으므로 정원군이 선조의 장자가 되는 셈이라고까지 했다. 그러나 당시에 정원군의 형인 의안군義安君에게 인조의 친동생인 능원군이 양자로 들어가 있었기 때문에, 이귀의 주장은 구차한 억지 이론이라는 비판을 받았다.

3년복으로 할 것인가, 1년복으로 할 것인가 하는 문제가 해결되지 않은 상태에서 장유는 급기야 지팡이를 짚는 1년복[杖朞服]으로 하자는 절충안을 내기에 이르렀다. 그의 논지는 인조가 정원군에 대해 아버지라 부르는 것은 좋으나 소종을 대종에 합치는 것은 옳지 않으므로, 부모복인 3년복을 강복降服해 지팡이를 짚는 1년복으로 정해야 한다는 것이었다. 인조는 하는 수 없이 이 절충안을 따랐으나 마음으로는 3년 상[心喪三年]을 거행했다.

정원군 추숭 문제는 1628년(인조 6) 계운궁의 탈상을 맞아 본격적으로 논의되기 시작했다. 추숭 논의는 이귀, 최명길 등의 공신들이 주도했다. 그러던 중 1630년(인조 8) 12월에 명나라 호부낭중戶部郎中 송헌宋獻의 정원군 추숭에 대한 의견이 공개되었다. 이는 그 전해에 중국에 사신으로 갔던 최유해崔有海가 등주에 사는 송헌과 만나 문답하는 가운데 얻어낸 의견이었다. 송헌의 의견은, 만약 다른 이에게 양자를 간 적이 없고 몸소 큰 공을 세워 할아버지의 대통을 계승했다면 아버지를 높여 할아버지의 대통을 계승시킬 수 있다는 것이었다.

이에 자신을 얻은 인조는 1631년(인조 9) 4월, 대신들이 모인 자리에서 정원군 추숭의 뜻을 공식적으로 표명했다. 대신들이 극력 반대하자, 인조는 명나라 황제에게 주청해 허락받지 못하면 그때는 포기하겠다고 선언했다. 그래도 반대 의견은 끊이지 않았다. 대신들은 물론이고 3사와 예조의 관원들, 그리고 유생들의 반대 상소가 빗발쳤다. 특히 성균관과 4학(동·서·남·북학)의 학생들은 박지계를 유생 명부인 청금록靑衿錄에서 삭제하고 수업을 거부하기에 이르렀다.

그럼에도 인조는 추숭론자인 이귀를 이조판서에, 최명길을 예조판서에 임명하고 정원군 추숭을 강행했다. 1632년(인조 10)에 추숭도감을 설치하고, 남별전南別殿을 숭은전崇恩殿으로 고쳐 정원군의 별묘別廟로 삼았다. 그리고 정원군의 묘를 장릉章陵으로 고치고, 명나라의 허락을 받아 정원대원군을 원종대왕元宗大王으로, 계운궁 구씨를 인헌왕후仁獻王后로 정했다. 1635년(인조 13) 3월에는 원종 내외의 신주神主를 종묘에 모셨다. 이리하여 인조반정 이후 13년 만에 조신들의 강력한 반대를 무릅쓰고 드디어 인조는 그의 아버지 정원군을 원종으로 추숭하는 데 성공했다.

원종 추숭은 반정이라는 비상수단으로 왕위에 오른 인조가 왕통의 결함을 보안하기 위해 무리하게 종법상의 정통을 확립한 사례라고 할 수 있다. 왕위 계승은 왕통王統, 즉 대통大統뿐 아니라 종법상의 정통, 즉 종통宗統까지 합치되어야만 국왕으로서의 정통이 확립되는 것이다. 그래서 인조는 무리수를 두면서까지 추숭에 급급했던 것이다.

광해군이 불확실한 왕통 때문에 처절한 살육을 일삼다가 결국 쫓겨난 것을 본 인조로서는 대통과 종통을 일치시키지 않으면 왕권 강화가 어렵다고 생각할 수밖에 없었다. 물론 이러한 생각은 인조뿐만이 아니라 다른 왕들도 마찬가지였다.

5
척화파와
주화파

광해군은 명나라와 후금 사이에서 중립 외교를 펼쳐 중국의 새로운 강자로 떠오른 후금과의 충돌이 없었다. 그러나 인조반정으로 국면은 크게 바뀌었다. 새로 정권을 잡은 서인들은 대북 정권의 중립 외교 정책을 버리고 친명배후금^{親明排後金} 정책을 세웠다. 그리고 후금과의 외교 관계를 단절하고, 후금에서 도망쳐 오는 한인, 여진인을 모두 수용했다. 또한 후금에게 밀려 내려와 가도^{假島}에 주둔하고 있던 명의 모문룡^{毛文龍}을 적극 지원했다. 이에 후금과 조선 사이에는 긴장이 감돌기 시작했다.

1624년(인조 2) 이괄의 난이 일어났을 때, 이괄 측에 가담했다가 죽은 한명련의 아들 한윤이 후금으로 도망갔다. 그는 당시 후금에 투항해 있던 강홍립에게 만주 군사를 빌려 본국에 복수할 수 있게 해달라고 간청했다. 그해 봄부터 후금의 군사들이 조선에 쳐들어올 기미가 보였다. 명나라와 대치하는 상황에서 조선이 배후를 공격할 것을 우려한 후금은 이미 조선을 무력 정벌할 구상을 하고 있었다. 그 와중에 한윤의 투항은 조선 침략을 재촉하는 결과를 초래했다.

1626년(인조 4) 8월 11일, 후금에서는 누르하치가 죽고 홍타이지皇太極가 황제에 올랐다. 태종은 이듬해 1월 아민阿敏에게 3만 병력을 주어 조선의 의주·안주 지역을 공격하게 하고, 일부 병력은 가도에 있는 모문룡을 치게 했다. 인조는 장만을 도체찰사로 임명해 대적하게 했다. 그러나 후금의 군대가 이미 평양을 거쳐 평산으로 진격하자, 장만은 개성 방면으로 따라들어 왔다. 전세가 불리해지자, 김상용을 유도대장留都大將으로 삼아 한양을 지키게 하고, 소현세자는 전주로, 인조는 강화도로 피란했다.

황주까지 이른 후금군은 더 이상 진군하지 않고 조선과의 화의를 원했다. 그러나 조선에서는 감히 후금과의 강화를 주장하는 이가 없었다. 이때 최명길이 화의를 주장하고 나섰고, 2월 20일에 후금이 유해劉海를 강화도로 보내 화의 교섭이 이루어졌다. 후금은 명나라 연호인 천계天啓의 사용을 금지하고 왕자를 인질로 보낼 것을 요구했다. 이에 조선은 종실 이구李玖를 원창군原昌君으로 봉해 왕의 동생이라 하고 왕자 대신 후금 진영에 보냈다. 그런 다음 병조판서 이정구와 이조판서 장유를 대표로 파견해 후금군의 철수를 요구했다. 이때 명나라와의 사대 관계는 유지할 것을 인정받았다. 이후 왕과 세자는 한양으로 돌아오고, 후금 군도 철수했다. 이것이 정묘호란이다.

정묘호란으로 인조에게 항복을 받은 후금은 과다한 세폐歲幣를 거듭 요구했다. 또한 중강개시中江開市, 회령개시會寧開市에서 불평등 무역 관계를 강요했다. 이러한 후금의 태도는 조선의 반청의식을 불러일으켰다. 그리하여 조선은 후금국 사신을 냉대하고 교역에도 소극적인 태도를 취했다. 후금의 군량 요구와 선박 조달 요구도 거절했다. 반면에 명나라와는 활발히 교역했으며, 후금에 항복하려던 공유덕孔有德, 경중명耿仲明 등 명나라 반란군을 토벌하기도 했다. 조선은 사세가 불리해 후금에게 항복한 것이지 마음속으로 항복한 것은 아니라는 입장이었다. 그러면서 내심 명과의 동맹 관계를 강화해 후금을 견제하려는 의도를 가지고 있었다. 명군을 돕지 말라는 후금의 요청에도 불구하고 계속해서 그들을 지원한 사실에서도 알 수 있다.

한편 후금은 1632년(인조 10) 가을에 내몽고 정벌을 감행했다. 그리고 명나라를 치기 전에 조선에게 후금 사신의 접대 의례를 명나라의 예와 같이 할 것, 형제 관계를 군신 관계로 바꿀 것, 세폐를 증액할 것을 요구했다. 조선으로서는 도저히 받아들일 수 없는 조건이었다. 따라서 그 요구를 단호히 거절했다. 나아가 후금과의 국교를 단절하자는 목소리가 높아졌다. 심지어 정묘호란 때의 화약을 파기해 선전포고를 하자는 강경론까지 대두되었다.

그런 가운데 1635년(인조 13) 12월, 후금의 태종이 우연히 원나라의 옥새를 손에 넣게 되었다. 이를 빌미로 이듬해 3월에 조선에 사신을 보내어 군신 관계를 맺을 것을 강요했다. 이에 조선의 조정은 주화파主和派와 척화파斥和派로 갈리게 되었다. 우의정 이성구李聖求, 이조판서 최명길 등의 주화파는 전란의 위험이 있으므로 신중하게 대처하자고 했다. 그러나 정온鄭蘊, 홍익한洪翼漢, 윤집尹集, 오달제吳達濟 등의 척화파들은 사신의 목을 베고 후금과 단교할 것을 강력히 주장했다. 이때는 척화파의 기세가 월등히 우세했다.

척화파들은 연일 후금 사신이 묵고 있는 숙소 앞에서 규탄 시위를 벌였다. 이에 신변의 위험을 느낀 후금 사신은 야음을 틈타 본국으로 도망쳤다. 양국의 교섭은 중단되었다. 조선은 정식으로 후금 태종의 등극을 부정함은 물론 군신 관계 요구도 거절하고 국교를 단절할 것을 결의했다.

1636년(인조 14) 4월, 후금 태종 홍타이지는 국호를 청淸이라 고치고 황제의 자리에 올라 연호를 숭덕崇德이라 했다. 그리고 조선에 사신을 파견해 왕자와 대신, 척화론자들을 자신들에게 보내 문제를 해결하지 않으면 지체 없이 출병할 것이라고 최후통첩했다.

조선이 요구를 거절하자, 청태종은 13만의 군사를 보내 조선을 침략했다. 청군은 마푸타馬夫大를 선봉으로 심양瀋陽을 출발해 의주, 안주, 평양, 황주, 평산, 개성을 거쳐 한양으로 진격했다. 도원수 김자점 등의 조선군이 곳곳에서 저항했으나 적의 진격을 저지하지는 못했다. 청군의 선발대는 한양 근교에 도착하자마자, 양화도 방면으로 진출해 강화도로 통하는 길을 차단했다.

인조는 윤방尹昉, 김상용, 김경징金慶徵, 이민구李敏求 등에게 종묘의 신주와 비빈, 왕자, 종실, 백관의 가족을 이끌고 먼저 강화도로 들어가도록 하고, 자신도 뒤따라 강화도로 들어가기로 했다. 그러나 강화도로 가는 길은 이미 청군에게 차단되어 있었다. 하는 수 없이 최명길이 청군 진영에 들어가 침공의 이유를 묻는 등 시간을 끄는 사이에 국왕은 남한산성으로 피신했다. 그리고 12월 15일부터 이듬해 1월 30일까지 45일간 그곳에서 버텼다.

남한산성을 둘러싼 청군은 포위망을 구축하고 장기전에 들어갔다. 성 안에는 1만 4천 명의 인원이 60여 일간 버틸 수 있는 양식밖에 없었다. 이에 조선은 청군과 화의를 교섭했다. 청군은 처음에 왕의 동생을 인질로 보내라고 했다가, 다시 세자를 인질로 보내라고 요구했다. 그러자 조선에서는 척화론이 한층 강하게 일어났다. 그러나 1월 22일에 강화도가 함락되어 그곳에 있던 비빈, 왕자, 종실, 백관의 가족들이 모두 포로가 되었다. 각지에서 항전한 근왕병들도 궤멸하고, 남한산성의 사정은 이제 더 이상 버틸 수

삼전도비
인조가 남한산성에서 나와 청태종에게 항복한 사실을 기록한 비로, 몽골어와 만주어, 한자어 등 세 개 문자가 새겨져 있다. 원래 설치 장소는 송파구 삼전동에 해당하는 삼전도였는데, 지금은 송파구 석촌동으로 바뀌었다.

없을 만큼 비참해졌다. 화친 여론이 고개를 들 수밖에 없었다.

김상헌, 정온, 홍익한, 윤집, 오달제 등의 척화론도 만만치 않았다. 이들은 당파에 관계없이 목숨을 내놓고 청나라와의 화친을 반대했다. 김상헌은 목을 매 자살을 시도했으나 주위에서 구해 가까스로 목숨만은 건졌고, 정온은 할복자살을 기도했으나 중상을 입고 미수에 그쳤다. 나만갑과 이경여李敬興는 행궁 뜰에 머리를 찧으면서 최후의 일각까지 항전할 것을 주장했다.

결국 1월 30일, 남한산성 아래의 삼전도三田渡에서 인조는 청태종에게 항복했다. 인조는 서문으로 나아가 청군이 항복을 받기 위해 설치한 가건물 수항단受降檀에서 청태종이 앉아 있는 단상을 향해 세 번 절하고 아홉 번 머리를 조아리는 삼배구고두三拜九叩頭의 예를 올렸다. 의식이 끝난 후 인조는 대국에 대항한 죄를 용서해 줄 것을 청했고, 청태종은 조선을 용서한다는 조칙을 내렸다.

항복의 조건은 첫째, 명나라의 고명誥命(황제의 명령서), 책인冊印(황제의 책봉문서 및 국왕의 도장)을 청나라 황제에게 바칠 것, 둘째, 명나라와의 국교를 단절하고 청나라와 군신 관계를 맺을 것, 셋째, 명나라의 연호를 폐지하고 청나라의 연호를 사용할 것, 넷째, 세자와 왕자 및 대신의 자제를 심양에 인질로 보낼 것, 다섯째, 청나라가 명나라를 정벌할 때 원병을 파견할 것, 여섯째, 청나라가 가도를 공격할 때 원병을 파견할 것, 일곱째, 매년 정기적으로 사신을 파견할 것, 여덟째, 조선인 포로가 도망쳐 오면 즉시 심양으로 돌려보낼 것, 아홉째, 두 나라 신하들의 통혼을 장려해 우의를 돈독히 할 것, 열째, 성을 새로 쌓거나 개축하지 말 것, 열한째, 매년 세폐를 보낼 것 등 11가지였다.

다음 날, 청군은 대표적인 척화론자인 윤집, 오달제 등을 데리고 철병했다. 이 두 사람보다 앞에 잡혀간 홍익한을 합해 3학사라고 부른다. 이들이 끝까지 주장한 존명사대尊明事大는 서인들이 가장 중요하게 생각하는 대의명분이었다. 이들은 "조선은 정복할 수는 있어도 통치할 수는 없다."는 절의를 끝까지 보여주었다.

삼전도 굴욕이 있던 날, 인조는 청나라 기병 100명의 호위를 받으며 한양으로 돌아왔다. 이로써 병자호란은 50여 일 만에 끝났다. 이어 2

월 8일에는 소현세자^{昭顯世子}와 봉림대군^{鳳林大君} 일행이 인질로 심양에 잡혀 갔다. 이들은 1645년(인조 23) 2월에 본국으로 돌아올 때까지 8년 동안 그곳에서 억류 생활을 해야 했다.

6

강빈옥사

인조가 삼전도에서 삼배구고두의 의식을 거행한 1637년(인조 15) 1월 30일, 소현세자는 바로 청군의 진영에 구금되었다. 그리고 그해 2월 8일에 세자빈 강씨, 봉림대군, 그리고 여러 수행 관원들과 함께 심양에 인질로 잡혀 갔다. 인조는 친히 한양 밖까지 전송 나갔다. 그리고 소현세자에게 한나라 무제 때 흉노 땅에 잡혀 간 후 열아홉 해 동안 끝내 흉노에 굴하지 않았던 소무蘇武처럼 절대 청에 굴하지 말라고 신신당부했다.

그렇게 9년 동안 인질 생활을 한 소현세자는 1645년(인조 23)에 가까스로 조선 땅으로 다시 돌아올 수 있었다. 그러나 귀국 두달 만에 34세의 젊은 나이로 요절하고 말았다. 소현세자는 1612년(광해군 4) 1월 4일 인조의 장남으로 태어났다. 인조반정 이후 세자로 책봉되었고, 1627년(인조 5) 12월에 강석기의 딸을 세자빈으로 맞이했다. 그리고 병자호란 후 청의 인질로 끌려갔던 것이다.

심양에 도착한 소현세자는 심양관소, 즉 심관瀋館에 거처했다. 심관은 양국 간의 연락 사무나 세폐와 공물의 조정, 그리고 포로를 중심으로 한 민간인 문제 등을 처리하는 일종의 대사관이었다. 소현세자는 이곳에서 조선 대사와도 같은 임무를 수행했다. 소현세자는 총명하고 호기심이 많으며 진취적 성향을 지닌 인물이었다. 그는 심양으로 인질이 되어 가기 전부터 서양의 화포나 자명종, 천문기기와 같이 새롭게 전래된 서양 과학 문물에 대해 지대한 관심과 동경을 품고 있었다. 특히 역법에 관심이 많았다. 그는 후에 북경으로 거처를 옮겼을 때 가끔 유럽인이 주관하는 천문대에도 찾아갔고, 또 당시 북경에 와 있던 선교사 아담 샬Adam Schall과도 교섭을 가졌다. 아담 샬은 소현세자에게 직접 한역한 『천문역산서天文曆算書』와 여지구與地球를 주었고 천주상까지 선사했다고 한다. 이렇듯 서양 문물에 대한 소현세자의 호의적 태도 때문에, 그가 왕위를 계승했다면 근대화가 좀 더 빨리 이루어졌을지도 모른다는 추측이 나오기도 한다.

소현세자는 조선과 청의 원만한 관계를 유지하기 위해 심양의 고관들과 친분을 맺었다. 또 뇌물 외교에 필요한 자금을 마련하고자 영리에도 관심을 가졌다. 심양관소의 문이 마치 시장과도 같았다는 표현이 이 사실을 단적으로 말해 준다. 그러나 바로 이것이 문제가 되었다. 당시 심관의 일상적인 경비나 교제에 필요한 물자들은 본국에서 부담하고 있었다. 조선에서는 소현세자와 강빈의 심양 생활이 사치와 낭비 일색으로 비춰지고 있었다.

인조는 세자의 과도한 화리貨利가 단순히 외교에 필요한 비용을 마련하기 위한 것이 아니라 역위逆位를 도모하기 위해 자금을 마련하고 있는 것이라고 의심했다. 실제로 당시 인조는 심관에서 청을 부추겨 세자로 왕을 삼고 인조를 심양으로 들어오게 하려 한다는 소문을 전해들은 바가 있었다. 인조가 그 말을 한 귀로 흘려버리지 못한 것은 뒤이어 일어난 심기원의 역모 사건에서 세자 추대설이 등장했기 때문이다. 위기를 느끼기 시작한 인조는 심복 내시들을 심관에 파견해 그곳의 동태를 감시하기까지 했다.

소현세자는 심양에 있으면서 두 번 조선에 다녀갔다. 특히 두 번째 방문은 세자빈인 강빈의 아버지 강석기가 전년 6월에 사망했기 때문에 강빈을 동반한 행차였다. 그런데 부친상을 당해 8년 만에 조국으로 돌아온 강빈에게 인조는 냉혹할 만큼 각박하게 대했다. 인조는 강빈이 아버지의 빈소에 가서 곡하는 것조차 허락하지 않았다. 그 때문에 인조와 소현세자 내외의 갈등이 더욱 심화되었다.

마침내 소현세자가 9년 동안의 인질 생활을 마치고 조선으로 돌아왔다. 그러나 인조는 세자의 귀환이 반갑지 않았다. 혹여 청에서 세자에게 왕위를 물려주고 인조가 대신 심양으로 끌려가지는 않을까 하는 불안감에 시달렸다. 인조는 세자에게 더욱 냉담했고, 심지어 청나라와의 음모에 대비해 대책을 강구하도록 지시하기도 했다.

그러던 차에 소현세자가 병을 얻게 되었다. 진맥을 맡았던 어의 박군朴頵은 학질이라고 진단했다. 의관 이형익은 계속 침을 놓았다. 그러기를 며칠, 소현세자는 죽고 말았다. 세자의 돌연사는 조정에 큰 충격을 주었고, 이형익은 침을 잘못 놓은 죄로 끊임없이 비난을 받았다. 그런데 종실이던 진원군 이세완李世完은 세자의 염습에 참여했다가 이상한 것을 목격했다. 세자의 온몸이 마치 사약을 받고 죽은 사람처럼 검은 빛이었고, 이목구비의 일곱 구멍에서 피가 흘러나와 그 얼굴 빛 조차 분별할 수 없었다. 아무리 침을 잘못 놓았다고 해도 이렇게까지 처참한 모습으로 죽을 수는 없었다. 이에 소현세자가 독살되었을지도 모른다는 의문이 거의 진실처럼 전해지고 있다. 당시 인조는 이형익을 처벌하지 않았고, 소현세자의 장례도 박대에 가까울 정도로 약소하게 치렀다. 이에 3사 등에서 간쟁을 해보았지만 인조는 개의치 않았다.

소현세자가 죽은 지 40일 만인 1645년(인조 23) 6월 2일에 후사를 바꾸려는 의논이 일어났다. 영의정 김류, 좌의정 홍서봉洪瑞鳳을 비롯해 김자점, 이덕형, 이경석, 정태화, 김육 등 16명의 대신들이 자리를 함께했다. 이 자리에서 인조는 소현세자의 아들이 버젓이 있는데도 소현세자의 두 아우인 봉림대군과 인평대군 중에서 세자를 정할 것을 요구했다.

이에 홍서봉은 세자가 없으면 세손으로 잇는 것이 마땅하다며 변칙적 방법을 써서는 안 된다고 아뢰었다. 대다수의 신료들이 그러한 입장이었다. 그러나 김자점은 왕의 의중을 알아채고 속히 두 대군 중에서 세자를 결정하도록 부추겼다. 김류 또한 임금의 뜻에 감히 왈가왈부할 수 없다는 말로 영합했다. 당초 인조의 생각에 반대하는 입장을 표명하던 여러 대신들도 결국에는 자신들의 뜻을 굽히고 말았다. 인조는 봉림대군과 인평대군 모두 취하고 버릴 것도 없이 용렬하지만, 그중에서 형인 봉림대군을 국본으로 삼겠노라고 결정했다.

결국 인조는 세자가 죽으면 세손에게 왕위를 전하는 원칙을 어기고 봉림대군을 세자로 책봉한 것이다. 봉림대군이 세자가 되자, 소현세자의 부인 강빈과 그 아들들의 존재가 인조에게는 큰 골칫거리가 아닐 수 없었다. 원종 추숭의 전례에서도 보았듯이 정통성 확보와 수호에 인조만큼 예민하고 용의주도한 왕도 드물었다. 그런 만큼 인조는 또 다른 화근을 만들지 않기 위해서 이들에 대한 특단의 조처를 강구해야 했다.

소현세자가 죽던 바로 그해(1645년) 8월에 인조는 강빈 등이 봉림대군의 세자 책봉에 속으로 불만을 품고 있다며 이들을 일단 먼 곳으로 이주시키는 것이 어떤가 하고 대신들에게 물었다. 김류, 이경석 등은 그들이 비록 망령되게 행동한다 하나 특별히 드러난 죄악이 없으므로 함부로 죄를 줄 수는 없다고 했다. 그러나 인조는 흔단(불화의 단서)이 생기기 전에 조처한다는 명목으로 강빈의 네 형제를 귀양 보냈다. 이 소식에 충격을 받은 강빈은 복받치는 설움에 인조의 처소 근처에 가서 통곡하기도 했다.

그러다 1646년(인조 24) 1월 3일에 일어난 '전복구이' 사건으로 강빈은 결국 죽음을 맞이하게 되었다. 인조는 수라상에 올라온 전복구이에 독이 들어 있었다고 공표했다. 그리고 그 범인으로 강빈을 지목해 강빈의 나인 5명과 음식을 만든 나인 3명을 잡아 국문했다. 그러나 실상은 인조가 그 이전부터 이미 궁중 사람들에게 "감히 강씨와 말하는 자는 죄를 주겠다."고 경계했기 때문에 강빈의 주위에 궁인들의 왕래가 끊긴 지 오래였다. 그러므로 강빈의 나인들이 임금의 수라에 독을 넣는다는 것은 거의 불가능한 일이었다. 이것은 인조와 인조의 애첩 조소용의 모함이었다.

이 사건은 끝내 실상이 밝혀지지 않았다. 그러나 인조는 이후에도 계속 강빈이 독을 넣었다고 주장하면서 법으로 처벌하고자 했다. 2월 3일, 인조는 김류, 이경석, 최명길, 김육, 김자점 등 대신들을 불러들였다. 그리고 다음과 같이 말했다.

강빈이 심양에 있을 때 은밀히 왕위를 바꾸려고 도모하면서 미리 홍금적
의紅錦翟衣(붉은 비단으로 만든 왕후의 옷)를 만들어 놓고 내전의 칭호를
외람되이 사용했다. 또 지난해 가을에는 분한 마음을 이기지 못해 큰소리
로 발악하고 사람을 보내어 문안하는 예까지도 폐한 지가 이미 여러 날이
되었다. 이런 짓도 하는데 어떤 짓인들 못하겠는가. 군부를 해치고자 하는
자는 천지의 사이에서 하루도 목숨을 부지하게 할 수 없으니, 해당 부서에
명해 처벌하도록 하라. _『인조실록』권 47, 인조 24년 2월 경진

함께 자리한 대신들은 왕의 처사가 지나치다고 간했으나, 왕의 태도
는 강경했다. 심지어 인조는 연산군의 어머니를 폐출한 뒤 후환을 염
려해 사사한 일을 예로 들기까지 했다. 김자점은 이때에도 임금의 독
단이 옳다고 하면서 비위를 맞추기에 급급했다. 반면 최명길, 이경석
등 대다수의 신료들은 강빈의 죄가 비록 크지만 용서해 주는 것이 옳
다고 주장했다.

결국 대신들의 주장은 받아들여지지 않았고 강빈의 형제들 중 강문
성姜文成과 강문명姜文明이 곤장을 맞아 죽었다. 강빈의 친정도 멸문의
화를 입게 된 것이다. 3월 15일에는 마침내 강빈에게 사약이 내려졌
다. 소현세자의 세 아들 중 두 아들 또한 의문의 죽음을 당했다.

강빈의 죽음은 1차적으로 평소 그녀에 대한 인조의 불신과 증오가
축적된 결과였다. 실제로 강빈 스스로가 지은 허물도 적지 않았다. 이
러한 강빈의 죄상들은 인조가 그녀를 제거하기 위한 구실로 이용되었

응지소(應旨疏)
1652년(효종 3) 부교리 민정중이 강빈옥사에 의문을 제기하며 올린 상소문으로, 그의 문집 『노봉집』에 실려 있다.

다. 인조는 새로 세자로 책봉된 봉림대군이 왕위를 계승하는 데 장애가 되는 위험 요소를 사전에 모두 제거하려고 했다. 그도 그럴 것이 당시의 여론은 국본이 정해진 이후에도 여전히 원손(소현세자의 큰아들)에 대해 동정적인 입장이었다. 그래서 인조는 일을 더욱 서두르지 않을 수 없었던 것이다.

인조의 무리수 때문에 효종 즉위 직후부터 강빈 신원 논의와 함께 강빈옥사에 대한 의문이 강하게 제기되기 시작했다. 이는 왕권의 정통성과 관련된 문제였다. 효종은 강빈옥사에 대해 재론하는 자는 역률로 다스리겠다는 특별 하교까지 내렸다. 그런데 1654년(효종 5) 7월, 당시 황해감사였던 김홍욱金弘郁이 강빈의 신원과 소현세자의 셋째아들의 석방을 요청하는 직언을 해 조정에 파문을 일으켰다. 격분한 효종은 그를 장살시켰고, 사건 자체는 일단락되었다. 그러나 강빈옥사를 둘러싼 의혹은 계속해서 제기되었으며, 결국 1718년(숙종 44)에 이르러 신원되었다.

7

산당과
한당

1649년(인조 27), 인조가 죽고 효종이 왕위에 올랐다. 김자점, 원두표
元斗杓 등의 대신들은 인조의 장례에 관한 절차를 산림들의 자문에 따라
처리할 것을 건의했다. 새롭게 들어선 조정에 명망 있는 재야의 인물
을 영입하려는 움직임이었다.

효종은 곧 산림 징소徵召 하교를 내렸다. 이에 김집, 송준길宋浚吉, 송
시열, 권시權諰, 이유태李惟泰 등 호서사림들이 차례로 상경했다. 호서사
림은 대부분 사계沙溪 김장생 문하의 동문들이었다. 그들은 강한 학문
적 연대를 바탕으로 인조와 효종 대를 거치면서 강력한 정치 세력으로
부상했다.

사실 인조의 집권 후반기에는 여러 가지로 정국 운영상의 문제점이
노출되고 있었다. 반정공신들은 사망하거나 노쇠했으며, 더욱이 남은
공신들도 상당수가 병자호란 때 친청론으로 돌아섰다가 이후 반청 세

력으로부터 심한 퇴진 압력을 받고 있었다. 따라서 공신 세력만으로 정국을 운영하는 데 한계가 있었다. 인조는 이런 현실을 감안해 사계 문인인 이경석을 우의정에 임명했다. 또 여러 차례 김집, 송준길, 송시열 등을 불러올릴 것을 명하기도 했다. 그러나 이들은 관직에 나아가지 않았다. 김류를 비롯한 공신 세력이 정국을 주도하고 있는 상황에서는 소신껏 일할 수 없다고 보았기 때문이다.

그러나 인조 대와는 달리 효종 대에 징소된 산림들은 조정의 부름에 적극적으로 응했다. 호서사림들은 그들의 정치적 목적을 실천하게 해 줄 군주로 인조보다는 효종을 선호했던 것이다. 효종 또한 이들을 융숭하게 대접했다.

한편 서인은 인조 대에 공서와 청서로 양분된 데 이어, 효종 대에는 낙당洛黨, 원당原黨, 한당漢黨, 산당山黨으로 나뉘었다. 낙당과 원당은 반정공신 김자점과 원두표를 중심으로 결성된 당파로서 훈구 세력을 대표했다. 그에 비해 한당과 산당은 김육과 김집을 당주로 결성된 신진 세력이었다.

이렇게 서인이 네 개의 당파로 갈라진 가운데 가장 강력한 세력은 김자점의 낙당과 원두표의 원당이었다. 낙당과 원당은 상호 치열한 공방전을 전개하는 한편, 산림 세력을 끌어들여 자신들의 입지를 강화하고자 했다. 김자점과 원두표가 산림의 등용을 적극적으로 주선한 것도 그 때문이었다. 그러나 호서사림 김집을 주축으로 한 산당은 자신들의 징소를 주선했던 낙당과 원당의 기대에 따르지 않았다. 이들은 도리어 훈구 세력을 비판하고 나섬으로써 조정을 긴장시켰다. 사실 호서사림들이 조정에 진출하고자 했던 명분은 '복수설치復讐雪恥', '강빈신원姜嬪伸

冤', '문묘종사文廟從祀', 그리고 '김자점 축출'에 있었다. 이들은 강빈신원 문제에 대해서는 효종과 직접적으로 마찰할 가능성이 컸기 때문에 신중을 기했다. 그러나 김자점 축출 문제만큼은 사정이 달라 강경 일색이었다.

효종이 즉위한 지 한 달이 조금 지난 6월 22일, 송준길은 드디어 김홍욱, 이석李䃉 등 3사 관원들을 동원해 낙당의 당주 김자점과 그의 당파를 축출함으로써 전면전에 돌입했다. 영의정에서 쫓겨난 김자점은 홍천으로 유배되었다. 이들은 이 여세를 몰아 원당 세력까지 공격했다. 그들은 원두표에게 분당의 책임을 돌리며 파직을 요청했다. 원두표 자신은 이미 붕당정치의 폐해를 지적한 상소를 올리기도 했지만, 본인이 원당의 영수였던 만큼 분당의 책임을 벗어날 수 없었다.

이로써 인조 대에 권세를 다투던 낙당의 김자점과 원당의 원두표는 왕이 바뀐 지 두 달도 채 못 되어 관직에서 물러났다. 이제 조정의 주요 요직에는 대체로 남인과 전날의 청서였던 한당, 그리고 호서사림 중심의 산당만이 남게 되었다. 한당과 산당은 신진 세력이라는 점은 같아도 체질과 성향이 판이했다.

한당은 김육과 신면申冕을 중심으로 형성되었다. 한당은 경화사족京華士族으로 구성된 관료 지향적 성향이 강한 집단이었다. 한편 김집을 당주로 한 산당은 송준길, 송시열, 이유태, 유계俞棨, 윤선거尹宣擧 등이 가담하고 있었다. 이들은 모두 호서의 연산·회덕 지방을 중심으로 한 시골 출신으로 도학을 지향하는 유학자들이었다. 당시 이들은 서원 등을 무대로 사론을 주도하면서 무시할 수 없는 세력으로 성장하고 있었다. 특히 효종 즉위 이후 이들은 주로 시강원侍講院, 3사 등 언관직과 보도직에 종사하며 왕의 측근에서 활동하고 있었다.

산당의 당세가 강화되면서 적지 않은 부작용도 발생했다. 그해 6월, 송시열은 효종의 부름을 받고 입조했다. 그런데 마침 효종이 병을 이유로 접견을 거부했다. 그러자 송시열은 조복을 벗고 곧바로 도성 문을 나섰다. 실로 과감하고도 무례한 행동이었다. 송시열의 돌발적인 행동에 놀란 효종은 괘씸한 생각에 그의 사직을 만류하지 않았다. 송시열의 기고만장한 행동은 비난의 대상이 되었다. 그러나 김집은 도리어 송시열의 행동을 변호하고 나섰다. 그는 효종에게 송시열을 만류해 중용해야 한다고 촉구했다. 이 일로 산당에 대한 이미지는 더욱 악화되었다. 효종 또한 "사계 문인들의 지나친 행동이 정국의 안정을 훼손시킨다."고 공공연히 비난했다.

사실 효종은 내심 산당을 매우 꺼리고 있었다. 산당의 출사 명분 중의 하나가 강빈신원이었기 때문이다. 소현세자의 아들을 대신해서 왕위를 계승한 효종으로서는 자신의 왕권을 불안하게 할 소지가 있는 이 문제가 몹시 부담스러웠다. 숭용산림의 기치 아래 등용하기는 했지만, 산당은 곧 경계의 대상이기도 했다. 당시 여론 형성에 막강한 영향력을 행사하던 사계 문인들을 정국 운영에서 완전히 배제할 수는 없고, 또 그렇다고 그들의 정치적 요구를 모두 받아들일 수도 없는 난감한 상황이었다. 이에 효종은 김육을 비롯한 한당 세력과 힘을 합치려고 했다.

김집이 복제 문제로 찬선에 올라 세자를 보좌할 때, 김육은 경제 관료로 등용되었다. 그러나 양자의 정치 성향의 차이는 곧 갈등으로 이어졌다. 김육이 대동법 실시를 건의했을 때, 김집은 이를 반대했다.

1649년(효종 즉위년) 11월, 김육은 호서까지 대동법을 확대 실시하자고 주장했다. 인조 때에도 김육은 충청도 관찰사로 있으면서 대동법 시행을 계청한 일이 있었다. 그러나 의견이 통일되지 않아 결국 시행되지 못했던 것을 이때 다시 건의한 것이다. 호서 대동법에 대한 김육의 집념은 대단했다. "전하께서 대동법 시행을 가하다고 여기시면 행할 것이요, 불가하다면 곧 신에게 죄를 주십시오."라고 할 정도였다.

그러나 당시 대부분의 대신, 대간들은 대동법을 모두 불편한 제도라고 반대했다. 충청도 연산 출신인 김집 역시 대동법의 확대 실시를 반대했다. 그는 그보다 앞서 정치의 본질인 국가 체제가 우선 정비되어야 한다는 점을 내세웠다. 그렇게 김육과 김집, 두 사람의 불화가 시작되었다.

김집은 입조 직후 '시무 6조소時務六條疏'를 올려 왕도정치에 입각한 자신의 정치적인 비전을 제시했다. 특히 그가 중점을 둔 부분은 인재 등용 문제였다. 그는 인재 발탁의 방안으로 원로대신에게 인재를 물어 직급에 관계없이 등용할 것을 제안했다. 그리하여 자질과 품계를 뛰어넘는 파격적 인사가 단행되었다. 그러나 파격적인 만큼 비난도 끊이지 않았다. 김집의 주장은 원론적인 인사 등용의 하나로 간주될 수도 있었으나, 당시 조정은 그렇게 단순하게만 받아들이지 않았다. 김집은 '격탁양청激濁揚淸'이라는 미명하에 자신의 세력을 키우려 한다는 혐의를 받았다.

김육 역시 김집의 독단적인 인사권 행사에 불만을 품고 있었다. 그는 '삼불가퇴론三不可退論', '삼불가불퇴론三不可不退論'을 내세우며 김집의 처신을 풍자함으로써 타협의 여지를 남기지 않았다.

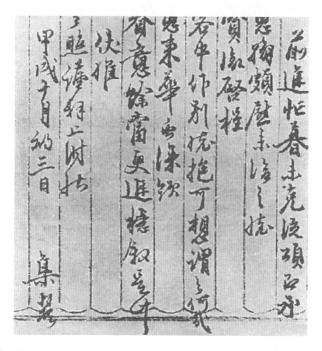

김집의 서간
산당의 영수이자 기호 산림의 상징으로 활약한 김집은 부친 김장생과 함께 예학의 기본적 체계를 완성했으며, 예의를 도덕 국가의 전제조건으로 삼았다.

신하로서 나아가야 할 때 물러나는 것은 잘못이며, 물러가야 할 때 나아가는 것도 잘못입니다. 대체로 물러가서는 안 되는 경우가 세 가지 있습니다. 첫째는 자신에게 국가의 안위가 걸려 있어 국가의 존망에 관계된 자, 둘째는 산림에서 나와 덕망이 세상을 덮는 자, 셋째는 나이가 젊고 근력이 있어 국사를 담당할 만한 자입니다. 물러가지 않으면 안 되는 경우도 세 가지 있습니다. 첫째 자신이 분명히 알 만큼 재덕才德이 부족한 자, 나이가 이미 많고 노쇠해 치료하기 어려운 병을 지닌 자, 남의 비웃음이나 당하며 쓰이기에는 부적합한 말을 하는 자입니다. _『효종실록』권 3, 효종 1년 1월 정묘

여기서 김육은 그 자신은 물러가지 않으면 안 되는 경우이고, 김집은 "산림에서 나와 덕망이 세상을 덮는 자"로서 물러가서는 안 되는 경우라 했다. 김집에 대한 이러한 풍자는 개인적인 문제로 그치는 것이 아니었다. 그것은 분명 산당 전체를 비난한 것이었다. 김집은 모욕감과 수치감을 이길 수 없어 사직소를 올렸다.

효종의 만류에도 불구하고 김집은 끝내 고향 연산으로 가버렸다. 김집의 사직에 격분한 사계 문인들은 김육을 더욱 강하게 비난했다. 그러나 효종이 김육을 두둔하니, 사계 문인들은 정계에서 대거 물러나게 되었다. 당주가 떠난 마당에 산당의 인사들이 조정에 남아 있을 명분이 없었다. 이에 송시열, 송준길은 회덕으로, 이유태는 금산으로, 유계는 공주로 돌아갔다. 산당의 완전한 퇴진이었다. 효종의 즉위와 함께 급부상해 낙당과 원당을 축출하고 정국의 주도권을 잡기 직전에 한당에게 덜미가 잡힌 것이다.

호서사림의 낙향 후 중앙 정계에서는 산림의 영향력이 축소되었다. 그런데 효종과 호서사림의 관계가 소원해진 틈을 역전의 기회로 삼으려는 이가 있었다. 바로 김자점이었다. 그는 산당에게 불의의 공격을 당한 후 세력 만회를 위해 멀리서 복수의 칼을 갈고 있었다. 김자점과 그의 아들들은 역관譯官 이형장李馨長을 시켜 청나라 조정에 "효종이 구신을 몰아내고 산림 인사들을 등용해 북벌을 도모하고자 한다."고 밀고하게 했다.

김자점 세력의 제보를 받은 청은 조선 정부의 반청 운동을 조사하기 위해 두 차례에 걸쳐 조사단을 파견했다. 그러나 돌연 변심한 이형장이 청의 사신들에게 오히려 김자점의 죄를 고했고, 그 때문인지 청의 사신은 별다른 트집 없이 성을 쌓은 이유를 묻고 성 축조 책임자를 문책하는 정도에 그쳤다.

　일이 자신들의 뜻대로 되지 않자 이듬해인 1651년(효종 2) 12월, 김자점은 그의 아들과 역모를 꾸미다가 해원부령海原副令 이영李暎과 진사 신호申壕의 고변으로 발각돼 처형되었다. 이로써 전화위복의 기회를 노렸던 김자점과 그의 당파인 낙당은 완전히 패망하고 말았다.

8

북벌운동

태조 이성계가 위화도에서 회군하는 순간부터 '존명사대'는 태조의 명분이요, 조선의 국시國是가 되었다. 이 원칙은 향후 200년 동안 엄격하게 유지되었다.

그러나 17세기에 들어서면서 사정이 달라졌다. 성장한 여진족의 공격으로 명나라는 중원의 지배권을 상실하고 말았다. 이는 조선에게도 엄청난 충격으로 다가왔다. 더구나 오랑캐에게 국토를 유린당한 것도 모자라 인조가 청태종에게 머리를 조아리는 참담한 상황까지 맞이하게 되었으니, 조선의 신민들은 비탄과 분노를 금치 못했다.

이런 비탄과 분노는 점차 명나라의 원수를 갚고 호란의 치욕을 갚자는 복수설치復讐雪恥의 목소리로 바뀌었다. 복수설치는 존주대의尊周大義에 입각한 숭명배청崇明背淸의 구체적인 표현이었다. 이런 움직임은 효종의 즉위와 함께 '북벌론'으로 승화했다. 여기에 송시열이라는 거물이 가세하면서 북벌론은 누구도 반대할 수 없는 시대정신이 되었다.

효종의 8년에 걸친 심양 생활은 단순한 인질 생활에 머무르지 않았다. 그는 황제를 따라 수렵에 나서기도 했고, 정명전征明戰에도 세 차례에 걸쳐 종군했다. 그러면서 조선 포로들의 비참한 생활을 실감하는 한편, 중국의 사정과 지형에 대해서도 면밀히 파악하는 노력을 기울였다. 효종 즉위 초 북벌 계획은 정권에서 밀려난 김자점의 밀고로 한때 위기를 맞기도 했다. 그러나 효종은 멈추지 않았다. 효종은 성리학적 대의명분론을 근거로 내세운 반청 사림 세력과의 연대를 통해 북벌론에 힘을 싣고자 했다.

1652년(효종 3)부터 군비 확장, 진법 연구, 병기 개량, 산성 수축 등과 같은 본격적인 북벌 준비 작업이 추진되었다. 먼저 효종은 어영군御營軍을 확대 개편해 군사력을 정비하고자 했다. 그런데 어영군의 증설에는 막대한 재정적 부담이 따랐다. 그래서 김육 등의 대신들이 반대하고 나섰다. 그러나 효종은 결심을 굽히지 않았다. 왕권 강화와 친청 세력의 도전을 예방하기 위해서도 강력한 호위 군사력이 필요했기 때문이다. 그리하여 1천 명의 도성 상주 병력을 확보하고 훈련도감과 더불어 국왕을 호위하는 수도 경비 군영을 만들었다.

또한 효종은 친위병인 금군禁軍의 전투력 향상을 위해 금군 6백여 명을 전원 기병화한 데 이어 1655년(효종 6)에는 병력을 1천 명으로 확대했다. 훈련도감의 병력 역시 증가시켜 나갔고, 특히 제주도에 표류한 네델란드인 하멜Hamel 일행을 훈련도감에 배속시켜 신식 총기를 제작하게 했다.

북벌의 열기는 정부 차원에 그치지 않았다. 가정에서는 좋은 말을 기르고, 마을에는 수백 명을 모아 활과 조총의 사용법을 가르치기도 했다. 실학의 선구자 유형원柳馨遠은『중흥위략中興偉略』을 지어 청나라의 지형과 요새 등을 자세하게 기록해 두기도 했다. 한편 대륙에서는 명나라 후예의 재기 가능성과 러시아의 극동 진출 등의 형세로 조선의 북벌에 대한 기대감을 키웠다.

그러나 북벌의 기회는 좀처럼 오지 않았다. 오히려 조선은 청의 요구로 두 차례(1655년, 1659년)에 걸쳐 러시아 정벌군을 보내야 했다. 설상가상으로 북벌 준비로 인해 백성의 부담이 가중되면서 효종의 계획에 대해 의심을 품는 사람까지 생겼다. 특히 왕권 강화를 반대하는 집권 세력의 반발로 효종의 군사 정책에 제동이 걸렸다. 그러면서 북벌의 열기도 점차 식어가기 시작했다.

이런 상황에서 1658년(효종 9), 향리에 은거하며 정국의 추이를 관망하던 송시열이 산당의 영수로 성장, 조야의 중망을 받으며 정치 일선에 복귀했다. 송시열은 이미 1649년(효종 즉위년)에 올린 13개조의 시무책[己丑封事]에서 군덕의 함양, 기강의 확립, 검약 검소의 실천을 통해 국력을 배양한 다음에 북벌을 도모하는 것이 상책이라고 건의한 일이 있었다.

송시열의 북벌론은 명에 대한 종속 관념에서 배태된 것이었다. 명과 조선의 군신 관계는 조선의 개국과 더불어 국시로 정해진 명분이었으며, 임진왜란 때의 '재조지은再造之恩(임진왜란 당시 조선을 패망에서 구해준 은혜)'으로 더욱 공고해졌다. 그러므로 명을 멸망시킨 청은 한 하늘 밑에서 같이 살 수 없는 군부君父의 원수였다. 사실 송시열의 존명배청의 감정은 현실 상황 이전에 '존중화양이적尊中華攘夷狄'이라는『춘추春

秋』의 원리에 의해 관념적으로 형성된 것이었다. 송시열은 "아픔을 참고 억울함을 머금지만 사세가 절박해 어쩔 수 없었다忍痛含寃迫不得已."는 주자의 입장을 늘 강조했다. 이것은 청나라가 버티고 있는 엄연한 현실에서 무모한 도발을 대신해 취할 수 있는 유일한 저항 의식이었다.

그렇기 때문에 송시열이 제시한 북벌론의 구체적인 방안은 실제적인 부국강병책이라기보다는 유교 정치의 보편적인 이념에 가까웠다. 즉 송시열의 북벌론은 관념적이고 추상적인 것이었다. 그러므로 송시열은 효종의 신임을 받아 북벌론의 기수로 나서기 이전부터 이미 진정한 북벌론자는 아니었다. 그런데 몇 년간의 공백기 끝에 한당의 영수 김육의 사망과 함께 그가 북벌의 파트너로서 다시 조정에 발탁된 것이다.

이때 효종의 군사 정책은 왕권 강화를 반대하는 한당 등 집권 세력의 반발로 제동이 걸린 상태였다. 효종은 송시열과의 정치적 제휴를 통해 사림 세력의 반발을 억제하고자 했고, 송시열은 송준길과 유계, 이유태 등 산당 인사들과 재야의 친산당 인사들을 등용해 세력 기반을 강화하고자 했다.

일단 송시열, 송준길 등 대다수 신료들은 북벌의 방법론에서 효종과 의견을 달리했다. 효종은 북벌을 치인治人의 실천적 과정으로 생각했다. 양병과 군비 확장을 통해 무력적인 수단으로 청에게 당한 치욕을 씻고자 했다. 반면 송시열은 "참으로 회복하기에 뜻이 있는 자는 칼을 만지고 손을 흔드는 데 있지 않다."는 주자의 훈계를 인용해, 치인보다는 수신修身을 중시했다. 양병보다는 민생 안정을, 무력보다는 군덕을 닦는 것을 우선시한 것이다. 결국 북벌을 위해서는 군왕의 수신이 전

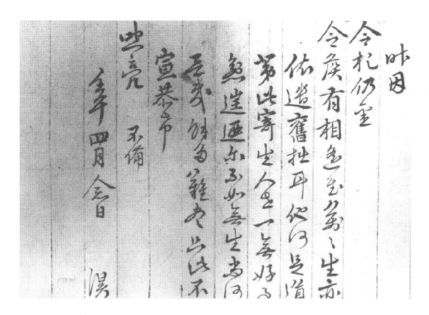

효종의 서간
효종은 안보론에 입각하여 무치주의를 추구하면서도, 다른 한편으로 도학정치와 붕당론을 부정하며 강력한
왕권을 추구한 군왕이었다.

제가 되어야 한다는 것이 송시열 등의 입장이었다.

이런 관점에서 송시열은 효종의 군비 확장을 간접적으로 비판하기
도 했다. 그것은 또한 당시 신료들의 일반적인 경향이기도 했다. 그러
나 효종은 "일이 위급한데, 내 마음이 아직 바르지 못하다고 팔짱만 끼
고 앉아 있을 수 있는가? 치욕을 씻지 못하면 수신한들 무슨 소용이
있는가?"라며 불만을 토로했다.

1659년(효종 10) 3월, 송시열은 효종과 독대獨對에 들어갔다. 조선에
서는 아무리 임금이 신임하는 신하라 할지라도 단독으로 대담할 수 없
었다. 반드시 승지와 사관이 같이 입회하게 되어 있었다. 그러나 이 독

대에는 승지, 사관의 배석이 허락되지 않았다. 내시조차도 물리쳤다. 따라서 당시의 정황을 알 수 있게 해주는 자료는 송시열이 남긴 「악대설화幄對說話」가 유일하다. 여기서 효종은 처음이자 마지막으로 자신의 북벌 계획을 밝혔다.

> 저 오랑캐들은 이미 망할 형세에 있다. 10년을 기한으로 군사를 훈련시키고 군 장비·군량을 비축하는 한편, 신민을 일치단결시키고 군사 10만 명을 양성한 후 틈을 타서 명과 내통해 기습하고자 한다. _『송자대전』송서습유, 권 7, 악대설화

그러나 송시열은 여전히 북벌을 위해서는 우선 내수內修가 필요하고, 내수는 반드시 학문에 기초를 두어야 한다고 강조했다. 효종은 송시열의 산림으로서의 정치적 위상을 빌려 통치와 북벌 운동에 대한 명분과 실리를 동시에 추구하고자 했다. 이에 반해 송시열은 효종의 북벌 의지에 영합해 그의 정치적 이상을 실현할 수 있기만을 바랐다. 북벌이라는 이념은 일치했는지 모르나, 적어도 두 사람의 정치적 입장이나 북벌의 방법론은 동상이몽일 뿐이었다.

효종은 송시열과의 독대 이후에도 계속 북벌 운동을 추진해 나갔다. 그러나 그 후 두 달도 채 되지 않은 1659년(효종 10) 5월 4일에 효종은 갑작스러운 죽음을 맞이했다. 효종에게는 오른쪽 귀 밑에 작은 종기가 있었다. 그런데 죽기 직전에 그 종기의 독이 얼굴에 번져 눈을 뜰 수가 없었다고 한다. 이에 주치의 신가귀申可貴가 나쁜 피를 뽑아내기 위해 얼굴에 침을 놓았다. 일종의 응급 처방이었다. 그러나 이것이 도리어

화근이 되었다. 침을 맞은 효종은 갑자기 엄청난 양의 피를 쏟았다. 주치의가 실수하여 혈맥을 잘못 찌른 탓이었다. 3정승을 위시해 송시열, 송준길, 약방제조, 승지, 사관 등 여러 신하들이 황급히 내전으로 들어왔다. 그러나 효종은 한마디 유언도 남기지 못한 채 이미 죽어 있었다.

너무도 갑자기 일어난 일이라 많은 의혹이 남았다. 우선 신병 때문에 고향 음성에 가 있던 주치의 신가귀가 급히 입궐한 사실부터가 의심스럽다. 그리고 다른 어의들의 반대에도 불구하고 유독 신가귀가 침을 놓을 것을 주장한 사실은 더욱 의심스럽다. 왕에게 침을 놓으려면 약방제조의 승인이 있어야 했지만 그 절차도 무시되었다. 세자도 침에 대해서는 신중론을 견지했으므로, 신가귀의 행동은 분명 절차와 원칙을 어긴 무리한 짓이었다.

효종은 안보론에 입각해 무치주의를 추구하면서도, 다른 한편으로 도학정치와 붕당론을 부정하며 강력한 왕권을 추구한 군왕이었다. 그 과정에서 효종은 서인과 남인은 물론 재야 사림의 지지를 상실해 위기에 봉착했다. 송시열의 중용은 이러한 난국을 타개하기 위한 방안이었다. 효종은 전제 왕권의 추구라는 본래의 입장을 끝까지 추구했고, 그에 따라 신권과의 충돌이 불가피했다. 이 점에서 효종의 의문스런 죽음은 전제 왕권을 견제하기 위한 신료들의 비상수단이 아니었는가 하는 의심을 불러일으킨다. 결국 '현실'과 '명분'의 대립 속에서 효종의 갑작스런 죽음으로 북벌의 꿈도 좌절되고 말았다.

9
기해예송

문치주의 국가에서의 정쟁은 이론이 바탕이 되어야만 했다. 따라서 왕실의 상복 문제는 왕의 정통성 문제와 직결되어 있을 뿐 아니라 권력투쟁의 빌미를 제공할 수도 있는 중대 사안이었다. 그 논쟁에서 이기느냐 지느냐에 따라 권력의 향방이 결정될 수 있었다. 그런 만큼 상복문제는 당파 간에 심각한 논쟁을 유발하기에 충분했다.

효종이 죽자 인조의 계비繼妃 자의대비慈懿大妃 조씨의 상복이 문제가 되었다. 효종이 인조의 적장자였으면 논쟁의 여지가 없이 어머니가 아들을 위해 당연히 3년복을 입어야 한다. 그러나 효종은 인조의 둘째아들로서 왕위에 올랐기 때문에, 한 등급 내려 중자복衆子服인 1년복의 상복[朞年服]을 입어야 한다는 이론이 충분히 나올 수 있었다. 반면 왕통王統을 이었으면 당연히 적통嫡統도 잇는 것이기 때문에 3년복이 타당하다는 주장도 있었다.

그런데 이러한 논의는 단순히 상복 문제에만 그친 것이 아니었다. 이는 효종의 왕위 계승이 적법한 것인가 그렇지 못한 것인가 하는 문제와도 직결되어 있었다. 자칫 커다란 파문이 일 수 있는 매우 민감한 사안이었다. 특히 당시에 인조의 적장자였던 소현세자의 막내아들 경안군慶安君 석견石堅이 살아 있었다. 또한 인조가 봉림대군에게 왕위를 물려주고 강빈을 억울하게 죽게 한 처사는 잘못이라는 사림의 비판이 효종의 재위 기간에도 나오고 있던 터였다.

예조판서 윤강尹絳은 이 문제에 대해 대신들의 자문을 구했다. 왕세자는 영의정 정태화를 비롯해 송시열과 송준길 등에게 문의해 보라고 했다. 정태화는 송시열과 의논한 뒤 고례古禮에는 이러한 사례가 없으니 『대명률』과 『경국대전經國大典』에 따라 장자, 차자 구별 없이 1년복을 입게 하자고 주장했다. 왕세자도 이를 허락했다.

그러나 남인의 이론가 윤휴尹鑴는 너덜너덜한 3년복[斬衰三年服]을 입어야 한다고 주장했다. 그는 자신의 의견을 연양부원군 이시백李時白을 통해 편지로 영의정 정태화에게 보냈다. 정태화는 이를 다시 송시열과 의논했다.

송시열은 『의례주소儀禮注疏』의 4종지설四種之說, 즉 비록 왕위에 올랐어도 3년복을 입을 수 없는 4가지 이유를 들어 1년복을 주장했다. 4종지설이란 첫째, 적자로서 병 때문에 왕위를 계승하지 못한 경우, 둘째, 서손庶孫이 뒤를 이었을 경우, 셋째, 서자庶子가 뒤를 이었을 경우, 넷째, 적손嫡孫이 뒤를 이었을 경우에는 그 부모가 3년복을 입지 않고 1년복을 입어야 한다는 것이다. 송시열은 그중 효종이 '셋째, 서자가 뒤를 이었을 경우'에 해당한다고 주장했다[體而不正].

정태화는 이 말을 듣고 크게 놀라 만류했다. 효종이 서자이기 때문에 조대비가 3년복을 입지 못한다고 한다면, 가뜩이나 소현세자의 아들이 살아 있는 마당에 효종의 정통성 문제가 제기될 위험이 있었기 때문이다. 결국『경국대전』에 있는 대로 장자, 차자 구별 없이 1년복을 입는다는 규정을 적용해 1년복으로 확정했다. 송시열도『대명률』에 같은 내용이 기록되어 있으니 1년복으로 하자고 동의했다. 즉 이때의 1년복은 4종지설이 아니라『경국대전』과『대명률』에 의해 정해진 것이었다. 그런데 단 이틀 만에 결정을 본 이 논의는 비록 국제에 따른 것이라고는 하지만 이론이 제기될 소지가 있었다.

그로부터 1년 뒤인 1660년(현종 1) 3월, 남인인 허목許穆이 상소를 올려 이의를 제기했다. 그는 처음 복제 논의가 있을 때는 지방에 내려가 있어 참여하지 못했다. 그러나 1년복으로 정해졌다는 소식을 듣고 소상小祥(사람이 죽고 1년 뒤에 지내는 제사)이 지나기 전에 복제를 바로 잡아야 한다고 주장했다. 그는 첫째아들이 죽으면 적처 소생 둘째아들을 장자로 삼을 수 있다고 했으니, 효종이 둘째아들이지만 종통을 이을 수 있다고 했다. 또한 송시열이 말하는 4종지설의 세 번째로 들먹인 서자는 중자衆子(처 소생 장자 외의 아들)가 아니라 첩자妾子이므로 이 조항을 효종에게 적용하는 것은 잘못이며, 첫째아들이 죽어 둘째아들이 승중承重(대를 잇는 것)했을 경우 둘째아들을 위해 1년복을 입는다는 규정은『의례주소』의 어느 곳에서도 발견할 수 없다고 했다.

허목의 주장과 송시열의 주장이 현격하게 다른 것은 4종지설의 서자를 중자衆子로 보느냐 첩자妾子로 보느냐에 있었다. 허목은 서자를 첩자로 보았고, 송시열은 중자로 보았다. 그런데 같은 3년복을 주장했지

『미수기언(眉叟記言)』
허목의 시문집으로, 그는 예송논쟁에서 3년복을 주장하여, 4종지설을 토대로 1년복을 주장한 송시열과 대립했다.

만, 허목은 윤휴와도 입장이 달랐다. 윤휴는 종통을 이었으면 무조건
적통을 잇는 것으로 보아 조대비의 상복을 너덜너덜한 3년복으로 해
야 한다고 했다. 하지만 허목은 아들이 어머니 상에 입는 상복이 한 등
급 아래인 가지런한 3년복이므로 반대로 어머니도 아들을 위해 가지
런한 3년복을 입어야 한다고 했다.

　허목의 상소가 올라오자, 현종은 예조에 명해 조대비의 상복 문제
를 다시 의논하게 했다. 현종의 입장에서는 아버지의 정통성을 위해
3년복을 선호할 수밖에 없었다. 그러나 집권당인 서인의 주장을 무시
할 수는 없었다. 예조판서 윤강은 허목의 주장을 못마땅하게 생각해,
송시열을 비롯한 대신들과 상의했다. 송시열은 즉각 허목의 주장을 조

목조목 반박했다. 송준길 역시 송시열의 편을 들어 허목과 윤휴의 주장을 싸잡아 공격했다.

이에 허목은 2차 상소에 상복도喪服圖를 첨부해 그의 이론을 더욱 강력하게 전개했다. 현종은 허목의 2차 상소를 송준길에게 보여주면서 의견을 물었고, 송준길은 사관으로 하여금 실록에서 과거의 사례를 조사하게 하라고 권유했다. 이에 현종은 송창을 강화도 적상산 사고에 보내어 사례를 조사하도록 했다. 그러나 특별히 참고가 될 만한 명문은 발견되지 않았다.

군신 중에는 허목의 주장이 정론이라고 여기는 사람도 있었다. 그러나 시의에 거스를까봐 어느 누구 하나 변론에 나서는 이가 없었다. 원두표만이 허목의 주장을 좋게 여겨 과거의 자기 견해를 수정했을 뿐이다. 그 외에 모두가 기왕에 결정된 국제기년복國制朞年服을 그대로 지지했다. 서인 정국이었기 때문이다.

송시열은 계속해서 사대부례와 왕조례가 다르다는 것이 무슨 말인지 모르겠다면서 윤휴와 허목의 주장을 공격했다. 이러한 상황에서 윤선도尹善道가 상소를 올렸다. 윤선도는 상소를 통해 허목의 설이 옳고 송시열의 설은 틀렸다고 주장했다. 윤선도는 또 상소문의 말미에 "이 상소는 임금과 종사宗社를 위해서 올린 것이지 일신의 안위를 돌보고자 올린 것은 아니다. 그러니 이 상소가 들어가고 안 들어가고, 시행되고 안 되는 것은 임금의 권세가 든든한가 안 든든한가와 관계가 있으며, 국운이 이어지고 이어지지 않는 것과 관계가 있다."라는 말을 달아 놓았다. 복제 시비에 그치는 것이 아니라 효종의 정통성을 거론하면서 송시열과 송준길을 인신공격한 것이다. 따라서 순수 학설 논쟁으로 시작된 조대비 복제에 대한 예송은 일거에 당쟁으로 치닫게 되었다.

　서인은 윤선도의 상소를 "예론을 빙자해 상하를 이간질시킨 것"으로 치부했다. 송시열은 그 이전에 이미 낙향해 있었고, 송준길은 황급히 벼슬을 버리고 떠나버렸다. 서인은 윤선도를 중벌에 처하고 떠나는 송준길을 만류해야 한다고 강력히 주장했다. 처음에 현종은 윤선도가 효종의 세자 시절 사부師傅였다는 이유로 묵인했다. 그러나 서인의 성화에 못 이겨 할 수 없이 그를 함경도 삼수로 귀양 보냈다. 종통·적통과 같은 예론의 문제를 공박했다기보다는 서인의 영수들을 무자비하게 공격한 것이 문책의 이유가 되었다.

　서인은 윤선도의 상소문을 조정 중신들에게 회람시킨 후 이를 불태워버렸다. 그렇지 않아도 조정 대신들이 허목의 3년설에 솔깃해 있는 판국인 만큼 자칫하면 서인이 패배할 공산이 컸기 때문이다. 현종은 여론에 밀려 윤선도를 처벌하기는 했으나 은연중 그의 주장에 동조하고 있었다. 그래서 대신들에게 조대비 복제 문제를 다시 의논하라고 했다. 그러나 대다수의 대신들은 원래 정한 대로 『경국대전』에 따라 1년복으로 하는 데 찬동했다. 서인의 주장대로 1년복으로 확정된 것이다. 그런데 유계와 같은 일부 서인들은 송시열의 4종지설을 바탕으로 서인의 주장인 1년복이 관철된 것으로 생각했다.

　복제가 확정된 뒤에도 원두표, 조경趙絅, 홍우원洪宇遠, 김수흥金壽興, 조수익趙壽益, 서필원徐必遠 등은 허목과 윤선도의 주장을 옹호하고 나섰다. 그러나 바야흐로 서인 정국이 되면서 남인은 실각하게 되었고, 예송으로 양측의 사이는 더욱 나빠져 돌이킬 수 없게 되었다. 숙종 대의 서인과 남인의 치열한 당쟁은 바로 이때 배태된 것이다.

예송 논쟁은 중앙 정계에 그치지 않고 성균관과 지방 유생들에게도 확산되었다. 특히 1666년(현종 7) 2월에 영남 유생 유세철柳世哲 등 1천여 명은 송시열의 기년설朞年說을 비판하고 허목의 3년설을 지지하는 상소를 올려 정국을 또 한 번 긴장시켰다. 유세철 등은 물론 처벌되었다. 반대로 홍득우洪得雨 등 성균관 유생들과 기호 유생들은 송시열을 옹호하고 유세철을 공격했다. 전국이 당쟁의 소용돌이에 말려들고 있었다.

이로써 전국 유림들의 여론에 따라 정국의 추이가 결정되는 당쟁의 시대가 다가왔다. 유림의 여론은 지방별 사우 관계의 연계를 바탕으로 분기되고 대립되는 양상을 띠고 있었다. 일단 기해예송己亥禮訟은 윤휴, 허목, 윤선도, 유세철 등 남인들의 끊임없는 비판에도 불구하고 기년설을 주장한 서인의 승리로 귀결되었다. 그러나 이 문제는 뒤에 어떤 계기로든 재연될 소지를 내포하고 있었다. 현종 말에 일어난 갑인예송甲寅禮訟이 바로 그 예였다.

10

갑인예송

효종이 죽은 지 15년 만인 1674년(현종 15) 2월 23일, 효종비 인선왕후仁宣王后가 죽었다. 한편 기해예송 때 복제 문제로 논란의 빌미를 제공한 대왕대비 조씨는 여전히 살아 있었다. 논란의 불씨를 안고 애매하게 결말을 본 복제 문제가 재현되었다. 조대비의 상복은 인선황후를 장자부長子婦로 볼 것인가, 중자부衆子婦로 볼 것인가에 따라 좌우될 사안이었다. 이는 곧 효종을 장자로 볼 것인가, 중자로 볼 것인가 하는 문제와 직결되어 있었다.

처음 예조에서는 조대비의 상복을 1년복으로 정했다. 그러다가 가례복도家禮服圖와 『경국대전』에 따라 대공복大功服(9개월복)으로 다시 바꾸어 올렸다. 이 결정이 못마땅했던 현종은 번복한 연유를 승정원에 캐물었다. 승지 정석鄭皙으로부터 자초지종을 들은 현종은 예조판서 조형趙珩, 참판 김익경金益炅, 참의 홍주국洪柱國, 정랑 임이도任以道 등 예조의 담당 관료들을 잡아다 취조하라고 명했다. 그다음 날에 있을 성복成服이 복제의 변경으로 이루어질 수 없게 되었기 때문이다.

일이 이렇게 되자, 승정원에서는 성복 시에 예조판서가 없어서는 안 되니 구전口傳(말로 하는 전지傳旨)으로라도 예조판서를 임명하자고 건의했다. 현종은 처음 병조판서 김만기金萬基에게 예조판서를 겸임토록 했다가 홍처량洪處亮을 예조판서, 이원정李元楨을 참판에 구전으로 임명했다. 그리고 서인의 공격을 받아 충주에 내려가 있던 영의정 허적許積을 불러올려 성복에 참여하도록 했다.

이러한 과정을 거치면서 효종비의 시호는 인선仁宣, 성복은 9월복으로 하도록 결정을 보았다. 그리고 시간이 흘러 복제를 바꾼 이 사건이 잊힐 무렵, 쫓겨났던 여러 신하들이 속속 복직되기 시작했다. 조형은 그해 4월에 다시 좌참찬으로, 김익경은 호조참판에 복직되었으며, 6월에는 각기 예조판서와 대사간에 기용되었다.

그런데 성복한 지 5개월 뒤인 7월 6일, 조대비의 복제가 잘못 정해졌다고 반론을 제기하는 상소가 올라왔다. 경상도 대구 유생 도신징都愼徵의 상소였다. 그는 기해예송 당시의 조대비 복제는 장자복이었고, 따라서 인선왕후를 위해서도 장부복長婦服인 1년복을 입어야 한다고 주장했다. 효종 상에 대왕대비 복제는 『경국대전』에 의해 장자복인 1년복으로 정해졌는데, 인선왕후 상에 9월복을 입는 것은 근거가 없다는 것이었다. 이에 예송 논쟁이 또다시 불붙게 되었다.

실제로 『경국대전』에는 어머니가 아들을 위해 장·중자 구별 없이 1년복을 입는 것으로 되어 있다. 그런데도 시어머니가 며느리를 위해서 장자부長子婦의 경우는 1년복을, 중자부衆子婦의 경우는 9개월복을 입도록 규정하고 있다. 아들을 위해서는 장·중자를 구별하지 않으면서 며느리를 위해서는 장·중자부를 구별했던 것이다.

일찍이 송시열은 "효종대왕은 인조의 서자라 해도 괜찮다."고 했다. 현종은 내심 불쾌하게 생각했다. 송시열의 한마디는 부왕인 효종의 정통성뿐만 아니라 자신의 정통성마저 위태롭게 하는 발언이었기 때문이다. 당시 남인은 이 말을 빌미로 현종을 분발시켜 정국을 뒤집을 기회만 엿보고 있었다. 도신징의 상소는 바로 그러한 계기를 마련해 준 셈이었다.

도신징의 상소는 복제 시비의 금령 때문에 왕에게 올라가지 않았다. 도신징은 기해예송에 대해서는 금령이 내려졌지만, 갑인예송에 대해서는 금령이 내려진 바 없다고 주장했다. 우여곡절 끝에 결국 그의 상소는 왕에게 올려졌다. 현종은 병풍에 "영남 유생 도신징"이라고 써 놓을 정도로 비상한 관심을 보였다. 현종은 그 상소문을 7일이나 가지고 있다가 비변사 제신들을 인견引見하는 자리에서 거론했다.

현종은 영의정 김수흥金壽興에게 인선왕후 상에 대왕대비 복제를 바꾼 까닭을 다시 캐물었다. 김수흥은 조대비의 복제를 바꾼 것은 앞서 효종 상에 대왕대비 복제를 1년복으로 정했기 때문이라고 했다. 이는 직접적으로 거론하지는 않았지만 효종 상에서의 대왕대비 복제는 중자복을 적용했음을 암시하는 것이었다.

현종은 기해년 복제가 도대체 어디에 근거한 것인지 따져 물었다. 김수흥은 당시 영의정 정태화가『경국대전』에 따라 1년복으로 정한 것이라고 대답했다. 그렇다면 기해 복제는『경국대전』에 근거한 것이 된다. 그런데 김수흥과 민유중閔維重은 기해 복제가『경국대전』과 고례古禮

를 함께 참고한 것이라고 주장했다. 송시열의 4종지설이 참작되었음을 암시하는 말이었다.

현종은 다시 김수흥에게 도신징의 상소문을 읽게 하고, 기해 복제가 차장자복次長子服을 적용한 것인지 물었다. 이에 승지 김석주는 송시열이 "효종대왕을 인조의 서자라고 해도 괜찮다."고 말해 허목이 이의를 제기했던 사실을 환기시켰다. 김석주는 같은 서인이지만 송시열과는 사이가 좋지 않았다. 그의 청풍 김씨 일가가 송시열의 견제로 불이익을 많이 받아온 터였기 때문이다. 김석주는 그렇지 않아도 송시열에게 유감을 품고 있던 현종을 자극시키고자 했다.

현종은 예조판서 조형의 실수를 준엄하게 꾸짖고 대신회의에서 이 문제를 재차 논의하도록 했다. 그러나 대신들은 기해 복제가 정해진 내력만을 보고할 뿐이었다. 그들은 9개월[大功] 복이 옳다고 여기는 데 변함이 없었다. 현종은 다시금 9개월복이 잘못 정해진 것임을 지적하고, 김석주에게 『의례주소』를 조목조목 해설해 올리라고 했다. 김석주는 스스로 공평하게 해설했다고 하면서도 '서자'를 허목과 같이 '첩자'로 해석해 송시열의 주장을 은근히 비판했다. 현종은 "대통을 이은 중자는 장자가 된다."는 조항을 『경국대전』에 보완하는 방안을 도출하도록 강요하기도 했다.

이틀 동안 네 차례에 걸친 빈청회의를 통해 현종은 "중자가 승통하면 장자가 된다."는 결의를 얻어내려고 했다. 그러나 그 의도는 수포로 돌아갔고, 결국 왕의 직권으로 1년[暮年]을 선포해 버렸다. 그리하여 도신징의 상소가 올라온 지 10일 만에 인선왕후를 위한 조대비의 복제는 1년복으로 바뀌게 되었다. 현종은 이미 1년복으로 확정하려는 굳은 의

지를 가지고 있었다. 그리고 그 의지를 뒷받침할 수 있도록 이론 공부도 많이 했던 것 같다. 결국 현종은 인선왕후 초상 때 예조가 조대비의 복제를 1년에서 9개월로 바꾼 것을 트집 잡아, 기해예송 때 서인의 압력으로 달성하지 못한 자신과 부모의 정통성을 확립해냈다.

현종은 복제를 바로잡은 그날, 초상 때의 예관禮官이었던 예조판서 조형, 참판 김익경, 참의 홍주국, 정랑 임이도 등을 옥에 가두었다. 또 그다음 날에는 영의정 김수흥을 춘천에 유배시켰다. 조신들의 반발 또한 만만치 않았다. 그러자 반발하는 서인 관료들을 속속 처벌했다.

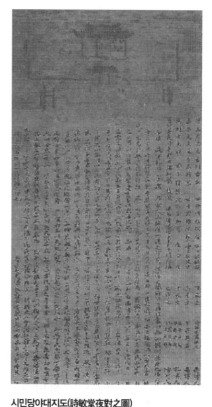

시민당야대지도(詩敏堂夜對之圖)
1663년(현종 4)에 송시열 등이 현종을 야대한 것을 기록한 그림으로, 송시열의 글이 송준길의 글씨로 적혀 있다.

그럼에도 반발이 계속되자, 현종은 서인 세력을 몰아내고 남인 세력을 끌어들였다. 이하진李夏鎭, 이옥李沃, 권대운權大運, 민암閔黯 목내선睦來善 등의 남인을 요직에 대거 기용한 것이다. 반면에 김수항, 김수흥, 민유중, 조형, 김익경, 김만기, 홍처량, 강백년姜栢年 등의 서인은 관직에서 철저히 배제했다.

이렇듯 현종은 외척 김석주의 도움을 받아 1674년(현종 15) 7월 29일, 서인을 숙청하고 독단적으로 1년복을 확정지었다. 그리고 사흘 뒤인 8월 1일, 1년복으로 성복하고 종묘에 고유告由(사유를 들어 고함)했다.

이때의 복제 개정에 남인들의 직접적인 참여는 없었다. 윤선도는 이미 세상을 떠났고, 윤휴, 허목 등 기해예송에 참여했던 예론의 대가들조차도 별다른 간여를 하지 않았다. 서인인 정태화, 권시, 송준길도 이미 죽고 없었고, 송시열도 나서지 않았다. 갑인예송 당시 끝까지 9개월복을 주장했던 이들은 송시열의 일파인 김수항, 김수흥, 민유중, 조형, 김익경, 김만기, 홍처량, 강백년 등이었다.

기해년에도 현종은 송시열의 설에 대해 의심하는 마음이 있었다. 그러나 대신들이 이미 국제라고 한데다가 송시열이 사림의 중망을 받고 있었기에 별다른 말을 하지 않았다.

현종은 즉위 초에는 효종과 송시열의 관계를 생각해 온갖 예우를 다해 그를 초빙했다. 그러나 현종에 대한 송시열의 태도는 고압적이고 비협조적인데다 멸시에 가까울 정도였다. 그는 거의 재야에만 머무르면서 왕의 부름에 응하지 않았다. 현종과는 더불어 국사를 논하려 하지 않았던 것이다. 나아가 그는 공공연하게 현종을 비하하는 말도 서슴지 않았다.

현종도 말년에 이르러 서서히 송시열 일파의 집권 서인들에게 불만과 염증을 느끼고 있었다. 송시열에 대한 존경과 예우도 점점 식어갔다. 왕과 송시열 사이의 불신은 두 사람의 사이를 더욱 멀어지게 했다. 송시열이 조정의 공론을 좌우하며 왕권을 견제하는 데 대한 현종의 불만은 갈수록 고조되었다. 이러한 서인 정권에 대한 현종의 불신과 불만은 자연스레 남인의 등용으로 이어졌다.

갑인예송은 남인들이 송시열 당을 견제하기 시작할 무렵에 터진 사

건이었다. 그러나 갑인예송으로 송시열계 서인 세력이 곧 몰락한 것은
아니었다. 그러기에는 그 세력이 워낙 뿌리가 깊었다. 서인에서 남인
으로의 정권 교체는 숙종 초를 기다려야 했다.

11

서남 당쟁

1674년(현종 15) 7월 15일에 복제 개정이 단행되고, 그로부터 약 한 달 뒤인 8월 18일에 현종이 죽고 14세의 어린 왕 숙종이 즉위했다. 숙종은 현종과는 달리 과단성 있는 성격의 소유자였다. 그는 세자 시절부터 송시열에 대해 모종의 적개심을 가지고 있었다. 숙종의 출생 당시다른 사람들은 모두 축하하러 왔지만, 유독 송시열만이 도중에 병이나서 돌아갔다고 한다. 세간에서는 이를 두고 숙종이 효종 상중에 잉태되었기 때문에 송시열이 의도적으로 오지 않은 것이라고 했다. 숙종의 어머니 명성왕후도 그렇게 여겼고, 분한 나머지 숙종에게 그런 사실을 말해 주었다고 한다.

숙종은 서인을 완전히 축출하기 위해서 외척인 김석주金錫周, 김우명金佑明, 그리고 남인들의 도움을 받았다. 그리고 명분상 예론을 이용했다. 숙종이 즉위한 그해 9월, 왕이 현종의 묘지문을 송시열에게 위촉

했다. 그런데 진주 유생 곽세건郭世楗이 송시열이 현종의 묘지문을 짓는 것은 부당하다는 내용의 상소를 올렸다. 두 번의 예송에서 예를 잘못 논한 영의정 김수흥도 처벌되었는데, 효종을 서자라 해도 좋다며 예론의 원인을 제공한 송시열을 그대로 둘 수는 없다는 것이었다. 이에 송시열은 수원으로 내려가 버렸고, 서인들은 들고 일어나 곽세건을 엄벌에 처해야 한다고 주장했다. 숙종은 처음에는 곽세건을 유벌儒罰인 정거停擧(과거 시험 응시 자격의 박탈)에 처하도록 했다. 그러나 남인 영의정 허적의 말에 따라 그마저 풀어주었다.

현종의 묘지문은 김석주가 다시 짓는 것으로 결론이 났다. 뿐만 아니라 대제학 이단하李端夏가 짓기로 한 현종의 행장行狀에도 송시열이 "예를 잘못 정했다[誤定禮]."고 분명히 기록하라고 지시했다. 이단하는 스승인 송시열을 궁지에 몰아넣는 일을 차마 제 손으로 할 수 없었다. 그는 다른 사람에게 행장을 짓게 할 것을 극력 간청했다. 그러나 숙종의 고집을 꺾을 수 없어, 결국 이단하 자신의 붓끝으로 "송시열이 예를 잘못 정했다."는 기록을 하고 말았다.

숙종은 효종을 『의례주소』의 4종지설을 적용해 서자로 취급한 송시열의 예론을 오례誤禮로 단정하고 송시열계 서인들을 축출할 발판으로 삼았다. 12월 1일, 현종의 장례가 끝나자마자 남천한南天漢, 이옥李沃, 목창명睦昌明 등 남인 관료들은 송시열과 갑인예송에 참여한 빈청 대신들을 맹렬히 공격하기 시작했다. 그리하여 송시열은 관직을 삭탈당하고 쫓겨났을 뿐만 아니라 이듬해 정월에는 덕원으로 유배되었다.

송시열뿐만이 아니었다. 1675년(숙종 1) 7월부터 서인은 일제히 밀려나고 대신 남인이 중요 요직을 차지하게 되었다. 허적, 허목, 윤휴,

권대운權大運, 민암閔黯, 오시수吳始壽, 홍우원洪宇遠, 남천한南天漢, 이원정李元禎, 이하진李夏鎭 등 남인들이 대거 등용되었다. 이로써 인조반정 이후 40년 만에 서인 정권이 남인 정권으로 교체되고, 서인계 비주류였던 김석주 등 외척 세력이 아울러 득세하게 되었다. 이 사건을 갑인환국甲寅換局이라고 한다.

그러나 정권 교체 이후 남인은 허적, 권대운 등의 탁남濁南과 윤휴, 허목 등의 청남淸南으로 갈려 서로 다투기 시작했다. 남인은 서인들이 이이·성혼의 문묘종사를 추진할 때 혼연일체가 되어 이를 반대했다. 그리고 두 차례의 예송에서는 한목소리로 서인의 오례를 규탄하며 복제의 개정을 역설했다. 인조 대에서 현종 대에 이르기까지 약 50년간의 세월 동안 서인 공격에만 당론을 집중했던 남인은 숙종의 즉위와 더불어 정권을 잡은 후 분열하고 만 것이다.

탁남인 허적과 권대운은 탁월한 행정력과 원만한 처신을 바탕으로 서인 정권 아래서도 비교적 높은 지위를 유지할 수 있었다. 그리고 숙종 초기 남인 정권에서는 재상직을 독점하며 정국을 주도했다. 한편 청남인 허목과 윤휴는 정치적인 경륜은 없었지만 사림의 청망이 높은 인물들이었다. 허목은 홍우원, 조경趙絅, 윤선도와 더불어 '남인 4선생南人四先生'으로 칭송받고 있었으며, 윤휴는 송시열도 감당하기 힘든 거물급 학자였다. 이들에게는 예송에서의 공로와 사상계를 주도할 만한 심오한 학문이 있었다. 두 사람은 남인의 양대 이론가인 동시에 사림의 우상이었다.

이렇듯 탁남과 청남은 같은 남인이면서도 정치적인 성향과 체질이 매우 달랐다. 이는 정치를 주업으로 삼는 자와 산림에 은거하며 학덕을 쌓은 자의 차이점이기도 했다. 그러므로 양자의 갈등과 반목은 마치 예정된 순서와도 같이 진행되었다.

한편 갑인예송의 열쇠를 쥐고 있던 김육의 손자 김석주는 청풍 김씨의 오랜 숙적인 송시열을 제거하기 위해 일시적으로 남인의 손을 들어준 것이다. 이에 허적을 위시한 남인 정권은 김석주에게 상당한 정치적인 지분을 할당하는 한편, 그의 눈치를 살펴야 했다. 이는 분명 남인 정권이 지닌 최대의 약점이었다. 그런 가운데 노구를 이끌고 입조한 허목과 윤휴는 숙종과 신료들의 극진한 예우와 환대에도 불구하고 불만이 컸다. 허적 일파가 정권을 좌우하고 있었기 때문이다. 김석주의 배후 조종은 더욱 용인하기 힘들었다. 두 사람 모두 허적에게 실망하고 있었다.

탁남과 청남의 결정적인 대립은 허목의 문인인 이수경李壽慶이 허적을 비롯한 탁남의 수뇌부를 공격하는 상소를 올리면서 시작되었다. 그는 덕망과 신망이 부족한 사람들이 재상의 자리를 차지하고 있다며, 이는 분수에 지나치는 일이라고 했다. 이에 영의정 허적과 좌의정 권대운이 사표를 제출했으나, 숙종은 허락하지 않았다. 숙종은 도리어 이수경을 파직함으로써 탁남을 두둔했다. 이렇게 되자 조정은 남인들끼리 서로가 서로를 비난하는 풍조로 가득 찼다. 탁남이 요직에 등용되면 청남이 허물을 잡았고, 청남이 청직에 오르면 탁남이 배격했다.

이때 종실 영평정永平亭이 "당론이 반드시 나라를 망치게 할 것이니, 앞에서는 송시열, 송준길이 그르쳤으며 뒤에서는 허목, 윤휴가 그르친다."라는 내용의 상소를 올렸다. 망국의 근원으로 지목된 허목과 윤휴는 더 이상 조정에 남을 명분이 없다며 유생들의 만류를 뿌리치고 떠났다. 1676년(숙종2) 4월의 일이었다.

그로부터 두 달 뒤 윤휴는 만언소를 올려 허적과 권대운을 공격했다. 그는 평소에도 "현종조에 청현직清顯職을 지낸 자는 비록 색목이 같을지라도 등용해서는 안 된다."고 주장했다. 더욱이 북벌, 병권 문제로 인해 허적과 마찰을 빚는 과정에서 불화는 더욱 깊어갔다. 윤휴의 상소를 접한 숙종은 이번에도 허적을 위로하고 탁남을 두둔했다. 숙종은 정국의 원만한 운영을 위해서는 청남보다는 탁남이 필요했다. 이처럼 청·탁의 대립으로 정국은 혼전을 거듭했지만, 주도권은 여전히 탁남에게 있었다.

한편 숙종은 외척 김석주를 수어사에 임명하고 병권을 위임했다. 병권은 자칫하면 왕권을 위협하는 수단으로 악용될 수 있는 만큼 가장 신임할 수 있는 사람에게 맡기게 마련이었다. 그런데 정파 사이의 병권 투쟁은 왕권 강화의 걸림돌이었다. 숙종은 이 점을 분명하게 알고 있었기 때문에, 명성왕후의 4촌 아우이며 숙종에게는 외5촌 아저씨인 외척 김석주에게 병권을 위임한 것이다.

남인들도 집권과 동시에 병권 장악에 착수했다. 그것은 정권의 안정을 다지는 작업이면서 외척의 간섭에서 탈피하기 위한 방편이기도 했다. 숙종 초기 남인들의 병권 장악력은 대단히 미약했다. 훈련도감, 어영청은 집권과 동시에 장악했지만, 총융청, 수어청의 병권은 여전히 서인의 수중에 있었다. 이에 남인들은 총융청과 수어청의 병권을 장악하는 데 부심했다. 도체찰사부의 복설 논의는 바로 그 대안이었다. 도체찰사부는 전란에 대비하고 북벌을 추진하기 위해 설치된 기구로, 효종 대까지는 상설 기구였으나 현종 대에 폐지되었다.

도체찰사부의 복설을 주장한 사람은 윤휴였다. 그 명분은 북벌을 위해 군사력을 재정비하자는 데 있었다. 윤휴의 주장은 영의정 허적의 적극적인 지지를 얻었고, 그리하여 1675년(숙종 1) 1월에는 도체찰사부가 복설되었다. 허적이 서로 대립하던 윤휴의 주장을 지지한 이유는 도체찰사를 영의정이 겸직하는 관례가 있었기 때문이다. 즉 허적은 도체찰사 자리를 차지하기 위해 복설을 지지한 것이다. 그러나 숙종은 복설을 허락하면서도 남인의 병권이 비대해지는 것을 철저하게 견제했다. 그것은 부체찰사의 임명에서 분명하게 드러났다. 당초 부체찰사의 직책을 노린 사람은 윤휴였다. 그는 도체찰사부의 복설을 거론할 때부터 그 자리를 염두에 두고 있었다. 그러나 숙종은 윤휴를 대신해 수어사 김석주에게 이를 겸직하게 했다. 남인을 우대하면서도 병권은 외척에게 위임해 권력의 분산을 유도한 것이다.

　이후 허적과 김석주가 병권을 두고 힘을 겨루면서 도체찰사부는 혁파와 재설치를 반복했다. 그러나 그 과정에서 숙종은 부체찰사의 자리만큼은 남인이 아닌 김석주에게 고집스럽게 맡겼다. 사실 그것은 왕권 안정을 위한 불가피한 선택이었다.

3복과 경신환국

이런 상황에서 3복三福의 문제가 불거졌다. 3복이란 인조의 셋째아들인 인평대군의 세 아들 복창군福昌君, 복선군福善君, 복평군福平君을 말한다. 효종은 조카인 3복을 지극히 사랑했다. 현종 역시 종형제인 이들에게 두터운 신임을 보냈다. 따라서 궁중 출입도 잦았다. 또한 외아들로 가까운 친척이 많지 않은 숙종에게는 왕실의 지친인 이들이 골육과 같았다. 이런 가운데 3복의 외가인 동복 오씨들이 숙종 초기 남인 정권의 주축을 이루게 되었다. 그들은 국혼은 아니지만 왕실과 혼맥으로 연결되어 '남인 외척'으로서 영향력을 가졌다.

이들을 특별히 경계한 사람은 숙종의 어머니인 명성왕후와 김석주를 비롯한 그의 일가였다. 무엇보다도 3복은 숙종의 유사시에 왕위에 오를 수 있는 1차 대상자들이었다. 당시는 숙종의 나이가 어리고 슬하에 자식도 없었다. 따라서 외척인 청풍 김씨 일가의 불안감은 그만큼 컸다. 명성왕후가 숙종의 수라상을 일일이 점검한 것도 그 때문이었다. 이렇듯 3복이 왕권을 위협하는 존재로 지목된 이상 파란을 면하기는 어려웠다.

1675년(숙종1) 3월, 숙종의 외조부 청풍부원군 김우명金佑明의 상소가 바로 그 신호탄이었다. 김우명은 3복의 비리를 공식적으로 거론해 조정에 파문을 일으켰다. 3복이 임금의 총애를 믿고 궁녀와 간통해 자식까지 낳았으니 처벌해야 한다는 내용이었다. 상소의 배후 조종자는 명성왕후였다. 만약 3복과 궁녀의 간통이 사실이라면 극형을 면하기 어려웠다. 상소를 접한 숙종은 즉시 복창군, 복평군은 물론 간통한 궁녀들에 대한 국문을 지시했다. 그러나 김우명의 주장과는 달리 이들은 간통 사실을 완강하게 부인했다. 이에 숙종은 이들의 무죄를 인정하고 석방하도록 했다.

사실 숙종은 처음부터 3복을 처벌할 생각이 없었다. 국문을 명한 것은 대비와 외조부에 대한 예우에 지나지 않았다. 그러나 이 사건을 계기로 상황은 완전히 반전되었다. 남인들은 김우명의 무고를 강력하게 공격했다. 이에 다급해진 김우명이 의금부에 자진 출두하기까지 했다. 이때 명성왕후가 전면에 나섰다. 명성왕후는 숙종이 신하들을 만나는 자리에 나타나 대성통곡하며 3복의 간통 사실을 장황하게 늘어놓았다. 대비의 개입은 일단 주효했다. 숙종은 대비의 주장을 인정해 복창군, 복평군과 궁녀 두 사람을 유배시켰다.

이에 남인들은 대비를 맹렬하게 비방했다. 부제학 홍우원은 삼종지도三從之道를 거론하며 대비의 간섭을 비난했고, 윤휴는 대비를 단속해야 한다고 주장했다. 그리고 그해 7월, 숙종이 3복의 석방을 명함으로써 사태는 그 정도에서 종결되었다. 그러나 이 사건은 여러 모로 중요한 의미가 있었다. 우선 3복은 그 후로 처신을 삼가 궁중과 멀어지게 되었다. 이는 남인에게도 적지 않은 손실이었다. 3복이 견제를 받음으로써 숙종과의 접촉이 용이하지 않게 되었기 때문이다.

숙종과 남인의 비호로 3복은 일단 목숨을 부지했지만 오래가지는 못했다. 경신환국庚申換局이 그들의 목숨을 기다리고 있었다. 그리고 그 과정에서 3복과 동복 오씨는 철저한 탄압을 받았다. 한쪽은 왕권을 위협하는 존재이며, 한쪽은 남인 외척이라는 이유에서였다.

1680년(숙종 6년) 3월 28일, 탁남의 영수 허적은 그의 조부 허잠許潛이 시호를 받은 것을 축하하는 소위 연시연延諡宴을 베풀었다. 그는 조정에서 막강한 영향력을 행사하고 있었고, 연회에는 권문세가의 인물들이 모여 인산인해를 이루었다. 그런데 당시 도성에는 진위를 가릴 수 없는 소문이 돌고 있었다. "잔치에 노는 자들 중 병판 김석주, 광성부원군 김만기와 같은 편 사람들을 독살하고, 허적의 서자 견堅이 장막 뒤에 따로 무사를 숨겨 놓고 들이치려 한다."는 소문이었다. 이런 소문을 들은 김석주는 병을 핑계로 잔치에 참여하지 않았다. 대신 김석주는 김만기에게 참석할 것을 넌지시 권했다. 두 사람 모두 빠진다면 저쪽 사람들이 의심할 것이었기 때문이다. 김만기는 잔치에 참여하긴 했으나 일부러 늦게 도착했다. 그러고는 자리에 앉자마자 배고프다며 남의 잔을 빼앗아 마셨다. 그 핑계로 돌림잔이 오면 일부러 받지 않았다. 독살을 염려했던 것이다.

그때 마침 비가 내렸다. 숙종은 날씨를 염려해 특별히 궐내에서 쓰는 기름 먹인 장막과 차일帷幄을 내어주라고 했다. 그런데 막상 찾으러 가보니, 이미 허적이 허락도 없이 그 물건들을 가져간 뒤였다. 그 사실을 안 숙종은 권력의 힘을 믿고 방자하게 행동한 허적에게 불쾌한 마음을 감추지 못했다. 숙종은 내시를 거지 모양으로 꾸며 허적의 잔치를 정탐하도록 시켰다. 과연 잔치에 참여한 서인은 김만기, 신여철申汝哲, 오두인吳斗寅 등 몇 명뿐이고, 거의가 기세등등한 남인들이었다.

사태의 자초지종을 들은 숙종은 즉시 궐문을 닫지 말라고 명령하고, 남인 훈련대장 유혁연柳赫然과 서인 신여철, 김만기를 불러들였다. 당시 연시연에 참석 중이던 유혁연과 김만기는 연락을 받고 황급히 일어났다. 사태의 급박성을 감지한 허적은 김만기를 붙잡고 자초지종을 물었지만, 김만기는 자신도 알지 못하는 일이라고 대답하면서 냉정하게 옷자락을 떨치고 나왔다. 허적과 연회에 참석했던 좌중은 닥쳐올 화를 예감했다.

이어 숙종은 훈련대장을 남인인 유혁연에서 서인인 김만기로 바꾼 것을 필두로 대대적인 정권 교체를 시작했다. 총융사와 수어사에 신여철, 김익훈金益勳 등 모두 서인을 임명하는가 하면, 예송의 패배로 철원

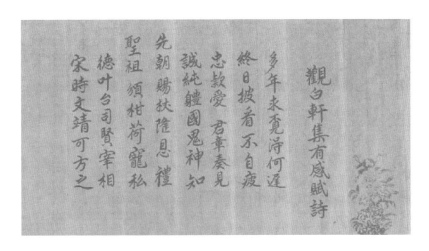

숙종어필 칠언시
숙종은 과단성 있는 성격의 군주로, 당쟁을 부추기기도 하고 조절하기도 하면서 정국을 운영했다.

으로 유배 가 있던 김수항을 석방했다. 또 같은 날 편당적으로 인물을
등용해 일당 전제를 확충시킨 죄로 이조판서 이원정李元禎이 삭탈관직
되어 쫓겨났다. 그리고 김수항이 영의정, 정지화鄭知和가 좌의정, 남구
만南九萬이 도승지, 조지겸趙之謙이 이조좌랑에 임명되는 등 서인들이 대
거 요직을 차지하고, 남인들은 사직하거나 축출되었다.

　이것이 숙종 초에 정권을 잡았던 남인이 몰락하고 서인이 재집권한
경신환국이다. 경신환국은 표면적으로는 '유악帷幄'으로 인해 돌발적으
로 불거진 사건처럼 보인다. 그러나 허적 일당에 대한 왕의 입장 변화
가 온 것은 1679년(숙종 5) 10월부터였다. 허적이 이를 눈치채지 못할
리 없었다. 이후로 그는 입버릇처럼 "지난 10월부터 주상이 자못 싫어
하는 기색이 있었다."는 말을 하고 있었다. 이렇듯 남인의 축출은 진작
부터 예견된 것이었다.

한편 경신환국을 배후에서 주도면밀하게 계획했던 이는 바로 외척 김석주였다. 그는 이미 남인들에게 염증을 느끼던 숙종을 등에 업고 모종의 정치극을 구상했던 것이다. 그러나 김석주는 정권이 교체된 것으로 만족하지 않았다. 그는 유약한 숙종을 보호한다는 명분 아래 계속해서 남인과 친밀한 관계인 종친 세력을 완전히 제거하려는 공작을 꾸몄다.

경신환국이 단행된 지 7일 만인 1680년(숙종 6) 4월 5일, 김석주의 밀객인 정원로鄭元老, 강만철姜萬鐵이 허적의 서자 허견許堅 등이 복선군을 왕으로 삼으려 한다고 고변했다. 허견이 복선군에게 "주상의 춘추가 젊으신데 몸이 자주 편찮으시고 또 세자가 없으니, 만약 불행한 일이 있으면 대감이 임금 자리를 면하려 해도 할 수가 없을 것입니다."라고 하는 것을 정원로가 들었고, 복선군은 이에 아무런 대답도 하지 않았다는 것이다. 실제로 허견은 언젠가 허적이 민희閔熙에게 왕의 병약함을 걱정하자 민희가 복선군이 있지 않느냐고 한 이야기를 들은 적이 있었다. 그러고는 아비의 권세와 명망을 이용해 복선군과의 관계를 돈독히 해 나가는 과정에서 자신이 들은 얘기를 바탕으로 경솔하게 왕위 문제까지 발설하고 말았던 것이다.

복선군은 허견에게서 들은 내용을 시인했다. 허견 역시 "복선군과 같이 정원로의 집에 모여 병이 잦은 왕에게 만약 불행한 일이 닥치면 화를 예측할 수 없다. 반드시 도체찰사부를 복설해 만일의 사태에 대비해야 한다."라는 뜻을 윤휴와 이원정에게 전한 후 협조를 요청했다고 자복했다. 사건의 전모가 밝혀짐에 따라 복선군은 교수형에 처해졌고, 허견 역시 능지처참을 당했다. 허적은 역모와 특별히 관련된 흔적은 없었지만, 부자 연좌율에 따라 삭직되어 내쫓겼다가 끝내 사사되었다.

남인의 비극은 허적만으로 그치지 않았다. 송시열의 영원한 숙적이었던 윤휴 역시 사사되고 말았다. 죄목은 대비를 잘 단속하라고 나섰던 점, 복선군 형제와 친분이 돈독하고 도체찰사부의 복설을 주장했던 점, 그리고 부체찰사의 차출 때에 자신이 임명되지 않자 왕 앞에서 현저하게 불쾌한 기색을 나타냈다는 점 등이었다. 이 밖에도 허견의 옥사가 완전히 마무리된 5월까지 종친 세력과 연결된 100여 명 이상의 남인들이 갖가지 죄목으로 처벌되었다.

허견의 옥사는 역모 사실을 사전에 알고 있던 김석주 등이 미리 짜놓은 사건이라고 할 수 있다. 그보다 7일 전에 있었던 경신환국과도 직접적으로 연결되는 사건이었다. 말하자면 경신환국과 뒤이은 허견의 옥사는 현종 말년에 남인과 손잡고 예론을 들먹여 서인을 제거했던 김석주가 이번에는 외척 세력을 견제하던 남인을 또다시 치밀한 계획으로 제거한 정치공작이었다. 숙종은 양사의 반대에도 불구하고 김석주, 김만기 등을 공신으로 책봉했다.

12

이이·성혼의
문묘종사

1681년(숙종 7) 9월, 이이와 성혼이 문묘에 종사되었다. 문묘종사는 기본적으로 출처관出處觀과 학문에 대한 평가로 결정된다. 그러나 문묘종사는 학파는 물론이고 정파를 떠나서는 생각할 수 없는 문제이기 때문에 정치적으로도 중요했다. 그래서 조선 전기부터 문묘종사를 둘러싼 찬반 논란이 끊임없이 일어났다. 광해군 대에 실현된 사림 5현의 종사는 40년 만에 이루어졌고, 이이·성혼의 종사도 4대에 걸쳐 58년이라는 세월이 걸렸다. 이는 문묘종사가 각 당파에게 얼마나 중요한 문제였는지를 보여준다. 또 한편으로는 그만큼 왕들이 문묘종사를 꺼려했다는 것을 의미하기도 한다. 왕들은 문묘종사가 곧 신권 강화로 이어져 왕권을 약화시킨다고 여겼던 것이다.

인조반정의 주역들은 대부분 이이, 성혼, 이항복, 김장생의 문인이었다. 이들 4인은 학문적으로는 기호학파의 거장들이고, 정파로는 서인이었다. 특히 율곡 이이와 우계 성혼은 기호학파의 종사宗師(모든 사람이 존경하는 스승)로서 서인의 절대적인 추앙을 받았다. 서인은 사림 정치의 속성상 집권의 정당성을 확보하기 위해 노력했다. 특히 그들은 집권의 정당성을 학문적 정통성 확보를 통해 획득하고자 했다. 그러기 위해서는 서인 학맥의 원천인 이이와 성혼을 문묘에 종사시켜야 했다.

그러나 남인의 입장은 달랐다. 남인들도 자신들의 정치적인 열세를 학문적인 정통성으로 극복하고자 했다. 따라서 그들은 당연히 이이와 성혼의 문묘종사를 반대했다. 그리하여 이 문제는 서남 간 정치적인 대결 구도를 넘어 기호 사림과 영남 사림의 학문적인 대립으로 발전했다.

이이와 성혼의 문묘종사가 최초로 거론된 것은 1623년(인조 1) 4월이었다. 특진관 유순익柳舜翼이 경연에서 이이의 문묘종사를 요청했다. 이민구李敏求, 유백증俞伯曾, 이경여李敬興 등이 적극적으로 동조했다.

그러나 인조는 신중론을 펼치며 단호히 거절했다. 사실 이때에는 이이의 문묘종사만 논의되었다. 성혼이 아직 신원되지 않았기 때문이다. 그러나 성혼 문인이 반정공신의 절반을 차지하는 상황에서 성혼의 문묘종사가 거론되지 않을 수 없었다. 그리고 김장생 학파의 차기 영수 김집이 성혼의 문묘종사를 지지함으로써 이이·성혼의 종사 논의는 서인의 당론으로 정해졌다. 그러나 이괄의 난(1624년), 정묘호란(1627년)의 여파로 종사 논의는 한동안 잠잠했다.

이이와 성혼의 종사 논의를 둘러싼 서남 간 대립은 1635년(인조 13) 서인계 유생 송시형宋時瑩의 종사소와 남인계 유생 채진후蔡振後의 반대소로 본격화되었다. 송시형은 송시열의 사촌형이었고, 상소의 배후

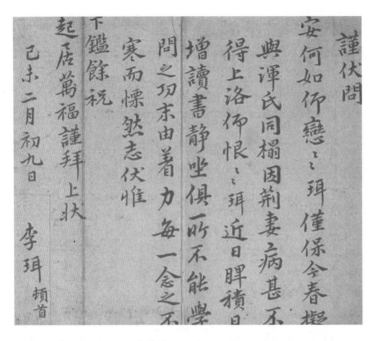

율곡 이이의 서간
이이는 사람의 개념을 "마음속으로 고도(古道)를 그리워하고, 몸으로 유행(儒行)에 힘쓰며, 입으로 법언(法言)을 말함으로써 공론을 가진 자"라고 정의했다.

조종자는 김집이었다. 그런데 인조는 송시형의 상소에 대해 "율곡과 우계는 착한 사람이라고 할 수 있지만, 도덕이 높지 않고 흠이 있어 비방이 따른다."는 말로 거부의 뜻을 밝혔다. 그리고 이이의 '입산수도ㅅ山修道(중이 되어 불도를 닦는 일)', 그리고 성혼의 기축옥사와 임진왜란 당시의 허물을 들어 종사를 반대한 채진후의 상소를 두둔했다. 인조의 이러한 태도는 서인들을 자극했다.

영의정 윤방尹昉, 좌의정 오윤겸吳允謙, 우의정 김상용金尙容 등 3정승이 이이와 성혼을 변호하고, 대간에서는 채진후의 처벌을 주장했다.

이처럼 논의가 한층 가열되었지만 인조는 끝내 자신의 뜻을 번복하지 않았다. 그러나 채진후 등 남인 유생들은 서인들의 대대적인 공격을 받고 성균관에서 축출되거나 정거停擧(과거 응시를 하지 못하도록 함)되었다. 이후에도 황해도, 경기도, 전라도 유생들이 중심이 되어 수십 차례에 걸쳐 종사를 요청했다. 그러나 인조의 완강한 반대 의지를 돌리지는 못했다.

이처럼 인조의 치세 27년 동안 뜻을 이루지 못한 서인은 효종의 즉위를 계기로 종사 운동을 대대적으로 추진했다. 1649년(효종 즉위년) 11월, 태학생 홍위洪㙔 등 수백 명이 연명소(이름을 함께 적어 올린 상소)를 올렸다. 그러나 효종 역시 신중론으로 일관했다.

그런데 홍위의 상소는 실로 엄청난 여파를 초래했다. 유직柳稷 등 950여 명이 연명한 '우율승무반대소牛栗陞廡反對疏'가 올라온 것이다. 이는 서인 측의 종사 운동에 대한 즉각적인 반발이었다. 안동 사림은 도내 10읍에 통문을 돌려 반대 상소를 위한 모임을 개최하고 유직을 상소의 대표자로 추대했다. 상소는 거도擧道적인 차원에서 추진되어, 영남의 72읍이 대대적으로 궐기했다. 이는 전대에 유례없는 이른바 천인소千人疏의 출현이었다. 상소를 바치기 위해 상경한 유생들만도 150명을 넘어 조야에 적지 않은 파문을 일으켰다.

그러나 당시 효종과 조정 당국자들은 청나라와의 문제에 신경을 집중하고 있었기 때문에 이 사건에 주목하지 않았다. 상소의 시기가 적절하지 못했던 것이다. 그러다 청나라와 관계가 소강상태에 들어가자 상주의 신석형申碩亨 등 유생 40여 명이 유직의 상소를 조목조목 비판하는 내용의 상소를 올렸다. 이렇게 이이와 성혼의 종사 문제가 또다시 조정의 현안으로 부각되었다.

이에 서남 간 정쟁은 격화되었고, 유생들 사이에서 보복 행위가 난무했다. 서인계 유생들은 유직에게 '삭적削籍(유생 명부에서 이름을 빼버리는 것)', '부황付黃(이름 위에 노란 종이를 붙여 구별하는 것)' 등의 유벌儒罰을 가했다. 영남 유생들이 상소해 유직에 대한 처벌의 부당성을 지적했지만 소용이 없었다. 한편 신석형도 영남 유림으로부터 '훼가출향毀家黜鄕(집을 허물고 고향에서 쫓아냄)'의 보복을 당했다.

결국 효종 대에도 서남 간 치열한 공방전만 되풀이되었을 뿐, 별다른 성과를 거두지 못했다. 이는 서인이 강행하고, 남인이 반대하며, 국왕이 견제하는 인조 이래의 삼각 구도가 효종 대에도 그대로 유지되었음을 의미한다.

현종 초에는 서인들이 기해예송을 승리로 이끌면서 집권 기반을 더욱 강화하고 있었다. 따라서 이이와 성혼의 종사를 위한 환경도 한층 무르익었다. 서인들은 지방 유생들이 상소해 분위기를 조성하면 송준길 등이 조정에서 강청하는 방식을 통해 현종을 압박했다. 그러나 현종도 호락호락하지만은 않았다. 신중론을 핑계 삼아 서인들의 압박을 교묘하게 피해 갔다. 남인들의 반대 또한 만만치 않았다. 남중유南重維 등이 유생들의 상소를 배후에서 주도했고, 홍우원洪宇遠 등은 조정에서 서인에 대항했다. 한편 이러한 공방전을 거치며 남인들의 결속은 한층 강화되었다.

현종 재위 15년 동안 8도 유생들이 수십 차례에 걸쳐 문묘종사소를 올렸다. 또한 송시열, 송준길 등이 강력하게 건의했다. 그래도 끝내 종사는 허락되지 않았다. 그 표면적인 이유는 유림의 논의가 모아지지 않았다는 데 있었다. 그러나 현종이 문묘종사를 허락하지 않은 본질적인 의도는 역시 서인의 비대화를 막는 데 있었다.

1674년(현종 15), 갑인예송의 결과로 50년 만에 서남 간 정권 교체가 이루어졌다. 이어진 숙종 초반의 남인 집권기에는 종사 논의가 일어날 수 없었다. 그러나 1680년(숙종 6) 경신환국으로 남인이 축출되고 서인이 집권하면서, 이이·성혼의 문묘종사가 다시 거론되었다. 경신환국은 당쟁이 시작된 이래 가장 철저한 정치 보복이 단행된 사건이었다. 남인은 거의 초토화되다시피 했고, 종래의 견제 기능도 거의 무력화되었다. 서인들은 재집권의 분위기에 편승해 이이·성혼의 종사를 의욕적으로 추진했다. 숙종 또한 경신환국의 명분을 살리기 위해 서인들의 요청에 따를 수밖에 없었다.

1681년(숙종 7) 9월에 성균관과 8도의 유생 500여 명이 상소해 종사를 건의하자, 숙종은 마침내 대신들에게 이 문제를 상의하라고 명했다. 이는 곧 수락하겠다는 뜻이었다. 김수항, 김수흥, 정지화, 민유중 등이 적극 찬성했다. 남인의 저항력이 상실되고 국왕의 견제 기능이 약화된 상황에서 이이와 성혼의 문묘종사는 일사천리로 진행되었다. 결국 4대 58년간의 논쟁이 막을 내렸다.

그러나 모든 것이 완결된 것은 아니었다. 1689년(숙종 15)의 기사환국은 이이와 성혼의 위판을 땅에 묻히게 했다. 정권이 교체되기가 무섭게 이이와 성혼의 위패가 문묘에서 치워진 것이다. 이처럼 출향되었던 이이와 성혼의 위패가 문묘에 다시 온전하게 봉안된 것은 1695년(숙종 20) 갑술환국 이후의 일이었다.

13

노소 분당

1680년(숙종 6년)에 단행된 경신환국으로 남인에서 서인으로 정권이 교체되었다. 정승 자리는 물론이고 6조와 3사에 이르기까지 남인들이 밀려난 자리에 서인들이 임명되었다. 아울러 수도의 병권은 척신들에게 집중되었다.

훈련대장에 숙종비 인경왕후의 아버지인 김만기, 병조판서 겸 어영대장에 현종비 명성왕후의 사촌인 김석주가 임명되었다. 특히 숙종 초년기부터 군권을 장악하고 있던 김석주는 우의정 자리에까지 올랐다. 우의정은 군문의 대장직을 겸할 수 없었지만 숙종의 배려로 그는 호위대장까지 겸할 수 있었다. 이들 외에 또 한 사람, 예의 주시해야 할 척신이 있었다. 바로 김장생의 손자이자 김만기의 삼촌이 되는 김익훈金益勳이었다. 그는 김석주와 영의정 김수항, 그리고 숙종의 적극적인 지지로 보사공신에 추가로 책록되었다.

1681년(숙종 7), 자신의 세력 강화를 위해서 이미 축출된 남인을 완전히 제거할 기회만을 엿보고 있던 김석주는 서인이면서 남인과 가까운 김환金煥이라는 자를 시켜 남인 허새許璽, 허영許英의 집에 머물면서 역모의 기미를 포착하게 만들었다. 그런데 그 무렵 김석주가 사신으로 북경에 가게 되었다. 김석주는 김환의 뒷일을 당시 어영대장이던 김익훈에게 부탁하고 떠났다.

김석주가 북경에 가 있는 동안 김익훈은 김환에게 정탐 건을 물었다. 고변을 하려면 결정적인 역모 증거를 포착해야 했다. 증거는 잡지 못한 채 오히려 김환이 역모를 꾀하고 있다는 소문이 나돌기 시작했다. 김익훈의 재촉과 더불어 자칫 자신이 화를 입을까 마음이 급해진 김환은 1682년(숙종 8) 10월 21일, 허새, 허영 등의 남인들이 복평군을 왕으로 추대할 역모에 가담했다고 고변했다. 그리고 며칠 뒤 김중하金重夏, 전익대全翊戴가 각각 비슷한 내용의 고변을 했다.

허새와 허영은 몇 차례의 모진 고문 끝에 역모 사실을 자백했다. 그러나 국청에서 전익대와 유명견柳命堅을 비롯한 여러 증인을 잡아다가 대질시킨 결과 모든 것이 무고였음이 드러났다. 세 차례의 고변은 모두 남인을 일망타진하려는 음모였던 것이다. 그러자 김익훈이 이 비정상적인 고변의 배후로 지목되었고, 평소 김익훈의 세금 착복 등 빈축을 살 만한 행실을 못마땅하게 여기던 젊은 사류들은 그를 집중 공격하기 시작했다.

그런데 조정의 부름에는 한사코 출사를 거부했지만 여전히 국가 중대사에 막강한 영향력을 행사하고 있던 송시열이 김익훈을 옹호하고 나섰다. 김익훈의 처벌을 주장하는 사류들의 의견에 대해서 처음엔 송시열도 김익훈에게 분명히 잘못이 있다고 지적했다. 그러나 한양에 올라와 김수항, 민정중, 김만기 등의 설명을 듣고는 김익훈에 대한 태도가 돌변했다. 이들 3인은 김익훈의 무고 내용이 명백하지 않아 반드시 중죄로 치죄하지 않아도 된다는 입장이었다. 송시열은 언제 그랬느냐는 듯이 처음에 내세웠던 자기 의견을 철회했다. 그리고 그는 심지어 김석주에 대해서도 "왕실을 반석에 올린 공이 있다."고까지 평가했다.

송시열에게 기대가 컸던 젊은 사류들은 크게 실망했다. 그리고 그 실망은 곧 불만과 원망으로 이어졌다. 그들은 김익훈과 김환에 대한 처벌을 더욱 엄히 요구하면서 논의를 격화시켰다. 이렇게 서인 내부에 분열의 조짐이 다시 한번 일어나기 시작했다.

기본적으로 송시열을 비롯한 연로한 대신들은 남인은 모두 역당이라는 인식을 강하게 가지고 있었다. 그래서 그들은 김익훈이 취한 수단이 정상적이 아님을 인정하면서도 남인을 제거하기 위해서는 그럴 수도 있다는 입장을 취했다. 또 송시열과 김익훈 가문과의 누대에 걸친 인연도 있고 해서, 김익훈을 훈척이지만 역시 동일한 사류로 인식하고 있었다. 이렇듯 척신에 대한 각기 다른 대응 자세로 서인의 분열은 이제 피할 수 없게 되었다.

그 와중에 송시열은 효종을 불천위不遷位의 세실世室로 하고 태조의 시호를 올리자고 주장했다. 이러한 주장의 근본 의도는 관심을 다른 곳으로 돌려 김익훈 사건을 일단 그 정도 선에서 마무리 짓자는 데 있었다. 그것은 또한 존주대의尊周大義를 다시금 확인시키고 조선 건국의 정통성 문제를 공고히 함으로써 자신의 위상을 높이고자 한 고도의 정치술이기도 했다.

효종 세실 건립 문제는 효종의 덕을 널리 기리기 위해 효종의 신주를 옮기지 않는 백세불천百世不遷의 세실로 삼자는 것이었다. 효종 생전에 송시열과의 관계를 볼 때, 이 문제를 송시열이 주창하고 나선 것은 너무도 당연한 일이었다. 여러 대신들이 의논한 결과, 영의정 김수항, 좌의정 민정중 등 대부분이 찬성했다. 그런데 유독 박세채朴世采만이 신중한 논의를 주장하며 난색을 표했다. 하지만 훈척 대신들의 절대적인 지지로 즉시 의전 절차가 진행되었다.

송시열은 또 차자를 올려 태조의 존호를 올리기를 청했다. 창업해 왕통을 정한 태조의 존호 글자가 세조나 선조보다 적을 수 없다는 것이었다. 여러 신하들은 "높이 받들어 극진히 하는 도리는 휘호 글자수효의 많고 적음에 있지 않다."고 반박했다. 그러자 송시열은 조선의 왕통이 위화도 회군에서 출발했으므로 그 의미를 담은 '소의정륜昭義正倫' 네 글자를 더해 존호가상을 해야 한다고 강력하게 주장했다.

그러나 이번에도 박세채는 경연 석상에서 송시열의 의견에 정면으로 반대하고 나섰다. 그는 태조가 위화도 회군을 한 것은 '화가위국化家爲國'을 한 것이지 결코 존주대의에서 나온 것이 아니라고까지 주장했다. 그동안 태조 이성계의 위화도 회군이 줄곧 국가와 민족을 구하려는 일념에서 나온 영웅적 거사로 미화되었던 것에 비추어볼 때 박세채의 이러한 주장은 논란을 불러일으켰다.

송시열은 이 문제로 여러 번 박세채와 의견을 교환했지만, 박세채는 끝내 자신의 의견을 굽히지 않았다. 결국 논의의 귀결은, 가상은 하되 위화도 회군의 위업을 나타내는 '소의정륜昭義正倫'이 아닌 '정의광덕正義光德'으로 하자고 절충되었다. 이렇게 태조의 시호는 '강헌지인계운성

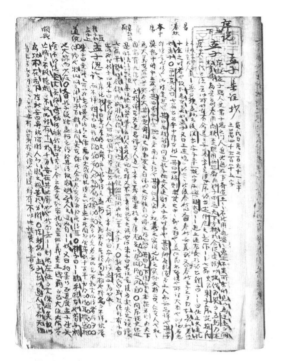

박세채의 『동유사우록(東儒師友錄)』
숙종대 경신환국 이후 더욱 치열하게 전개되었던 당쟁 상황을 타개할
필요성을 누구보다 절감했던 박세채는 탕평론을 제시한다.

문신무정의광덕대왕康獻至仁
啓運聖文神武正義光德大王'으로 결
정되었다.

　그러는 동안 송시열의 주
장에 동조하는 세력과 박세
채의 주장에 공감하는 사류
들 간의 분열과 대립이 심
화되어 갔다. 박세채의 논
의는 소장 사류들에게 좀
더 설득력 있게 받아들여졌
다. 또 김익훈 처벌 문제에
대해서도 박세채는 소장 사
류들과 의견을 같이 했다.
박세채는 서서히 소론의 후
원자로 부각되기 시작했다.

　그러다 김익훈의 문외 출송을 풀어주라는 명이 내려졌고, 노론과 소
론의 갈등이 더욱 첨예화되었다. 이제는 김익훈뿐만이 아니라 송시
열, 김수항, 김석주까지도 탄핵의 대상이 되었다. 그러자 김석주는 강
경한 논지를 펼쳤던 소론들을 탄핵하기 시작했다. 조지겸趙持謙, 한태
동韓泰東을 파직시키는가 하면, 오도일吳道一을 울진 현령으로 내쫓았다.
고향에 내려간 박세채는 이들을 구원하는 상소를 올렸으나 김석주는
박세채까지 비난했다.

188

분당의 원인 '회니시비'

이렇듯 훈척들에 대한 이해관계, 그리고 태조 존호가상 등 일련의 문제들을 둘러싸고 서인은 노론老論과 소론小論으로 점차 갈라서기 시작했다. 그러나 노론과 소론의 분당이 돌이킬 수 없게 된 데에는 또 다른 원인이 있었다. 다름 아닌 산림 송시열과 윤선거尹宣擧, 윤증尹拯 부자간의 이른바 '회니시비懷尼是非'가 그것이었다.

송시열은 평소 윤휴가 "총명하고 민첩하나 항상 퇴계, 율곡, 우계 등 제현의 단점을 말하기 좋아하고 주자를 기탄없이 배척했으니 이는 사문斯文의 난적亂賊이요, 이단 중에서도 심한 자"라고 하면서 그를 배척했다. 그런데 윤선거는 그런 윤휴를 비호했고, 송시열은 그 점을 늘 책망했다. 그래도 한동안은 윤선거가 윤휴와 절교했다고 생각했다. 그런데 윤선거가 죽은 뒤에 윤휴가 제문을 지어 보냈고, 윤선거의 아들 윤증이 이를 거절하지 않고 받아들였다. 그러한 사실을 알고 송시열은 윤선거가 끝내 윤휴와 절교하지 않았다는 사실에 대단히 불쾌해했다.

시비의 발단은 병자호란 때로 거슬러 올라간다. 전란의 와중에 윤선거는 아내와 아들들을 데리고 함께 강화도로 들어갔다. 그곳에서 그는 권순장權順長, 김익겸金益兼과 함께 죽음의 맹세를 했다. 의병을 일으켜 최후까지 싸우다가 자결하기로 한 것이다. 그러나 강화성은 너무도 허무하게 함락되었다. 의병을 일으키기는 고사하고, 화살 한 번 쏴보지 못한 채 속수무책으로 당하고 말았다. 당시 남문을 지키고 있던 권순장과 김익겸은 김상용을 따라 자결했다. 윤선거의 아내 또한 절의를 지켜 스스로 목숨을 끊었다.

그러나 동문을 지키고 있던 윤선거는 아내가 죽고 자식이 길가에 버려진 상황에서 이러지도 저러지도 못했다. 더군다나 병마에 시달리던 아버지 윤황尹煌이 남한산성에 포위되어 있는 상황에서 그는 차마 죽음을 택할 수 없었다. 그는 차라리 아버지와 함께 죽음을 맞이하기로 하고 강화도를 빠져나와 남한산성으로 가려고 했다. 그러나 그는 결국 남한산성에 들어가지 못했다. 그렇게 병자호란이 끝나고 윤선거는 자괴감에 시달렸다. 그때 죽지 않고 구차하게 살아남은 사실이 늘 한탄스러워 출사도 포기했다. 그저 고향에 칩거하면서 모든 것을 잊고자 학문 연구에만 몰두했다.

그 후 함께 이야기를 나누던 중 송시열이 윤휴를 '사문난적'으로 몰아붙이자, 윤선거가 이를 반대하고 나섰다. 그는 윤휴의 학문이 고명함을 극구 칭찬했다. 이렇게 시작된 두 사람의 논쟁은 날이 갈수록 치열해졌다.

송시열은 윤선거에게 전형적인 흑백 논리로 "주자가 옳은가, 윤휴가 옳은가. 또 주자가 그른가, 윤휴가 그른가."라고 물으며 거의 윽박지르다시피 했다. 이에 윤선거는 한참을 골똘히 생각한 끝에 "흑백으로 논하면 윤휴는 흑이고, 음양으로 논하면 윤휴는 음이네."라고 대답했다. 이 말에 송시열은 비로소 안도의 한숨을 내쉬었다. 그러나 윤선거의 입장에서는 이것은 어디까지나 윤휴의 학설에 한정된 평가였지, 윤휴의 인품을 두고 한 말이 아니었다. 다만 송시열과의 관계를 원만히 하기 위해 그렇게 대답한 것이었다.

윤선거의 아들 윤증은 이러한 사연을 잘 알고 있었다. 그러나 부자

간의 인륜 때문에 스승인 송시열에 대한 은의를 저버릴 수 없어 자중하며 제자로서의 도리를 다했다. 그러던 차에 1669년(현종 10) 윤선거가 죽고 윤휴의 제문을 윤증이 사양하지 않고 받은 것 때문에 송시열은 공공연하게 윤선거의 집안을 비방하기 시작했다. 그러한 사정을 미처 헤아리지 못한 윤증은 박세채가 지은 행장과 자신이 만든 연보를 송시열에게 가지고 가서 아버지의 묘비명을 부탁했다.

그러면서 윤증은 아버지가 생전에 송시열에게 보내려고 써두었던 편지 한 통을 묘비 찬술에 도움이 될까 싶어서 함께 보였다. "윤휴와 허목 등은 본시 사류이므로 잘못이 있다 하더라도 너무 내치지 말고 차차 등용해 쓰는 것이 인심을 얻는 일이다."라는 내용의 편지였다. 결국 이 편지는 송시열의 신경을 건드리고야 말았다. 평소의 의심이 사실로 판명된 순간이었다. 송시열의 마음속에서 이제 윤선거는 완전히 윤휴의 당이었다.

당연히 송시열은 윤선거의 비명을 찬술하고 싶지 않았을 것이다. 결국 송시열은 "박세채가 쓴 행장을 따라 쓸 뿐 새로이 짓지는 않는다."라는 내용의 불성실한 비명을 찬술해 보냈다. 윤증은 송시열에게 비문의 개찬을 여러 번 간청했다. 그러나 송시열은 그때마다 마지못해 자구만 수정하는 정도에 그쳤을 뿐이다. 그리고 한 발 더 나아가 송시열은 윤선거가 강화도에서 죽어야 할 의리가 있었는데도 비굴하게 죽지 않았다고 비난하기 시작했다.

윤증도 더 이상 참을 수 없는 지경에 이르렀다. 묘비명 사건 이후에도 사제지간의 예를 다하려고 노력했지만 이제 송시열에 대한 분노는 사제 간의 의리를 갈라놓을 정도가 되었다.

논란의 종지부를 찍은 숙종의 처분

송시열과 윤증의 갈등이 돌이킬 수 없는 길로 들어선 것은 '신유의서 辛酉擬書'가 1682년(숙종 8)경에 세상에 드러나면서였다. 신유의서란 윤증이 당시 사류들의 원성을 사고 있던 송시열의 처신에 대해 비판조의 논설을 쓴 편지다. 이 글에서 윤증은 송시열이 지나치게 윤휴와 남인을 몰아붙여 정치적 실효는 하나도 거두지 못한 채 당쟁만 격화시켰다고 했다. 또 그가 평생을 바쳐 주창한 대의도 실효가 없다고 했고, 심지어는 송시열의 편벽된 기질까지도 논박했다. 편지를 본 박세채는 파문이 일 것을 예상해 보내지 말도록 극구 만류했다. 그러나 박세채의 사위이자 송시열의 손자인 송순석宋淳錫이 몰래 그것을 베껴다가 송시열에게 보였다. 편지의 사본을 본 송시열은 "윤증이 반드시 나를 죽이려 한다."며 크게 화를 냈다.

신유의서로 더욱 격화된 송시열과 윤증 간의 시비는 급기야 조정의 논란거리로 떠올랐으며, 몇 해가 지나도록 상호 공방전은 그칠 줄을 몰랐다. 그리고 임술년 고변사건을 거치면서 송시열을 지지하는 노론과 윤증을 지지하는 소론의 당쟁은 더욱 심화되었다.

그런데 노·소론 분당의 원인 제공자인 윤증은 정작 입조入朝를 거절하고 노론과 소론의 정치적 대립에서는 한 발 물러나 있었다. 경신환국으로 재집권한 서인은 척신들의 간섭과 음모로 내부적인 진통을 겪고 있었다. 그 결과로 옥사가 계속 발생해 정국은 연일 소용돌이치며 해결의 실마리가 보이지 않았다. 그런 와중에 척신 민정중이 송시열, 박세채, 윤증을 동시에 입조시키는 방안을 내놓았다. 이른바 '3인동사

노소 분당의 빌미를 제공한 송시열(좌)과 윤증(우)의 초상화
노론과 소론의 분당은 산림 송시열과 윤증 부자 간의, 이른바 '회니시비'라고 하는 오랜 갈등에서 비롯된 것이었다.

三人同事'로, 민정중이 김석주, 김만기 등 다른 척신을 견제하기 위해 내놓은 묘책이었다. 숙종이 이 건의를 받아들였다. 그런데 송시열과 박세채는 그 뜻을 받아들였지만 윤증은 끝내 입조를 거절했다. 결국 3인 동사도 결렬되고 말았다. 이로써 송시열과 윤증은 사제지간의 관계를 완전히 청산하고 완전히 정적政敵이 되었다.

1714년(숙종 40) 1월, 윤증이 죽었다. 숙종은 단 한 번도 대면한 적이 없는 윤증의 영전에 애도시 한 편을 올렸다. 소론의 정신적 지주라는 위상에 걸맞은 예우였다. 구절구절마다 존경과 그리움이 짙게 배어 있었다. 또한 윤증의 제문은 문인 최석정崔錫鼎이 지었다. 그런데 제문의 글귀 중에 "송시열의 북벌론은 허명을 훔친 것이다."라고 한 부분이 노론의 신경을 거스르고 말았다. 최석정은 잠복기에 있던 회니시비를 다시금 부추긴 셈이었다. 이 사실은 노론 사이에 순식간에 번졌다. 이에 송시열의 수제자 권상하權尙夏를 위시한 각 도의 유생 수백 명이 항의 농성에 들어갔다. 그들은 입을 모아 송시열의 무고를 극력 호소했다. 이에 질세라 소론 측에서도 윤증 부자를 변론하고 나섰다. 회니시비는 송시열, 윤증 사후에도 당대 못지않게 다시금 뜨겁게 가열되었다.

그러나 사태는 예상만큼 크게 번지지 않았다. 숙종이 제문은 개인 문서에 불과하기 때문에 문제 삼을 것이 없다며 무마시켰기 때문이다. 그렇게 한동안 노소 간 설전은 잠잠한 듯싶었다. 그러나 이들의 시비는 이듬해에 예기치 못한 문제로 다시금 불거졌다. 1715년(숙종 41)의 『가례원류』 파문이 이것이었다.

『가례원류』란 주자의 『가례』에 조목을 나누고 여기에 〈예기〉, 〈의례〉 등의 고전과 중국과 조선의 여러 유현들의 예설을 망라, 분류해 놓은 책이었다. 이 책은 당초 윤증의 아버지 윤선거와 유계가 공동으로 편찬하기 시작했다. 그런데 얼마 후 유계가 조정의 부름을 받고 무안군수로 나가게 되었다. 집필할 시간이 절대적으로 부족하게 되자, 유계는 그 초본을 윤증에게 부탁했다. 유계가 죽자, 초본은 그대로 윤증의 집에 보관되었다. 그러던 어느 날, 유계의 손자이자 윤증의 문인인 유상기俞相基가 『가례원류』를 간행하고자 했다. 그는 당시 좌의정 이이명李頤命에게 간행을 청탁해 숙종의 재가를 받았다. 윤증에게는 한마디 상의도 없이 이루어진 일이었다. 유상기는 그 책을 자신의 조부가 혼자 편찬한 것으로 여기고 있었다.

유상기는 곧바로 윤증을 찾아가 원고를 넘겨 달라고 요청했다. 그는 윤선거가 편집에 도움을 준 것은 인정하나 편찬자라고는 볼 수 없다고 했다. 그러나 윤증 측에서는 윤선거와 유계의 공동 집필이라고 주장했다. 그렇게 『가례원류』의 저작권 분쟁을 둘러싸고 상호 간에 치열한 공방전이 전개되었다. 불화가 거듭될수록 오고가는 말들도 더욱 거칠어졌다. 유상기는 윤증이 송시열도 모자라 유계까지 배반한다고 빈정거렸다. 그리고 그런 말을 한 이상 유상기 역시 스승인 윤증을 배반했다는 말을 들을 수밖에 없었다.

결국 『가례원류』의 초본 원고는 윤증이 유상기의 강청에 못 이겨 넘겨주고 말았다. 유상기는 이 책을 권상하의 서문과 정호鄭澔의 발문을 붙여 간행했다. 그런 와중에 윤증은 책의 간행을 보지도 못한 채 세상을 떠나고 말았다. 권상하는 『가례원류』 서문에서 윤증이 스승을 배반했다며 극도로 배척했고, 정호도 발문에서 유계가 적임이 아닌 사람에게 부탁해 일이 이 지경에 이르렀다며 윤증을 헐뜯었다.

유상기는 책을 간행한 뒤에 이를 숙종에게 올렸다. 책을 열람한 숙종은 오히려 정호의 파직을 명하고, 그의 발문을 쓰지 못하게 했다. 사림의 중망을 받았고 또 자신이 평소 존경하던 윤증을 이렇게까지 비방한 것을 탓한 것이다. 숙종의 일격이었다. 노론 측에서는 연일 명의 철회를 간절하게 요청했지만 소용이 없었다. 한편 숙종의 명에 고무된 소론 측에서는 권상하 역시 윤증을 비방했으므로 그 서문 일체를 삭제해야 한다고 주장했다.

해결의 실마리는 좀처럼 보이지 않았다. 이때 분쟁을 예의 주시하고 있던 숙종이 급기야 조정책을 마련했다. 즉 『가례원류』는 사가문자이므로 조정에서 거론할 바가 아니라는 입장을 취하고, 어느 누구의 언급도 일체 금지시킨 것이다. 바로 이때 숙종을 자극하는 상소문 하나가 올라왔다. 정언 조상건趙尙健이 권상하를 변호하는 글에서 윤증의 배사 행위를 적나라하게 묘사했던 것이다. 격노한 숙종은 조상건을 삭탈관작했다. 뿐만 아니라 유상기 역시 40여 년간의 은혜를 잊고 스승인 윤증을 배반했다며 나주로 유배시켰다. 순식간에 이루어진 숙종의 결정은 외형상으로는 소론의 손을 들어준 것처럼 보였다.

그러나 숙종은 1716년(숙종42) 2월, 판중추부사 이여李畬가 송시열을 옹호하고 윤증을 비방하는 상소를 올리자, 이번에는 "경이 우국의 심정으로 개진한 바는 의리가 명백하니, 이를 어찌 유념하지 않겠는가."라며 동조했다. 숙종의 이 한마디는 의기소침해 있던 노론을 고무시키기에 충분했다. 송시열과 윤증 중에 누구의 행위가 옳은가 하는 시비 문제는 조정을 또다시 혼란의 도가니로 몰아넣었다. 사태가 악화되자, 숙종은 새로운 처분을 강구하지 않을 수 없었다. 일단 숙종은 전과 같이 소론 측의 입장을 지지해 권상하와 정호, 민진원, 조태채, 김창집 등을 파직 혹은 삭탈관작하고 문외출송했다.

그러나 숙종의 속셈은 따로 있었다. 그는 이미 이여의 상소를 접하면서 나름대로의 복안을 가지고 있었다. 숙종은 회니시비의 빌미가 된 윤선거 묘갈명과 '신유의서'를 가져오라 했다. 이를 읽어 본 숙종은 "신유의서에는 윤증이 송시열을 비난한 글이 많지만, 묘갈명에는 송시열이 윤선거를 욕한 내용이 없다."고 판결을 내렸다.

이는 소론에 대한 지지를 전면 부정하는 것이었다. 이를 '병신처분丙申處分'이라 한다. 윤증이 죽자 절절한 애도시를 썼던 숙종의 갑작스러운 태도의 변화에 소론은 몹시 당황했다. 결국 병신처분은 송시열과 윤증의 시비를 밝히는 데 그치지 않고, 소론의 정치적인 위상과 직결되어 대대적인 인사 교체가 뒤따랐다.『가례원류』문제로 처벌되었던 노론의 정호, 권상하, 민진원이 다시 등용되고, 소론이 대거 축출되었다.

얼마 뒤에는 좌의정 김창집의 청으로 윤선거 문집 판본을 헐어 없애게 했다. 또한 윤선거 부자에게 선정이란 칭호를 사용하지 못하게 함은 물론, 유현儒賢으로도 부르지 못하게 하고 관작마저 추탈했다. 윤증 부자에 대한 이러한 일련의 조처들은 소론의 입지와 명분에 치명적인 타격을 주었다.

이렇듯 오랜 기간을 끈 회니시비는 숙종의 예기치 못한 결단으로 노론에게 승리를 안겨주었다. 그동안 양측에서 오고갔던 논란을 생각한다면, 너무도 싱거운 결과였다. 병신년 숙종의 처분은 일진일퇴를 거듭하던 노론과 소론의 세력 균형에 종지부를 찍고, 노론 전제정치를 개막하는 하나의 신호탄이 되었다.

14
숙종의
환국정치

임술년의 고변과 윤증의 신유의서 파문 이후로 더 이상 서인은 존재하지 않았다. 정가에는 오직 송시열 당과 윤증의 당, 즉 노론과 소론만이 존재할 뿐이었다. 그런 양상은 김석주의 죽음으로 훈척 세력이 위축되면서 더욱 뚜렷해졌다. 이렇듯 노론과 소론의 공방전 속에 정국이 혼란하자, 이를 가장 불쾌하게 여긴 사람은 바로 숙종이었다. 숙종은 중앙집권적이고 일원화된 정국 운영을 바랐다. 같은 당을 두둔하고 반대당을 공격하는 풍토는 이미 고질병이 되어 있었지만 일찍이 이때만큼 심한 적은 없었다. 숙종은 노소론의 대립을 "밤낮으로 경영하는 바가 오직 남을 모해하고 나라를 병들게 하면서 이름을 팔고 세력에 추종할 뿐"이라며 한심한 심정으로 바라보고 있었다.

그러나 이러한 상황은 장희빈의 존재가 부각되고 실세한 남인이 왕실과 연을 맺게 되면서부터 서서히 변화의 조짐을 보이기 시작했다.

숙종은 나이가 30이 가까웠으나 아직 후사가 없었다. 첫 번째 부인인 인경왕후仁敬王后가 왕자를 낳지 못한 채 죽은 후 숙종은 계비로 민유중의 딸(인현왕후)을 맞아들였다. 그러나 인현왕후仁顯王后에게서도 5년이 넘도록 후사를 볼 수가 없었다. 영의정 김수항의 조카인 김창국金昌國의 딸을 후궁으로 발탁해 보기도 했다. 그러나 이미 궁녀 출신 장씨에게 마음을 뺏겨 버린 숙종은 김창국의 딸을 가까이 하지 않았다.

장씨는 나인으로 뽑혀 궁중에 처음 발을 들여놓았다. 그녀가 남다른 자태로 숙종의 시선을 끌기 시작한 것은 1780년(숙종 6) 인경왕후가 죽은 다음부터였다. 그러나 숙종과 장씨의 관계를 눈치챈 대비 명성왕후는 장씨의 유혹이 장차 국가의 화를 불러일으킬 것이라고 염려가 되어 장씨를 궁중에서 쫓아냈다. 그런데 명성왕후가 죽은 뒤 장씨는 중전 민씨의 주선으로 다시 궁중에 들어와 숙종과 재회했다. 헤어져 있던 날들을 보상이라도 하듯 장씨에 대한 숙종의 총애는 날로 더해 갔다. 그런 만큼 장씨의 교만 또한 커져 갔다.

이 무렵 부교리 이징명李徵明이 장씨를 내쫓아야 한다는 내용의 상소를 올렸다. 이징명의 상소는 단순히 숙종이 장씨를 총애하는 문제만을 걱정해서 나온 것이 아니었다. 그보다는 장씨를 통한 남인의 등장을 우려한 것이다. 장씨는 경신환국 때 피해를 입은 남인들의 지지를 얻고 있었다. 남인들이 조정에 등용되면 당시 피해를 입은 자들이 가해자들에게 보복을 가할 우려가 있었다. 이징명은 이러한 후환을 미연에 방지하기 위한 최선의 방책은 장씨를 추방하는 길뿐이라고 여긴 것이다. 그러나 숙종은 이징명을 파직했다. 그리고 보란 듯이 장씨를 내명부 종4품인 숙원淑媛에 봉했다.

1688년(숙종 14) 10월 27일, 장씨가 왕자 균昀(훗날 경종)을 낳았다. 숙종이 왕위에 오른 지 15년 만에 보는 첫 아들이었다. 숙종은 왕자가 출생한 지 채 석 달도 안 되어 왕자의 명호에 관해 구언했다. 비록 후궁의 소생이라 해도 일단 명호를 정하면 원자가 된다. 따라서 그 후에는 설사 왕비가 왕자를 낳더라도 그와 상관없이 명호를 정했던 후궁 소생 왕자가 세자로까지 책봉된다. 이렇듯 대계를 결정하는 중요한 사안이므로 신중할 필요가 있었다. 그러나 숙종은 특유의 성급함을 내보이며 "국본을 정하기 위해 새로 태어난 왕자를 원자로서 명호를 정하려고 하는데, 만약 선뜻 결단하지 않고 머뭇거리며 관망만 하고 감히 이의를 제기하는 자가 있다면 벼슬을 바치고 물러가라."며 과격한 말로 신하들을 재촉했다. 이에 김수항을 비롯한 대신들이 한 목소리로 "중궁中宮이 춘추가 지금 한창이시고 다른 날의 일을 알 수 없으니, 몇 년을 기다렸다가 다시 의논하시라."고 주청했다. 그러나 숙종은 "세자가 정해지지 않으면 민심이 안정되지 못한다."는 이유로 대신들의 논의를 일축했다.

논의가 나온 지 하루 만에 숙종의 자의로 대계가 정해졌다. 그리고 가장 강력하게 반대한 남용익南龍翼은 중죄로 다스려졌다. 모든 일은 5일 후 원자의 정호를 종묘사직에 고하는 것으로 일단락되었다. 숙종이 서인들의 빗발치는 반대를 무릅쓰고 장씨 소생의 왕자를 원자로 정한다는 것은 왕권을 과시하는 사건인 동시에 서인의 정치 생명에 적신호가 왔음을 의미했다.

명호 문제가 일단락되고 남인의 집권을 위한 일련의 움직임이 있을 무렵, 송시열이 상소를 올려 명호를 정한 것이 너무 성급한 조처였다고 주장했다. 송시열의 상소를 본 숙종은 노론과 소론이 조정에 포진해 있는 한, 왕권 강화를 달성하기란 역부족이라고 판단했다. 이렇게 정국 변동을 도모하고 있던 숙종에게 송시열의 상소는 좋은 빌미가 되었다. 숙종은 송시열을 삭탈관작하고 성문 밖으로 내쳤다. 이것을 신호탄으로 서인의 정권은 남인의 정권으로 다시 바뀌게 되었다. 이를 기사환국이라고 한다.

기사환국은 물론 남인이 단행한 것이 아니었다. 그러나 서인에 대한 증오는 숙종과 남인이 별반 다를 것이 없었다. 송시열의 상소문을 기화로 거의 1년에 걸쳐 전·현직 관료와 재야 유림을 막론하고 100여 명 이상의 서인이 처벌되었다. 김수항, 김수흥을 비롯해 경신환국과 임술년 고변 등을 통해 남인을 제거하고자 했던 자들이 일제히 처벌되었다. 그리고 그들이 물러난 자리는 남인의 차지가 되었다. 권대운, 목내선睦來善, 김덕원金德遠이 정승의 자리에 올랐고, 민암閔黯, 심재沈梓, 민종도閔宗道, 목창명睦昌明, 목임일睦林一, 유명현柳命賢 등이 요직에 올랐다. 윤휴를 비롯해 경신환국에서 화를 당한 많은 사람들이 신원되었다.

또한 서인에 대한 가장 가혹한 응징 조처로서 이이와 성혼의 문묘 출향이 단행되었다. 문묘 배향 이후 7년 만의 일이었다. 이로써 서인의 정통성이자 존립의 의미 자체가 부정되고 말았다. 서인에 대한 조처는 여기서 멈추지 않았다.

기사환국이 시작되고 4개월 만에 인형왕후 민씨가 폐출되었다. 숙종의 장씨에 대한 총애는 민비에 대한 감정 악화로 이어졌다. 더욱이 민비의 아버지 민유중과 그의 형 민정중이 서인의 거물이라는 사실은 민비에 대한 분노를 더욱 가중시켰다. 숙종은 대사헌 목창명 등이 송시열을 처벌하라고 요청한 자리에서 민씨의 폐출 문제를 제기했다. 그 이유는 단 한 가지였다. 바로 '투기죄'였다. 숙종은 4월 23일 민비의 생일을 기해 폐출을 명했다. 남인, 서인 모두가 반기를 들고 나왔으나 왕은 막무가내였다. 숙종은 신료들이 더 이상 반대를 못하도록 폐비 반대 상소를 올린 오두인, 박태보를 국문 끝에 죽이기까지 했다. 폐비 문제를 간하는 상소는 이후에도 끊이지 않았지만, 어느 누구도 숙종의 독선을 막을 수는 없었다.

한편 서인의 거두 송시열은 제주도에 위리안치되었다. 그러나 이에 만족할 수 없었던 남인들은 대간과 3사를 통해 연일 계속해서 송시열을 극형에 처하라고 요청했다. 마침내 숙종은 송시열의 사사를 명했다. 송시열은 명을 받고 제주도를 떠나 정읍에 이르러 도사都事가 가져온 사약을 받고 죽었다.

기사환국이 일어난 지 5년 후인 1694년(숙종 20) 3월, 노론 명문가의 자제들이 폐비의 복위를 도모한 혐의로 체포되었다. 광성부원군 김만기의 적장손 김춘택金春澤, 승지 한구韓構의 아들 한중혁韓重爀, 그리고 유명일俞命一의 아들 유복기柳復起 등은 비밀자금을 모으고 궁중의 환관, 궁녀들과 내통해 폐비의 복위를 꾀하려 했다. 이 사건은 그들의 일당이었던 함이완咸以完의 고변으로 전모가 드러나게 되었다.

우의정 민암이 이 사건의 심리를 담당했다. 그는 옥사를 될 수 있는 한 크게 확대해 노론을 일망타진할 심산이었다. 사실 노론들은 기사환국으로 실세한 이후부터 인현왕후의 복위를 위해 갖가지 방법으로 여론을 환기시키고 있었다. 유언비어의 유포나 '미나리와 장다리' 같은 동요의 전파, 심지어는 『사씨남정기』 같은 소설을 보급시키는 등 숙종

의 마음을 돌리기 위해 부심하고 있
었던 것이다.

갑술환국의 단행

30대 중반에 접어든 숙종은 이미 기
사환국 이전의 어린 왕이 아니었다.
그는 비견할 데 없는 강력한 왕권과
노련한 정치적 수완으로, 남인이든
서인이든 언제든지 한쪽을 취사 선택
할 수 있는 입장에 서 있었다. 조급하
면서도 희로喜怒가 정도에 지나친 왕
이었기에 남인들은 비록 지금은 집
권당 행세를 하고 있지만 언제 또다
시 축출될지 모른다는 생각에 늘 노
심초사했다. 올곧은 말을 하기보다

『사씨남정기』

후처로 들인 교씨의 꾐에 빠져 본처인 사씨를 내쫓은 유
연수란 사내가 뒤늦게 잘못을 깨달아 사씨와 재회하고
교씨를 벌한다는 내용의 소설로, 서포 김만중이 인현왕후
민씨를 내치고 후궁 장씨를 총애하는 숙종의 잘못을 풍
자하기 위해 지었다 한다.

는 오히려 침묵을 지키는 것이 정치 생명을 연장시키는 데 유리할 정
도였다.

이 무렵 무수리 출신의 후궁 최씨가 왕의 총애를 받기 시작했다. 훗
날 영조의 생모가 될 최씨는 인현왕후의 추종자로서 숙종의 유모와 친
밀했는데, 그 유모가 바로 김만기 집안의 사람이었다. 당시 김만기의
손자 김춘택과 그 일당들은 막대한 은을 모아 환관, 궁녀들에게 뇌물
을 주고 궁중과 통하는 길을 열었다. 또한 최씨를 통해 왕을 움직여 보

려고도 했다. 희빈 장씨의 오빠인 장희재의 아내를 이용해 남인의 동태를 염탐하기도 했다. 또 기사환국 때 죽은 김도연金道淵(김석주의 아들)의 장모인 숙정공주, 희빈 장씨를 미워해 한때 궁중에서 내쫓긴 명성왕후의 딸 명안공주의 일가와도 긴밀한 관계를 유지했다.

이러한 모의가 같은 일당이던 함이완의 고변으로 모두 물거품이 되었다. 우의정 민암은 목숨만은 보장해 준다는 조건으로 함이완에게 고변토록 했다. 옥사는 크게 확대되어 많은 서인들이 연루되었다. 국문을 통해 남인 정권을 몰락시키고 서인의 재집권을 꾀해 폐비 민씨를 복위시키려는 환국의 음모가 밝혀졌다. 그리고 그 중심에는 노론 측의 김춘택金春澤과 소론 측의 한중혁韓重爀이 있었다.

그런데 3월 29일, 서인 김인金寅의 역 고변이 있었다. 이때 영조의 생모가 되는 숙원 최씨에 대한 독살설이 불거지면서, 숙종은 심경의 변화를 일으키기 시작했다. 숙종의 총애를 받던 숙원 최씨는 왕비 장씨에게 목숨을 부지하기 힘들 만큼 온갖 고초를 겪고 있었다. 장씨 자신도 후궁으로 있다가 세자를 낳아 왕비로 승격된 경우였다. 장씨와 집권 남인들이 최씨에 대한 숙종의 총애와 그녀의 임신에 늘 촉각을 곤두세우고 있음은 당연했다. 만약 최씨가 왕자를 낳기라도 한다면, 장씨와 그 편당들에게는 큰 타격이 될 수밖에 없었다.

독살 계획이 사실이었든 아니든 숙종은 최씨를 총애한 만큼 김인의 고변 내용에 경악하지 않을 수 없었다. 더욱이 숙종은 지난 몇 년 동안 차츰 왕비 장씨와 그 편당들, 그리고 서인을 필요 이상으로 제거하고자 했던 남인들에게 염증을 느끼고 있었다. 또 민비를 폐위시킨 일도 내심 후회하고 있었다. 폐비 민씨가 있는 안국동 쪽을 바라보며 한숨

짓는 날들이 점점 많아졌다. 숙종의 심경은 이 고변 사건을 계기로 완전히 돌아서고야 말았다.

4월 1일 밤, 숙종은 갑자기 비망기를 내려 우의정 민암을 "군부를 우롱하고 진신(벼슬아치)을 어육魚肉으로 만들었다."며 질책했다. 이어 국문을 집행하고 있던 남인을 축출하고 기사환국으로 몰락했던 서인을 다시 등용하는 갑술환국을 단행했다. 이렇듯 갑술환국은 숙종의 계획으로 준비되었다기보다는 숙원 최씨를 배후에서 조종한 김춘택의 모의의 결실이었으며, 숙종이 최씨 독살 음모를 듣고 내린 결단이었다.

환국을 단행한 그날로 영의정 권대운, 좌의정 목내선, 우의정 민암 등 남인 신료들이 물러나고, 영의정에 남구만, 훈련대장에 신여철, 병조판서에 서문중徐文重, 이조판서에 유상운柳尙運 등 서인들이 대거 기용되었다. 모두 하룻밤 사이에 내린 결정이었다.

이후 며칠 동안 서인의 등용이 계속되었다. 이미 고인이 된 김수흥, 김수항 등도 관직이 회복되었다. 서인의 정신적 지주 송시열 또한 복관되었다. 기사환국으로 위판이 땅에 묻히게 된 이이와 성혼도 다시 문묘에 배향되었다. 이 모든 일이 숙종의 지휘로 일사천리로 진행되었다. 이와 함께 숙종은 폐비 민씨의 일을 거론하는 자는 역률로 다스리겠다고 못을 박았다. 집권 서인이 그것을 빌미로 전권을 휘두르지 못하도록 하기 위해서였다.

남인들은 기사환국 때보다 훨씬 많은 수가 처벌되었다. 이제 남인들은 정치적으로 완전히 몰락해, 두 번 다시 정국의 주도권을 잡지 못하게 되었다. 뿐만 아니라 관계로 진출하는 길마저도 거의 봉쇄당했다.

한편 숙종은 폐비 문제를 거론하면 역률로 논하겠다는 명령을 며칠

후 철회했다. 민씨의 복위를 위한 포석이었다. 희빈 장씨가 남인들의 정치적 흥망과 운명을 같이했듯이, 서인이 다시 정권을 잡은 이상 민씨의 복위는 당연한 귀결이었다.

기사환국과 갑술환국은 서남 간 정권 교체를 가져온 대표적인 정변이었다. 그런데 이 두 사건에는 한 가지 공통점이 있었다. 바로 왕비의 교체였다. 또한 이들 사건에는 숙종의 차기 승계자인 경종의 운명도 늘 함께했다. 갑술환국으로 세자의 절대적 후원 세력이던 남인과 희빈 장씨가 몰락했다. 이들의 몰락으로 세자의 지위마저 불안해졌다. 이때 남구만을 비롯한 일군의 소론 세력은 장씨 남매와 세자의 보호를 자임하고 나섰다. 이제 정국은 장씨 남매의 처벌과 세자 보호를 둘러싸고 노론과 소론이 정면 대결하는 구도로 바뀌었다.

그러나 이미 숙종의 마음은 희빈 장씨에게서 완전히 떠나 있었고, 희빈 장씨의 숙종과 인현왕후에 대한 원한도 깊어갔다. 그러던 중 1701년(숙종 27) 8월, 17개월 동안 원인 모를 병마에 시달리던 인현왕후가 죽었다.

인현왕후의 죽음으로 중전의 자리가 비게 되자, 남인들은 다시 술렁이기 시작했다. 그들은 비어 있는 중전 자리에 장씨를 복위시켜 실세를 만회하려고 했다. 그런데 인현왕후의 장례 절차가 거행되는 와중에 숙빈 최씨가 인현왕후의 죽음이 희빈 장씨의 저주 때문이라고 숙종에게 고했다. 격분한 숙종은 장희재를 처형하고 희빈 장씨를 자진하게 하라는 비망기를 내렸다. 대신들은 세자를 위해서라도 최소한 희빈의 사사만은 막으려고 했다. 그러나 숙종은 장씨에 대한 지금의 처분은 오직 세자를 위한 것이라며 일축했다.

숙종의 태도는 단호했다. 희빈의 죄상 규명을 위해 연일 몸소 국문을 주관한 끝에 희빈 장씨의 자진과 장희재의 처형이 이루어졌다. 또한 그 직후 남구만과 유상운은 탄핵을 받아 파직되었다. 노론으로부터 후궁의 당이라는 비난을 받았기 때문이다. 노론은 탄핵의 고삐를 늦추지 않았다. 그러나 숙종은 노론의 소론 탄핵을 남구만南九萬과 유상운兪相運의 처벌에만 그치게 했다.

숙종은 세 차례의 환국을 거치면서 노련한 정치력을 선보였다. 그는 당쟁을 부추기기도 하고 조절하기도 하면서, 1716년(숙종 42) 병신처분으로 노론 전제 정치의 서막이 열리기 전까지 약 15년 이상 정국을 안정적으로 운영했다.

15
정유독대와
신임옥사

숙종은 갑술환국 이후 20년이 넘게 노론과 소론의 대립을 예의주시했다. 그는 양자의 대립을 용의주도하게 이용하면서 어느 한편의 일방적인 독주를 용납하지 않았다. 그러다 갑자기 태도를 바꾸어 노론과 소론의 명암을 분명하게 했다.

숙종은 말년으로 접어들수록 세자에 대한 불신이 커져 갔다. 갑술환국 당시만 해도 왕세자의 보호에 온 힘을 기울였다. 그런데 장희빈이 사사된 이후 숙종은 서서히 왕세자를 멀리했다. 세자가 조금이라도 숙종의 뜻에 거스르면 번번이 "장희빈의 소생이라서 별수가 없구나."라며 큰소리로 꾸짖기까지 했다. 장희빈에 대한 증오심이 커지면 커질수록 왕세자에 대한 미움 또한 더해 갔다.

하지만 세자에 대한 숙종의 태도가 바뀐 이유는 비단 장희빈에게 있는 것만은 아니었다. 숙종은 갑술환국이 일어나던 해에 숙빈 최씨에게서 연잉군을 보았다. 또 그 5년 후에는 명빈 박씨와의 사이에서 연령군을 낳았다. 연잉군과 연령군이 성장함에 따라 숙종의 사랑이 세자에게서 이들에게로 옮겨갔던 것이다. 특히 연령군에 대한 숙종의 마음은 돈독하기 그지없었다.

숙종이 세자를 홀대하기 시작하자, 세자의 궁중 생활은 불안해졌다. 세자는 매사에 의욕을 잃고 자신의 의견을 표하지도 못하고 늘 눈치만 봤다. 그런 모습이 숙종은 더욱 못마땅했다. 그리하여 숙종은 세자의 교체마저 생각하게 되었다. 그러나 세자의 보호를 당론으로 내세운 소론이 조정에 포진하고 있는 한, 그것은 불가능한 일이었다. 세자의 교체를 도모하려면 우선 소론부터 제거해야 했다. 소론을 제거하려면 명분이 필요했고, 숙종은 그 명분을 『가례원류』 분쟁에서 찾았다.

1717년(숙종 43) 7월 19일에 숙종은 좌의정 이이명李頤命에게 입시를 명했다. 이이명은 승지 남도규南道揆 등과 함께 합문 밖으로 나아갔다. 그런데 얼마 후 숙종은 이이명 혼자만 입시入侍하라고 다시 명했다. 이에 남도규 등은 승지와 사관이 함께 입시해야 한다고 간청했다. 그러나 그들의 입시 허락은 한참 만에야 겨우 떨어졌다. 승지 등이 들어가보니 이이명은 이미 물러나와 자기 자리에 부복하고 있었다. 이날 군신 간의 이야기는 당사자 외에는 아무도 알 수 없었다. 이를 두고 정유독대丁酉獨對라고 한다.

그리고 나서 숙종은 이이명 등 7인의 노론 대신들을 불러 세자의 대리청정 의사를 밝혔다. 평소 세자에게 반감을 품었던 노론 신하들이었던 만큼 당연히 대리청정에 반대하는 것이 자연스러운 모습이었다. 그런데 그들은 어찌된 일인지 한목소리로 왕의 건강을 위해 왕세자가 대리청정하게 해야 한다고 비위를 맞추었다. 또 왕세자가 이미 성장했고 총명하므로 아무 염려가 없다며, 한술 더 떠 정성껏 보좌하겠다고 다짐까지 했다. 세자의 대리청정 하교는 그 즉시 내려졌다. 소론들은 즉각 반발했다. 숙종과 노론이 세자에게 대리청정을 시킨 후 실수를 하게 해, 이를 빌미로 해를 끼치려는 것은 아닐까 의심했기 때문이다. 왕과 노론 재상의 독대 이후 결정된 사안이라 더욱 의심스러웠다. 이런 가운데 8월 1일부터 세자는 대리청정을 시작했다.

훗날 밝혀진 정유독대의 논의 내용을 보면, 숙종은 연잉, 연령 두 왕자를 이이명에게 부탁하고 세자를 바꾸는 일에 대비하게 했다. 결국 대리청정은 폐세자를 위한 하나의 덫에 불과했다. 당시 노론은 연령군이 21세의 나이로 요절하자 연잉군의 대권 승계를 원했다. 그러나 세자 교체는 명분에 관계되는 일이었기에 도모하기가 무척 난감한 일이었다. 또 끊임없이 소론의 견제를 받고 있는 상황이라 더욱 힘이 들었다. 그들은 명분에 어긋나지 않으면서도 연잉군에게 승계시킬 수 있는 묘책을 강구했다. 대리청정이 바로 그것이었다. 대리청정에서 세자의 문제점이 드러날 경우 그를 퇴진시킬 명분이 생기기 때문이었다.

그런데 그들의 바람과 달리, 대리청정을 맡은 세자는 별로 흠잡을 데가 없었다. 소신껏 자신의 의지를 펼 수도 없었지만, 의도적으로라도 노론에게 비난의 구실을 주지 않기 위해 지나칠 정도로 신중을 기했던 것이다. 그래서 노론이 세자 교체의 구실을 잡아내기가 어려웠다. 뿐만 아니라 소론 역시 숙종과 노론 측의 움직임에 늘 촉각을 세우고 있던 터였다. 결국 세자는 숙종이 죽을 때까지 무사할 수 있었다.

노론의 세제 책봉

정유독대 후 숙종의 죽음에 이르는 3년 동안 경종은 세자의 신분으로 숙종을 대신해 정국을 운영해 나갔다. 이 시기에도 노·소 간 대립은 변함없이 지속되었다. 그러나 이이명의 독대 이후 숙종이 노론을 두둔해 정국은 노론 편향적으로 전개되었다. 자신과는 다른 입장에 서 있던 노론이 정국을 주도하게 되자, 경종은 숨 한번 제대로 쉬지 못하고 노론의 눈치를 살펴야 했다. 그 와중에 숙종이 죽고, 세자는 무사히 왕위에 올랐다. 그러나 경종 즉위 후에도 여전히 정권은 노론이 독식하다시피 했다. 노론의 위세에 눌린 경종은 어떠한 결정도 자신의 의지대로 내릴 수 없었다.

노론은 경종이 즉위한 지 겨우 1년 만에 세제 책봉 문제를 거론하고 나섰다. 1721년(경종 1) 8월, 사간원 정언 이정소李廷熽가 상소를 올려 연잉군(영조)을 세제로 책봉하자고 건의한 것이다. 경종에게 후사가 없다는 것이 그 이유였다. 사실 말로는 대계를 정하는 중대 사안이라고 하나, 즉위한 지 얼마 되지도 않은 경종에게 세제 책봉을 청한 것은 분명 무리한 일이었다. 힘을 다해 보좌하면서 원자의 출생을 기다리는 것이 상식적으로 마땅했다.

그날 밤, 경종은 영의정 김창집, 좌의정 이건명李健命, 판중추부사 조태채趙泰采, 호조판서 민진원閔鎮遠 등 13인의 대신들을 불러들였다. 그러나 그 자리에 모인 신하들은 공교롭게도 모두 노론이었다. 결과는 불을 보듯 뻔했다. 그들은 단도직입적으로 국본을 정하자고 강청했다. 이건명은 "대비께서 국사가 걱정이 되어 억지로 미음을 든다."며 협박 아닌 협박까지 했다. 그렇게 강청하기를 수십 차례, 묵묵히 듣고 있던 경종은 마침내 세제 책봉을 허락했다. 그리고 날이 밝기 전에 대비의 수필까지 받았다.

당시 17세의 경종비 어씨(선의왕후)는 경종과의 사이에서 아들을 둘 희망이 없다고 판단했다. 그래서 종친 중에서 어린아이를 입양해 후사로 정할 의사를 가지고 있었다. 어차피 아들 낳을 가망이 없을 바에는 배다른 시동생에게 왕위를 잇게 하는 것보다 그것이 훨씬 마음 편한 일이었기 때문이다. 실제로 경종비를 중심으로 궁중 일각에서는 소현세자의 후손인 밀풍군密豊君의 아들 관석觀錫(경종의 9촌 조카)을 입양하려는 움직임이 있었다. 노론이 건저 문제建儲問題를 서두른 것은 그 때문이기도 했다.

어쨌든 세제 책봉은 노론에 의해 하룻밤 사이에 감행되고 말았다. 소론은 김창집을 위시한 노론의 횡포에 경악했다. 세제 책봉을 한밤중에 서둘러 처리한 것은 소론의 공박을 받기에 충분했다. 유봉휘柳鳳輝는 결정은 이미 내려졌지만 군부를 우롱하고 협박한 죄는 밝히지 않을 수 없다고 상소했다. 그러나 유봉휘는 도리어 노론의 탄핵을 받아 유배당했다. 심지어 그를 구하고자 한 우의정 조태구趙泰耉까지도 탄핵을 받게 되었다. 여전히 소론은 노론보다 열세였다.

세제 책봉 문제를 해결하고 나자, 노론은 더욱 욕심을 부렸다. 노론은 세제 책봉 2개월 만인 1721년(경종1) 10월 조성복趙聖復의 상소를 기폭제로 삼아 세제의 대리청정을 추진하기 시작했다. 말이 대리청정이지 사실상 경종을 정치 일선에서 후퇴시키려는 기도였다.

원래 세자나 세제의 대리청정은 왕이 노쇠하거나 큰 병이 있을 때

부득이하게 시행하는 것이 관례였다. 그렇지 않아도 건저 문제의 시기와 방법을 둘러싸고 소론의 비난이 계속되고 있는 가운데 신하가 먼저 대리청정을 강청한다는 것은 무리한 일이었다. 소론은 물론이고 권상유權尙游 등 일부 노론들마저 조성복의 처벌을 주장하는 상황이었다. 그런데 경종은 기다렸다는 듯이 당일로 세제의 대리청정을 허락했다.

소식을 들은 소론 최석항崔錫恒 등은 피눈물을 흘리며 환수할 것을 요청했다. 이들의 간곡한 청 덕분인지 경종은 다시 대리청정 명을 환수했다. 기회를 놓칠세라 소론은 조성복의 치죄와 노론에 대한 탄핵을 감행하려 했다. 노론들도 자신들에게 불리하다 싶었던지 조성복의 치죄 주장에 동조했다. 그런데 경종은 3일 만에 환수했던 대리청정 명을 다시 시행토록 했다. 이번에는 노·소론 모두가 이를 환수하도록 극력 간했다. 세제 역시 다섯 번에 걸쳐 사양하는 상소를 올렸다.

그러나 경종의 뜻은 흔들리지 않았다. 이에 김창집金昌集, 이이명, 이건명, 조태채 등 노론 4대신은 입장을 번복해 왕의 대리청정 명을 곧 시행하겠다고 말했다. 세제의 대리청정은 이로써 기정사실화되는 듯했다. 그런데 사태가 심각해지자, 소론 우의정 조태구趙泰耉가 입궐을 청했다. 당시 그는 탄핵받고 있는 중이어서 승정원에서는 입궐을 허락하지 않았다. 그러나 경종은 특별히 조태구의 입궐을 허락했다. 조태구의 입대入對에 노론들은 긴장해 그 뒤를 따라 입궐했다. 조태구는 대리청정 명을 환수하도록 극간했다. 그런데 이때 노론 대신들은 또 말을 바꾸어 청정을 환수하라는 소론의 의견에 동조했다. 결국 대리청정은 경종의 허락 아래 무산되었다.

불과 10여 일 사이에 대리청정 명이 수차례 번복되었다. 분명 비정상적이고 무리한 일이었다. 경종이나 세제를 위한다는 것은 허울 좋은 명분에 불과했다. 그런 명분을 내세워 노론이 꾀한 것은 세력 기반의 확장이었다. 그러기에 당시 국왕을 지지하던 소론 측보다 차후 확고한 기반을 마련하기 위해서 노론 측이 무리수를 두게 된 것이다. 그러나 대리청정 철회 후에도 노론은 여전히 요직을 차지하고 있었고, 소론은 강경한 목소리를 내지 못했다.

소론의 신축환국

소론의 위기의식이 팽배한 가운데 두 달 후인 12월 6일, 소론의 급진파인 김일경金一鏡 등 7인이 연명으로 상소를 올렸다. 상소에서 김일경은 대리청정을 제기한 조성복과 이를 강행하고자 했던 노론 4대신을 역모로서 공격했다. 경종에 대한 불경·불충죄를 최대한 부각시켜 세력의 반전을 기도한 것이다. 김일경 등의 상소 이후 소론의 정치 보복이 시작되었다. 조성복과 노론 4대신이 위리안치되는 등 50~60명의 노론이 처벌을 받은 것이다. 또 김일경이 이조참판에 제수되고, 같이 상소한 박필몽朴弼夢 등이 모두 3사에 임명되는 등 소론이 일시에 조정의 모든 요직을 장악했다. 이 일을 신축옥사辛丑獄事 혹은 신축환국이라 한다.

신축환국으로 김일경 등 소론이 정권을 장악하게 되자, 그들은 노론을 일망타진하기 위해 또 하나의 고변을 계획했다. 김일경이 남인 서얼 출신인 목호룡睦虎龍을 사주한 고변이 그것이었다. 1722년(경종 2) 3월 27일, 목호룡은 김창집의 손자 김성행金省行, 이이명의 아들 이기지

李器之와 조카 이희지李喜之, 김춘택의 재종제 김용택金龍澤 등 노론 명문 자제들이 환관, 궁녀들과 결탁해 이른바 3급수三急手로 왕을 죽이려 했다고 고변했다. 3급수란 첫째가 대급수大急手로 자객을 궁중에 침투시켜 왕을 시해하는 방법이다. 둘째는 소급수小急手로 궁녀와 내통해 음식에 독약을 타서 독살하는 방법이다. 그리고 셋째 평지수平地手는 숙종의 전교를 위조해 경종을 폐출시키려는 것이었다.

연루자들 대부분이 노론 고위 관료의 자제들이었다. 그런 만큼 이들의 역모 관련 사실만 밝힌다면 소론은 손쉽게 노론을 제거할 수 있었다. 그러나 경종을 살해 혹은 폐출한다는 이른바 3급수는 애매한 부분이 많았다. 연루자들 모두가 심한 고문에도 승복하지 않고 죽었다. 엄청난 사건임에도 심문은 관련자 몇 명에 그쳤다. 사건의 실상을 규명하려는 노력조차도 보이지 않았다. 한마디로 목호룡의 고변은 관련자의 치죄보다는 사건을 확대시켜 세제 책봉과 대리청정 논란 당시 노론의 죄상을 부각시키려는 데 더 중점을 둔 것이었다.

노론 4대신의 자제들이 역모에 관련되어 있다 보니 대신들 역시 무사할 수 없었다. 결국 4대신 모두가 죽임을 당했다. 그 밖에도 많은 노론계 인사들이 살육되거나 가혹한 형벌을 받았다. 노론이 정권을 잡은 후 최대의 참변이었다. 경종의 통치력이 미약한 상태에서 옥사는 소론의 의도대로 처리될 수밖에 없었고, 노론에 대한 보복은 그만큼 참혹했다. 이것이 임인옥사이다. 또한 앞선 신축옥사와 임인옥사를 묶어 신임옥사辛壬獄事라고도 한다.

8개월 간이나 지속된 옥사에서 세제의 이름이 수없이 거론되었다. 그러나 그는 왕위 계승자라는 특수한 신분과 경종의 특별한 배려 덕에 무사할 수 있었다. 그 후 영조는 무리 없이 경종의 왕위를 계승했다. 그럼에도 불구하고 아우로서 왕위를 계승했다는 종통상의 문제점은 끊임없이 영조를 괴롭혔다.

한편 경종은 어머니 희빈이 죽은 뒤부터 점점 내성적으로 변해 갔다. 처절하고도 냉혹한 정치 현실 속에서 그는 어머니를 잃은 슬픔조차 드러낼 수 없었다. 유일한 보호자인 숙종마저도 그에게서 등을 돌려 버렸다. 누적된 근심과 두려움은 급기야 화병이라는 형태로 표출되기 시작했고, 상태는 즉위 이후에 더욱 악화되었다. 결국 경연도 오랫동안 폐지했으며, 말수도 점점 적어졌다. 조회 때에는 침묵으로 일관하기 일쑤였고, 조정사의 찬반도 분명치 않았다. 현명한 국사의 재단은 기대할 수 없었다. 이렇듯 왕권이 마비된 상태에서 당인들의 음모와 횡포는 더욱 극심해졌다.

경종의 고단한 생은 그리 오래가지 못했다. 재위 4년째로 접어든 1724년(경종 4) 8월, 경종의 병이 위급해졌다. 수라를 들지 못하는 날이 잦아졌고, 한열의 증세도 심해졌다. 어의들이 온갖 약재를 써 보았지만, 소용이 없었다. 때로는 가슴과 배가 조이듯이 아프다고 했다. 궁중에서는 경종의 입맛을 돋우기 위해 수라상에 게장과 생감을 올렸다. 경종은 게장으로 모처럼 만에 수라를 많이 들었다. 그러나 경종은 그 다음 날부터 복통과 설사에 시달리다가 의식마저 잃어버리더니, 급기야 5일 만에 죽고 말았다.

세상에서는 경종이 세제가 들여보낸 게장과 생감을 지나치게 많이 먹어서 죽었다고 했다. 독살설이 제기된 것이다. 실제로 게장과 생감은 의가에서 매우 꺼리는 것이기도 했다. 경종 독살설은 영조 대에 와

경종과 계비 선의왕후의 능
서울시 성북구 석관동에 자리하며, 사적 제204호로 지정되어 있다.

서도 끊임없이 제기되는 가운데 괘서와 흉서의 형태로 광범위하게 유포되었다. 급기야 영조는 1755년(영조 31) 직접 경종의 승하에 대한 해명에 나서기도 했다.

경종의 독살설은 신임옥사 이후 왕실의 후계권을 둘러싸고 드러난 노·소 간 대립과 갈등의 산물이었다. 영조의 즉위는 노론의 재집권을 의미했으므로, 그에 대한 불만이 독살설이라는 형태로 표출된 것이다. 실제로 경종 독살설은 1728년(영조 4)에 일어난 무신란戊申亂(이인좌의 난)의 직·간접적 배경이 되었다.

3장

탕평정치기

1
영조의
탕평

경신환국 이후 당쟁은 더욱 치열하게 전개되었다. 서·남의 대결과 노·소의 대결, 자기와 다른 자는 배척하고 자기를 따르는 자는 편드는 세태가 정국을 어지럽혔다. 이러한 기막힌 상황을 타개할 필요성을 누구보다도 절감했던 박세채는 탕평론을 제시했다.

박세채는 이이의 조제보합론調劑保合論을 기반으로 1683년(숙종 9)과 1688년(숙종 14), 그리고 1694년(숙종 20) 3차례에 걸쳐 탕평론을 펼쳤다. 탕평이란 『서경書經』의 홍범구주 가운데 제5조인 황극설의 '무편무당 왕도탕탕 무당무편 왕도평평無偏無黨 王道蕩蕩 無黨無偏 王道平平'에서 나온 말이다. 이는 본래 인군人君(임금)의 치우치지 않는 공정한 정치를 함축적으로 표현한 말이었다. 박세채는 노론과 소론, 그리고 남인을 막론하고 각 당파 중에 있는 현명한 사람은 등용하고 그렇지 못한 자는 물러나게 해야 한다고 주장했다.

박세채는 구체적으로 인조반정으로 서인이 주도권을 잡은 이후로 영남에서 인재가 거의 발탁되지 못한 것을 지적했다. 그리고 인물 본위의 정책으로 영남의 현명한 인재들을 두루 포용하자고 했다. 그러나 인물의 변별과 시비 판정은 궁극적으로 왕에게 달려 있었다. 따라서 박세채는 숙종 자신이 지난날의 일을 거울삼아 공정한 마음으로 조정과 백관을 바로잡음으로써 편당의 풍습을 없애야 한다고 했다. 숙종 역시 갑술환국 후 당론을 조정해 정국을 안정시킬 필요를 절감했으므로 탕평교서를 반포하기에 이르렀다. 탕평교서에서 숙종은 그 자신도 시비에 어두워 진퇴와 출척을 올바르게 하지 못했음을 인정하고, 조제론으로 오직 재질 있는 사람과 현명한 사람을 등용해 일진일퇴의 정국을 탕평 정국으로 전환시키겠다고 밝혔다.

박세채의 탕평론은 소론의 남구만南九萬과 최석정崔錫鼎, 노론의 이여李畬, 그리고 남인 정시한丁時翰 등의 지지 속에 점차 확산되었다. 그러나 서·남인의 대립과 왕권의 정치적 역학 관계 속에서 탕평론이 실제로 크게 고려된 것은 아니었다. 1695년(숙종 21)에 박세채가 사망한 이후, 남구만과 최석정에 의해 남인과 서인을 함께 등용하려는 노력이 있었다. 하지만 전반적으로 숙종 대의 탕평은 명목상의 구호에 지나지 않았다. 병신 처분으로 노·소론 간의 대립이 격화된 이후에는 아예 거론조차 되지 않았다. 또 경종 대의 신임옥사 등 일진일퇴의 정국은 이미 탕평론의 포기를 의미했다.

박세채의 이론에 기초한 탕평이 역사적 용어로 정착한 것은 노·소론 간의 대립이 살육과 보복의 악순환을 되풀이하며, 종국엔 왕권마저 동요시키는 붕당의 폐단을 철저하게 겪고 난 영조 대부터였다.

"周而弗比 乃君子之公心 比而弗周 寔小人之私意."

(두루 사랑하고 편당하지 않는 것은 군자의 공정한 마음이요

편당하고 두루 사랑하지 않는 것은 곧 소인의 사사로운 생각이다.)

1742년(영조 18)에 성균관의 반수교泮水橋에 영조는 이와 같은 내용을 담은 '탕평비蕩平碑'를 세웠다. 비록 20자에 불과하지만, 여기에는 영조의 각오와 18세기 정치사의 실체가 투영되어 있다. 그렇다면 영조는 왜 탕평책을 실시해야만 했을까?

탕평책의 전개

말년에 숙종은 세자에 대한 회의로 정치적인 무리수를 두었다. 병신처분을 단행해 세자의 수족을 자르고 정유독대를 통해 세자에 대한 불만을 노골적으로 표현한 것이다. 숙종의 의중을 감지한 노론이 택군擇君을 자행하면서 새로운 정치적 쟁점이 부상했다. 바로 경종과 영조에 대한 충역시비忠逆是非였다. 선대에 있었던 예송과 회니시비는 학문과 이론을 매개로 한 정치 투쟁이었으므로 변명의 소지가 없지는 않았지만, 충역시비는 군주에 대한 충역을 가늠하는 것이므로 사생을 넘나드는 살벌한 투쟁으로 전개될 수밖에 없었다.

숙종이 뿌린 충역시비의 씨앗은 신임옥사를 통해 비극의 서막을 열었다. 이후 꼬리에 꼬리를 무는 충역시비로 조선의 정치사는 처절한 상처를 입었다. 영조의 즉위는 충역시비의 새로운 시작을 의미했다. 사실상 영조는 충역시비의 가해자인 동시에 피해자였다. 왕위에 오르기까지

는 노론의 협조가 필요했지만, 즉위
이후에는 노론의 간섭이 싫었다.

노론의 강요와 압박이 가중되고
소론과의 반목이 심화되자, 영조는
왕권 강화를 위해 새로운 통치 방법
을 모색하지 않을 수 없었다. 당파를
일소시킬 힘이 없었던 영조는 탕평
을 통해 노론 세력과 소론 세력을 조
정하고 당쟁을 약화시키고자 했다.

1724년(경종 4) 4월 경종이 죽고
영조가 즉위하자, 노론은 전에 없이
고무되었다. 영조가 즉위한 이상 모
든 일이 노론에게 유리하도록 순조
롭게 진행될 것만 같았다. 그들이 노
론의 세상을 꿈꾸는 것도 무리는 아

탕평비
영조가 자신의 탕평 의지를 대외적으로 과시하기 위하여
조선 유학의 본산인 성균관의 반수교(泮水橋) 위에 세웠
다. 비문은 영조 자신이 친서하고 이를 비에 새겨 넣은 것
이다.

니었다. 그러나 그들의 기대와 달리, 영조의 태도는 대단히 미온적이
었다. 우선 영조는 3정승에 이광좌李光佐, 유봉휘柳鳳輝, 조태억趙泰億 등
소론을 임명했다. 그렇게 소론들을 안심시키고 4대신의 신원에 대해
서는 거론조차 하지 않았다.

영조가 4대신의 신원을 미룬 것은 왕의 존재가 당파에 함몰되어 왕
권이 정쟁에 이용되는 부작용을 용인할 수 없었기 때문이다. 오히려
그는 노·소 당쟁을 제어해 강력한 왕권을 확립하고자 했다. 나아가 영
조는 자신이 '노론에게 선택된 군주'라는 사실을 되도록이면 드러내고

싫어 하지 않았다. 그렇다고 노론의 지원을 저버릴 수 없었고, 4대신의 충절을 외면할 수도 없었다. 비록 탕평의 이름으로 노·소 보합을 주창했지만, 이는 한계가 있었다. 언젠가는 노론에게 진 정치적인 빚을 청산해야만 했다. 다만 노론이 그 빚의 일괄 청산을 원하고 있던 반면에, 영조는 단계적인 청산을 계획하고 있었다.

이러한 상황에서 영조는 신임옥사로 유배된 노론의 영수 민진원을 석방하기에 이르렀다. 민진원의 석방은 노론 등용을 위한 사전 포석과도 같았다. 이에 고무된 노론은 신임옥사의 번안飜案에 착수했다. 1724년(영조 즉위년) 11월, 유생 이의연李義淵의 상소가 그 신호탄이었다. 그 상소의 일차적인 목적은 김일경을 위시한 소론 급진파의 제거와 노론 4대신의 신원이었지만, 궁극적인 목표는 소론의 축출에 있었다. 따라서 상소는 한 유생의 개인적 의견이라기보다는 노론 전반의 공론이었다. 노론은 조태구, 유봉휘, 최석정 등을 김일경의 도당으로 지목해 소론에 대한 일망타진을 계획하고 있었다. 이에 노소 공방이 치열하게 전개되었고, 힘의 균형은 서서히 노론 쪽으로 기울어지게 되었다.

사태를 관망하던 영조는 신임옥사의 장본인인 김일경, 목호룡을 처단하고 이의연을 장살하는 조처를 단행했다. "죄를 줘도 함께 주고 풀어 줘도 함께 풀어 준다."는 '양치양해兩治兩解'의 조처였다. 그런 다음 중립을 지키기 위해 노소의 충역시비는 일체 간여하지 않겠다는 '시비불분是非不分'의 입장을 고수했다. 이것이야말로 군왕의 공정성을 보이는 것이며, 탕평의 자세라고 믿었기 때문이다.

그러나 노론, 소론 모두 그에 찬동하지 않았다. 사실 시비불분은 노론보다는 소론에게 절대적으로 불리한 조처였다. 이광좌, 조태억 등 소론 대신의 손으로 김일경 일파를 단죄할 때, 소론은 이미 집권 명분을 상실해 가고 있었다. 이러한 상황에서 소론의 실각은 예정된 절차와도 같았다. 소론의 불안감은 극에 달했다. 노론은 노론대로 불만이었다. 충역시비에서 절대적으로 유리한 위치를 점했음에도 불구하고 영조가 확답을 주지 않았기 때문이다. 이렇게 영조는 양치양해, 시비불분, 탕평수용의 기치 아래 노·소 당쟁을 용의주도하게 조정했다. 소론의 불안과 노론의 불만을 모르는 것은 아니었지만, 왕권을 위해서는 불가피한 선택이었다.

영조의 본색은 해가 바뀌면서 구체적으로 드러나기 시작했다. 그간 소론의 불만을 달래면서도 노론의 공격을 유도해 소론 급진파를 제거하는 데 성공한 영조는 이제는 소론의 불안을 이용해 노론 정권을 구성하고자 했다. 1년을 유보하며 노론을 애태운 것은 '택군'의 혐의를 줄이기 위한 복안이었다.

이런 상황에서 1725년(영조 1) 정월, 승지 윤봉조尹鳳朝가 소론을 공격하는 상소를 올렸다. 정국 변동의 기회를 노리고 있던 영조는 윤봉조의 상소를 계기로 무서운 결단력과 추진력으로 정국을 거침없이 개편했다. 소론의 중진들을 남김없이 축출하고, 윤봉조를 전격적으로 기용하는 한편, 정호, 민진원, 이관명李觀命을 3정승에 임명했다. 실로 순식간에 단행된 환국이었다.

남은 과제는 신임옥사를 무옥誣獄으로 규정하고 김창집, 이이명, 이건명, 조태채 등 노론 4대신을 신원하는 일이었다. 그해 3월 정호, 민진원이 이 문제를 본격적으로 거론했다. 이에 영조는 노론이 보여준 그동안의 성원에 보답하는 심정으로 신임옥사를 무옥으로 규정하고

4대신의 신원을 명했다. 이것이 바로 을사처분乙巳處分이다.

을사처분을 통해 노론은 집권의 명분을 인정받았고, 영조는 왕권의 합법성을 확보한 셈이었다. 그러나 이 처분은 영원하지 않았다. 왕권 안정과 탕평의 구호 아래 언제라도 번복될 수 있는 가변적인 조처에 지나지 않았다.

신임옥사가 무옥으로 규정되고 4대신이 신원되었다고 해서 정국이 안정되고 왕권이 신장될 수 있었던 것은 아니었다. 도리어 을사처분에 따른 소론의 불만과 반발로 살육극이 일어날 소지가 있었다. 영조에게 탕평은 그것이 비록 허울일지라도 국가와 민생을 위한 유일한 방안이며, 택군의 혐의를 피하기 위한 궁여지책이었다.

영조는 을사처분에 따른 정치 보복을 경계했다. 왕권이 사당의 정치 보복에 이용되는 사태를 미연에 방지하기 위해서였다. 그러나 노론은 신임옥사에 따른 상처가 너무도 깊어 영조의 기대와 바람을 묵살했다. 김일경, 목호룡을 처단한 직후 유봉휘, 이광좌, 조태억 등의 소론 대신과 그 당여들에 대한 토역론討逆論을 제기한 것이다. 토역을 요구하는 정청이 연일 계속되면서 을사처분의 취지는 완전히 무산되고 영조의 우려도 현실화되었다.

시련에 직면한 영조는 내일을 기약하고 다시 한 걸음 물러서기로 했다. 김일경 일파에게 형을 더하고 이사상李師尙을 사사했다. 유봉휘는 멀리 귀양 보냈고, 이광좌, 조태억의 관작을 삭탈했다. 그런 다음 충역 시비를 분명하게 밝히며 이제는 국사에 전념할 것을 호소했다. 소론에 대한 단죄는 여기서 그쳐야 한다며 노론의 협조를 간청했다. 그러나 유봉휘, 이광좌, 조태억에게 더 무거운 죄를 주라는 정청은 그치지 않았다. 이에 영조는 때로는 왕의 권위를 내세워 위협하는가 하면, 신하들 앞에서 오열하며 인정에 호소하기도 했다. 그러나 난국은 타개되지 않았다. 국왕의 권위와 눈물도 의리와 명분을 이기지 못했다.

이때 노론의 영수 민진원이 거취를 걸고 양자택일을 요구했다. 자신을 택하든지, 아니면 이광좌를 택하라는 것이었다. 선택의 기로에서 영조는 민진원을 좌의정에서 해임시켰다. 탕평을 구현하기 위해서는 불가피한 선택이었다. 그 대신 홍치중洪致中을 등용했다. 민진원이 노론 강경파(준론)의 영수라면, 홍치중은 노론 온건파(완론)의 영수였다. 더욱이 홍치중은 소론과의 친교도 깊어 탕평의 대변자로는 최적의 인물이었다.

한동안 홍치중은 영조의 기대에 부응했다. 능란한 정치술을 발휘해 유봉휘, 이광좌, 조태억에 대한 노론의 집요한 단죄 요구를 적절히 무마시켰다. 그리고 송진명宋眞明, 윤순尹淳, 조익명趙翼命 등 소론의 등용을 청하는 등 탕평 본래의 취지인 노소병용老少竝用을 구현하는 데 노력했다. 이에 영조는 기뻐하며 홍치중이 바라는 일은 뭐든지 들어주었다. 탕평을 위해서는 어떤 지원도 아끼지 않았다.

3자의 팽팽한 대립과 영조

탕평의 이름으로 전개되는 영조와 홍치중의 '합작정치'를 바라보는 노론 준론은 다급해졌다. 노소병용이 심화될수록 소론에 대한 일망타진 기회는 요원해질 수밖에 없었다. 노론의 정략은 어떠한 희생을 치르더라도 자신들의 손으로 정계를 개편해 의리와 명분을 재천명하고 장기 집권의 기반을 다지는 것이었다. 그런 만큼 영조와 홍치중의 합작정치는 노론에게 큰 걸림돌이 아닐 수 없었다.

바로 이때 영의정 정호가 "눈치나 살피면서 이록을 탐내는 구차한 무리"라면서 홍치중을 비난했다. 뿐만 아니라 김조택金祖澤이 정호와 같은 말로 우의정 조도빈趙道彬을 공격하자, 홍치중 내각의 존립 명분이 위태로워졌다. 영조의 만류에도 불구하고 홍치중과 조도빈은 사직소를 올리고 물러났다. 영조가 대간을 문책하고 정호를 영의정에서 해임했다. 또한 홍치중을 좌의정에 재기용하고 이의현李宜顯을 우의정에 임명해 완론을 보강해 주었지만, 홍치중은 이미 준론의 위세에 눌려 의욕을 상실한 상태였다.

그러던 중 1727년(영조 3) 4월, 유봉휘柳鳳輝가 유배지에서 죽었다. 이때를 틈타서 노론 준론들은 유봉휘의 재산 적몰과 김일경 일파의 처단을 강력하게 요구했다. 이에 정국은 다시 혼란에 빠졌다. 그러나 홍치중에게는 사태를 수습할 용기와 자신이 없었다. 다시 한번 양자택일의 상황에 직면한 영조는 노론과의 석연찮은 타협보다는 차라리 소론을 선택했다. 결과는 환국이었다. 이것이 정미환국丁未換局이다.

이처럼 노론에 대한 실망과 염증이 표출되면서 정권은 다시 소론의 수중에 들어갔다. 유봉휘, 조태구, 최석항의 관작이 회복되고, 유배된 60여 명의 소론 인사들이 대대적으로 석방·등용되었다. 또한 을사처분의 내용은 완전히 백지화되었다. 이제 노론 4대신은 '4충'이 아니라 '4역'이며, 임인옥사는 극악한 역옥으로 규정되었다.

영조에게 정미환국은 환국이기보다는 탕평의 실현 과정이었다. 영조에게 노론은 탕평의 최대 장애였다. 그들은 영조와 한 배를 타고 있으면서도 왕의 입장 따위는 고려하지 않았다. 추대에 따른 반대급부만을 줄기차게 요구할 뿐이었다. 택군(신하가 왕을 선택하는 것)은 노론에게는 무한한 공로이고 집권의 기반이었지만, 영조에게는 감추고 싶은 약점이며 왕권 강화의 걸림돌이었다. 그래도 자신에게 왕위를 안겨준 노론이었기에 한동안은 그들과 타협했다. 그러나 그들의 요구가 도를 넘어서자, 영조는 환국을 단행해 노론에게 일침을 가한 것이다.

일당 독재를 꿈꾸는 노론과 일당 독재를 막아야 하는 탕평 군주 영조의 틈바구니에서 권력을 노리는 또 다른 세력인 소론, 이렇게 3자의 입장과 견해는 서로 어긋나 있었다. 그리고 영조는 그 모든 것을 탕평의 테두리에 가두어 두고자 했다. 그것은 나라와 백성을 위하고 나아가 영조 자신을 위하는 유일한 방안이기도 했다. 그러나 노·소의 충역 시비를 해결하지 못하는 이상 왕권도, 탕평도 장담할 수 없었다.

그런 와중에 1728년(영조 4) 3월 이인좌의 난이 일어났다. 주모자는 소론·남인의 급진파들이었다. 반란의 목적은 영조를 제거하고 노론 정권을 타도한 다음 소론·남인의 연합 정권을 구성하는 데 있었다. 영조와 노론에 대한 반감에 더해 반란의 촉매가 된 것은 경종의 의문스런 죽음이었다. 격분한 소론과 남인의 과격파들은 영조를 군주로 인정할 수 없었다. 그리고 의문의 독살설은 경종에 대한 흠모의 정을 고조시켜 반란 세력의 결속은 물론 민심을 규합하는 데 주효했다. 반란 세력은 영조는 숙종의 아들이 아니며, 경종을 몰래 시해했다는 유언비어를 통해 여론을 더욱 선동했다. 정통성이 없는 군주 영조를 타도해 경종의 원수를 갚는다는 반란의 명분은 그렇게 만들어졌다. 결국 무신란은 권력에 대한 도전인 동시에 경종을 위한 복수 운동이었던 것이다.

여기에 을사처분이 단행되어 신임옥사가 무옥으로 판명되고, 소론의 과격파 김일경과 남인 출신의 목호룡이 처단됨으로써 김일경의 정치적인 지론인 '남소탕평南少蕩平'은 원천적으로 분쇄되었다. 반면에 노론은 명분과 권력을 동시에 차지하는 일거양득의 기회를 잡았다. 이는 경종의 독살설과 함께 소론·남인이 급진 세력을 극도로 자극했다.

무신란은 전국적인 규모의 반란이었다. 호서, 호남, 영남의 삼남 지방은 물론 경기, 평안도에까지 반란 조직이 결성되어 있었다. 반란의 주모자는 호남의 박필현朴弼顯, 호서의 이인좌李麟佐, 영남의 정희량鄭希亮 등 3인이었다. 이들은 상호 긴밀한 연대와 개별적인 공작을 통해 이른바 '무신당戊申黨'을 결성하는 데 성공했다. 그리고 지방사족과 소론과 남인의 명가 출신들을 입당시키고, 지방군인, 향임鄕任, 노비, 명화적明火賊 등 중인층과 하층민에까지 폭넓게 포섭했다.

그런데 반란을 도모하던 이들에게 1727년(영조 3)의 정미환국은 상당한 걸림돌이 되었다. 노론이 물러나고 소론이 집권함으로써, 그만큼 반란의 병분이 퇴색된 것이다. 더욱이 박필현이 태인현감으로 부임하게 되어 서울의 주도 세력이 현저하게 약화되었다. 이에 따라 일부에서는 관망의 태도를 보였지만, 이인좌 등은 거사를 강행했다.

마침내 이듬해인 1728년(영조 4) 3월 15일, 이인좌가 청주성을 점령함으로써 반란은 시작되었다. 영남에서는 정희량, 이웅보李熊輔이 거병했다. 그러나 한때 기세등등하던 반란군은 호남에서 박필현이 거병 직전에 체포되고, 서울로 진격하던 이인좌의 반군이 영남의 반군과 합세하지 못한 채 안성과 죽산에서 관군에게 대패했다. 반란 주모자들은 모두 붙잡혀 한양으로 압송되었다.

그런데 당시의 집권 세력은 소론이었기 때문에 토벌군의 대장이었던 병조판서 오명항吳命恒 역시 소론이었다. 결국 소론이 일으킨 반란을 소론이 진압한 셈이 되었다. 이는 소론에게는 실로 치명적인 사건이 아닐 수 없었다. 반면에 소론에 대한 토역론을 줄기차게 전개한 노론에게는 명분의 정당성을 확보하는 호기가 되었다. 무신란 이후 노론은 공세를 취하고, 소론은 수세에 몰렸다.

한편 영조는 무신란을 계기로 탕평의 중요성을 더욱 뼈저리게 실감했다. 더욱이 지금 당장 영조에게 시급한 것은 충역·의리·명분이 아닌 왕권 강화였다. 노론이 다시 토역론을 제기했을 때, "소론에 김일경의 무리가 있다면, 노론에 정인중의 무리가 있다."는 말로 노론의 입을 막은 것도 그 때문이었다.

이때 영조가 주목한 세력은 조문명趙文命, 송인명宋寅明, 조현명趙顯命, 박사수朴師洙, 이광덕李匡德 등 소론 출신의 탕평파였다. 이들은 무신란을 진압하는 데 혁혁한 공을 세워 영조의 신임을 받았다. 이제 이들은 영조의 절대적인 지지를 바탕으로 정국의 주도 세력으로 부상할 수 있었다. 노론이 무신란을 통해 명분을 강화했다면, 탕평파는 권력을 장악한 셈이었다.

탕평파의 정치적인 소신은 노·소 보합이었다. 이는 영조의 은근한 부탁인 동시에 탕평파의 존립 명분이었다. 그러나 노론은 여전히 비협조적이었다. 김흥경金興慶, 김재로金在魯, 유척기俞拓基 등 노론 대신들이 집단적으로 출사를 거부하며 노·소 보합에 반발했다. 노론이 사라진 노·소 보합은 허울일 수밖에 없었다.

난항에 처한 탕평파는 '탕평 선배'인 좌의정 홍치중에게 지문해 문제의 근원을 확인했다. 그것은 노론 4대신의 신원 문제와 결부되어 있었다. 4대신의 신원은 곧 노론의 출사 명분이었다. 노련한 홍치중은 난국을 타개할 방안으로 '분등설分等說'을 제시했다. 분등설은 신축옥사와 임인옥사를 구분해 전자는 충으로, 후자는 역으로 규정하는 반충반역半忠半逆의 논리였다. 사실 분등설은 신임옥사에 대한 근본적인 처방일 수는 없고, 단지 노·소 보합을 위한 변통책에 불과했다. 하지만 특별한 대안이 없는 당시로서는 불가피한 선택이었다.

1729년(영조 5) 5월, 조현명은 바로 이 분등설에 따라 4대신에 대한 탕평파의 공식 입장을 천명하고 노론의 의향을 타진하기에 이르렀다. 신축옥사가 충이라면 4대신은 마땅히 신원되어야 한다. 그러나 임인 옥사가 여전히 역옥이라는 데 문제가 있었다. 즉 이건명, 조태채의 신원은 무방하지만, 이이명, 김창집의 신원은 곤란하다는 것이 분등설의 골자였다. 왜냐하면 이이명의 아들과 김창집의 손자가 임인옥사에 연루되어 있었기 때문이다. 결국 이이명, 김창집은 패자역손悖子逆孫의 논리에 가로막혀 신원이 어렵게 되었다.

노론은 이 분등설을 수용하지 않고 반발했다. 그들은 탕평파를 소인으로 지목하고 맹렬히 비난했다. 분등설의 논리를 제공한 홍치중도 비난의 화살을 피할 수 없었다. 비판의 소리는 비단 노론에 국한되지 않았다. 남인 오광운吳光運은 분등설에 대해 "화가 두려워 노론에게 아첨하는 행위"라고 냉소하기까지 했다.

그러나 이러한 반대와 비판의 목소리도 영조와 탕평파의 결연한 의지를 꺾지 못했다. 영조는 영의정 이광좌 이하 탕평파의 중진들을 소집해 그동안의 논의를 확정지었다. 이것이 기유처분己酉處分이다. 이때가 1729년(영조 5) 8월 18일이었다.

기유처분 이후 영조는 사실상 소론 위주의 정국을 유지하고 있었다. 기유처분의 형식은 반충반역의 절충안이었지만, 이는 노론의 참여를 유도하고자 한 방편에 불과했다. 정국의 주도권은 여전히 소론이 잡고 있었다. 조문명, 송인명, 조현명 등 소론 계열의 탕평론자들이 정국의 주도세력으로 부상한 것이다. 이 점에서 기유처분은 '소론 탕평'의 정치적인 명분이었다.

정권을 잡은 탕평론자들은 탕평 본래의 취지인 노소병용에 만전을 기했다. 쌍거호대雙擧互對의 인사 방식이 적용되었던 것이다. 예컨대 영의정이 노론이면 좌의정은 소론에서 임명되었고, 이조판서가 소론이면 참판·참의에는 노론이 기용되었다. 별다른 대안이 없는 이상 쌍거호대는 정국 운영의 중요한 원리로 받아들여질 수밖에 없었다.

기유처분과 쌍거호대에 기반을 둔 소론 탕평은 영조의 지지와 기대 속에서 한동안 지속되었다. 그리하여 노소병용이 어느 정도 균형을 이루었다. 그러나 소론 탕평은 1732년(영조 8)을 전후해 일대 전환기를 맞게 된다. 홍치중, 조문명이 사망한 데 이어 김창집, 이이명의 신원이 강력히 요구되었기 때문이다. 김창집, 이이명의 신원은 바로 기유처분의 번복이자 소론 탕평의 종식을 의미했다.

영조의 신유대훈

그런데 1738년(영조 14)을 전후해 정국에 커다란 변화가 일어났다. 신임의리를 고집하며 소론과의 공존을 거부하던 노론 준론의 영수 유척기俞拓基가 입조한 것이다. 유척기의 입조는 신임의리에 대한 노론의 입장 변화를 의미했다. 그 결과 조정에는 노론 세력이 빠르게 성장해 어느새 소론에 버금가는 비중을 차지하게 되었다.

이때 영조는 무려 15년간을 간직해 온 본심을 드러냈다. 종전까지 시비불분을 고수하던 영조가 돌연 입장을 바꾸어 신임의리에 개입하기 시작한 것이다. 서덕수徐德修의 신원이 그 징표였다. 서덕수는 1721년(경종 1) 3수三手를 사실로 인정해 임인옥사를 확대시킨 장본인이었다. 사실 신임옥사에 대한 영조의 불만은 자신이 3수옥三手獄에 연루되어 있다는 데 있었다. 따라서 영조에게 시급한 것은 자신의 결백을 천명하는 일이었다. 기유처분의 명분을 파괴하면서까지 서덕수의 신원을 지시한 것도 그 때문이었다.

신임의리의 재조정을 위한 2단계 작업은 새로운 정치 세력의 결성이었다. 임인옥사를 번안하고 김창집, 이이명을 신원하는 데 소론 계열의 탕평파는 거북한 존재들이었다. 이에 영조는 1739년(영조 15) 생모 숙빈 최씨에 대한 불경을 이유로 조현명, 송인명 등의 탕평파를 대거 파직하고, 유척기俞拓基, 김재로金在魯, 조상경趙尙絅 등의 노론을 등용했다.

여기에 고무된 노론은 그해 11월 신임의리의 개정을 요구했다. 영조와 노론의 의도가 암합暗合한 것이다. 그러나 영조는 신중을 기하면서 사태의 추이를 관망하고 있었다. 그러다가 이듬해인 1740년(영조 16) 정월 김재로를 위시한 노론 대신과 조현명, 송인명을 소집한 자리에서 갑자기 김창집, 이이명의 신원을 명했다. 10년 명분(기유처분)이 일시에 붕괴된 것이었다.

이에 조현명, 송인명이 반발했다. 그러나 평소 탕평주인蕩平主人을 자처하던 영조는 이를 무시했다. 그리하여 신임의리의 번안 작업은 일사천리로 진행되었다. 그해 3월에는 좌의정 김재로가 피화자被禍者의 신원을 건의했다. 영조도 원칙적으로는 신원에 동의했지만, "이는 중대한 처분이다."라는 이유로 시일을 끌었다.

이즈음 영조는 노론에 대한 불만이 있었다. 노론이 자신들의 신원에 급급한 나머지 영조의 혐의는 도외시했기 때문이다. 이에 영조는 또 한 번 변덕을 부렸다. 노론의 행태가 고약하기도 한데다가, 소론의 반발을 우려해 노론 준론을 일시에 퇴진시킨 것이다. 임인옥사에 관한 노론보다는 소론에 의해 무옥 판정을 받고 싶은 것이 영조의 본심이었다. 조현명, 송인명을 재기용한 것은 그런 계산 때문이었다. 다시 입조한 두 사람은 노론을 대표하는 김재로와 더불어 막후 접촉을 벌이며 절충안을 마련했다. 3수옥의 무옥 여부는 이미 노론 준론에 의해 판정이 난 상태였기 때문에 협상의 골자는 번안 여부에 있었다.

그러나 양측은 한 치의 양보 없이 팽팽히 맞섰다. 조현명, 송인명은 번안 불가를 고수했다. 그 때문에 번안은 연기될 수밖에 없었다. 그리하여 임인옥사가 무옥임을 천명하고 피화자의 신원을 강구하는 선에서 타협을 보게 되었다. 이를 경신처분庚申處分이라 한다. 1740년(영조 16) 6월 13일의 일이었다.

경신처분은 기유처분의 폐기에 따른 소론 탕평의 종언을 의미했다. 이제 탕평도 새로운 형태와 방향으로 전개되어 갔다. 서원 철폐, 전랑통청권銓郞通淸權 혁파, 한림회천권翰林回薦權 혁파에 대한 논의가 도마 위에 오르기 시작한 것도 이때였다. 이로써 사림정치의 틀이 무너지게

준천시사열무도(濬川試射閱武圖)

1760년(영조 36)에 실시한 청계천 준설공사를 기념하여 무사들의 무예를 시험한 행사를 그린 그림. 다리 위에 영조가 행차해 있다.

된 것이었다. 그러나 영조는 소론 계열의 탕평론자를 일시에 무용지물로 만들지는 않았다. 왜냐하면 반드시 그들의 손으로 처리해야 할 한 가지 중대한 일이 남아 있었기 때문이다.

임인옥사의 번안은 자신의 혐의를 벗는 중대한 결단인 동시에 노론 탕평으로 바뀌는 시발점이었다. 이미 16년을 인내하며 관망해 온 영조는 경신처분의 여세를 몰아 이번에는 무슨 일이 있어도 일을 마무리 지을 생각이었다. 그러나 생각처럼 간단하지 않았다. 노론·소론·남인의 입장이 서로 달랐기 때문이다.

공교롭게도 이즈음, 임인옥사 때 죽은 김용택의 아들 김원재金源材가

236

숙종이 연잉군과 연령군을 부탁한다는 증표로 주었다는 7언시를 위조한 이른바 위시사건僞詩事件이 발생했다. 이 일로 김원재는 장살되었고, 노론의 입장에서는 임인옥사의 번안 명분이 반감되는 결과가 되었다. 이는 소론에게는 숨통이 트이는 일이었다.

영조의 조처에 힘을 얻은 조현명, 송인명은 경신처분을 고수하기로 마음먹었다. 그러나 중요한 것은 영조의 생각이었다. 지난 16년 동안 영조는 신임의리에 관한 한 철저하게 이중적인 태도를 가져왔다. 위시사건을 통해 노론을 억누른 것도 노론의 기고만장한 태도에 대한 제동일 뿐, 소론을 고양하기 위한 조치는 아니었다.

그런 가운데 1741년(영조 17) 9월, 형조참판 오광운吳光運이 임인옥안壬寅獄案을 불사르고 세상의 의혹을 해소하기 위해 대훈大訓을 반포할 것을 건의했다. 기회를 포착한 영조는 재상회의를 소집했다. 영의정 김재로는 미온적인 태도를 보였지만, 조현명, 송인명은 적극적으로 찬동했다. 이틀 뒤 조현명은 임인옥사의 피화자에 대한 전면적인 신원을 건의했다. 다만 "인심의 불복을 우려해 김용택, 이천기는 별안으로 처리해 신원에서 제외한다."는 한 가지 조건을 첨부했다. 결국 영조는 일부 노론의 별안 작성 반대를 물리치고 대훈大訓을 제정했다.

첫째, 신축년의 건저는 대비와 경종의 하교에 따른 것이다.

둘째, 임인옥은 무옥誣獄이므로 국안은 소각하고 피화자는 신원한다.

셋째, 김용택, 이천기, 이희지, 심상길, 정인중은 역으로 단정해 별안에 둔다.

이것이 1741년(영조 17) 9월 24일에 반포된 신유대훈辛酉大訓의 골자이다. 무려 17년 동안 은인자중하며 점진적인 처분을 통해 거둔 결실이었다. 이제 정통성을 인정받은 영조에게 더 이상의 장벽은 없었다. 또한 신유대훈은 소론 탕평이 노론 탕평으로 바뀌는 일대 전환점이 되었다. 노론 탕평의 구호가 표방된 것도 바로 이때였다.

그해 영조는 당쟁과 긴밀하게 연결되어 당쟁의 소굴이라는 지탄을 받는 서원의 폐단을 시정하기 위해 서원 정비에 착수했다. 이때 무려 170개에 달하는 서원과 사우祠宇를 철폐했다. 이 무렵 영조는 당쟁의 근원으로 지목된 전랑통청권을 혁파하고 신유대훈을 반포하는 등 실로 획기적인 조치들을 단행했다. 전자가 탕평정치의 외연을 정비하기 위한 조치라면, 후자는 강력한 왕권을 행사할 수 있는 명분상의 토대였다. 따라서 탕평에 위배되고 왕권 강화에 걸림돌이 되는 것들은 모두 쇄신의 대상이 되었다.

한편 1755년(영조 31) 1월, 을사처분 당시 나주로 유배된 소론 윤지尹志가 일으킨 '나주괘서사건'으로부터 을해옥사乙亥獄事가 발생했다. 이 일로 대다수의 소론 명문가들이 몰락해 재기 불능의 상태가 되었다. 노론 강경파의 주장대로 신임옥사의 번안은 물론이고 토역까지도 달성된 셈이었다.

2

임오화변

탕평이란, 군왕은 탕탕평평한 마음으로, 그리고 신하들은 무편무당한 자세로 정치에 임하는 것을 말한다. 그러나 탕평을 외쳤던 영조 대에서도 정파는 존재했다. 영조 역시 현실적으로 이들 정파를 인정하지 않을 수는 없었다. 그는 무편무당의 경지 대신 현실로 존재하는 이들 정파의 이해관계를 쌍거호대, 양치양해라는 조제보합책으로 조절해 나가고자 했다.

근본적으로 영조는 노론의 기반에서 성장했다. 그 때문에 즉위 후 한결같이 탕평을 외쳤지만, 결국은 노론에 비중을 더 둘 수밖에 없었다. 영조는 노론을 중심으로 정치적 안정을 기한 다음 그 바탕에서 노론과 소론의 탕평을 꾀했다.

충역시비의 번복으로 얼룩졌던 영조 재위 전반기는 1741년(영조 17) 신유대훈을 기점으로 소론에 대한 노론의 명분적 우위가 보장되었다.

그리고 노론의 정치적 우위는 1755년(영조 31)의 을해옥사를 계기로 확고부동하게 되었다. 신임옥사에서 충의를 자임한 노론의 전성시대가 개막된 것이다.

그런데 더 이상 거칠 것이 없게 된 노론은 다시 주도권 장악을 위한 자체 분열을 일으켰다. 당시 영조는 척신에 의존하는 태도가 한층 심화되었다. 그러면서 척신 세력이 급속하게 성장했다. 그런 척신들 중에서 핵심 세력은 세자의 장인인 홍봉한洪鳳漢 가문이었다. 이에 노론의 세력 구도는 홍봉한 가문을 중심으로 한 척신계와 이들을 견제하는 김상로金尙魯 중심의 비척신계로 나누어지게 되었다.

비척신 세력인 김상로 계열은 척신계인 홍봉한 계열을 꺾기 위해 당시 문제가 되고 있던 세자의 비행을 거론하고 나섰다. 반면 홍봉한 계열은 세자의 비행이 정치적인 문제로 비화되지 않도록 하는 데 온 힘을 기울였다. 심지어 홍봉한은 뇌물을 거두어 세자 문제를 입막음하기 위한 자금으로 사용하기도 했다. 그 때문에 조정은 홍봉한의 수뢰를 공격하는 공홍파攻洪派와 홍봉한의 입장을 옹호하는 부홍파扶洪派로 나누어졌다.

이 무렵 또 하나의 새로운 외척 세력이 등장했다. 1759년(영조 35), 66세의 영조가 경주 김씨 김한구金漢耇의 16세 딸을 새 왕비로 맞아들인 것이다. 그러나 당시 김한구 가문은 홍봉한 가문의 그늘에 가려 힘을 쓸 수가 없었다. 김한구 가문이 공홍파 쪽에 가담하게 된 것은 지극히 자연스러운 일이었다. 이렇게 공홍파와 부홍파의 갈등이 심화되기 시작할 무렵, 조정에서는 세자의 질병과 자질이 거론되기 시작했다.

영조는 진성황후 서씨와 계비 정순왕후 김씨 모두에게서 후사를 보지 못했다. 대신 후궁 정빈 이씨와의 사이에서 효장세자孝章世子를, 영빈 이씨와의 사이에서 사도세자思悼世子를 두었다. 사도세자는 영조의 나이 40세가 넘은 1735년(영조 11)에 출생했다. 그런데 효장세자(1719~1728)가 10세의 나이로 요절하는 바람에 사도세자는 2세 무렵에 세자에 책봉되었다.

그런데 영조와 사도세자 사이의 갈등 관계는 세자가 성년이 될 무렵부터 크게 악화되었다. 군왕으로서 영조는 백성을 지극히 사랑하는 성군의 모습이었다. 그러나 개인 영조의 모습은 이와는 판이했다. 천인 출신의 어머니, 당쟁 중에 목숨을 보전하기 위해 오로지 '근신' 두 글자에만 매달렸던 세월들, 경종 독살의 혐의, 이 모든 것들은 영조를 외곬 성격의 소유자로 만들었다. 그리고 영조는 자신의 이러한 성격적 결함을 아들 사도세자에게 거침없이 투영시켰다.

조급하고 민첩한 성격의 영조에 비해 세자는 말수가 적고 행동이 느린 편이었다. 이러한 세자의 모습이 영조의 입장에서는 못마땅했고, 그렇게 누적된 불만은 부자 사이를 더욱 벌려 놓았다. 한편 세자에게 부왕 영조는 늘 두려움의 대상이었다. 그리고 그 두려움은 시간이 갈수록 불신과 반항의 형태로 나타났다. 1749년(영조 25)부터 영조는 세자에게 대리청정을 맡겼는데, 이때부터 갈등의 골은 더욱 깊어졌다. 세자는 영조가 바라는 대로 부응하지 못했다. 오히려 늘 어긋난 행동을 했고, 그럴수록 부왕의 질책도 더욱 심해졌다.

그런 가운데 영조의 총애를 받고 있던 숙의 문씨가 임신을 했다. 세자는 위기의식에 휩싸이게 되었다. 당시 영의정인 소론 이종성李宗城은 이러한 세자의 처지를 동정하며 적극적으로 세자 보호를 주장하고 나섰다. 세자의 입장에서는 고마운 일이었다.

사도세자의 죽음

숙의 문씨가 옹주를 낳아 한 고비를 넘기는 듯했다. 하지만 노론 내부에서 세자의 자질을 거론하고 나와 세자의 위치는 또다시 위태롭게 되었다. 이 무렵에 세자의 생활은 거의 파탄 지경에 이르러 있었다. 부왕에 대한 반발심으로 세자의 비행은 더욱 잦아졌고, 민간에 끼치는 폐해도 늘어갔다. 세자의 처신에 대해 노론 내부에서는 공홍파와 부홍파 간에 의견이 대립하고 있었다. 설상가상으로 새 왕비 김씨가 들어오고, 그녀의 친정이 공홍파에 가세해 세자를 더욱 불안하게 만들었다. 세자에게 동정론을 폈던 소론 대신 이종성마저 죽고 없었다. 공홍파들은 홍봉한 세력을 약화시키기 위해 세자의 비행을 들추어냈다.

반면 홍봉한을 중심으로 한 부홍파들은 계속 세자의 비행을 감쌌다. 홍봉한은 공홍파들의 공격을 피하기 위해 심지어는 소론에게까지 도움을 요청했다. 그것도 모자라 정적인 김상로와 홍계희洪啓禧 등에게도 접근했다. 그러나 세자의 비행은 이미 구제할 수 없는 지경에까지 와 있었다. 조정의 중론은 세자를 비난하는 방향으로 결집되고 있었고, 홍봉한조차도 세자를 포기할 수밖에 없게 되었다. 홍봉한이 보호해야할 대상은 이제 세자가 아니라 세손이었다.

이러한 상황에서 1762년(영조 38) 5월 22일, 나경언羅景彦이 형조에 고변서를 올렸다. 고변의 내용은 국왕 주위의 내시들이 역모를 꾸미고 있다는 것이었다. 그 처리를 고심하던 형조참의가 먼저 영의정 홍봉한

『한중록』
사도세자의 부인이자 정조의 어머니인 혜경궁 홍씨가 지은 책으로, 부군인 사도세자의 참변을 위주로 하면서 당쟁 등 정치적 소용돌이 속에서 살아온 자신의 파란만장한 삶을 우아하면서도 박진감 넘치는 문장으로 기술하고 있다.

에게 알렸다. 홍봉한은 나경언의 고변서를 영조에게 알려야 한다는 쪽으로 결론 내렸다.

고변서를 본 영조는 즉시 홍봉한 등과 함께 친국을 실시했다. 친국 도중 나경언은 그의 옷 속에서 한 통의 글을 꺼내어 왕에게 올렸다. 글에는 세자의 비행이 십여 조목에 걸쳐 자세히 기록되어 있었다. 이를 본 영조는 대단히 충격을 받았다. 대신들은 이미 다 알고 있었지만, 영조에게는 대부분이 금시초문이었다.

영조는 대신들의 청에 따라 나경언을 죽이고, 세자의 비행에 가담한 사람들을 죽였다. 세자로부터 도움을 요청받은 소론 조재호趙載浩도 처벌했다. 조재호는 처음에 세자의 부름에 응하지 않았지만, 1762년(영조 38) 세자가 폐위되었다는 소식을 듣고 급히 달려왔다. 그러나 그는 아무런 정치적인 힘이 없어 세자에게 별 도움을 줄 수 없었다. 그럼에도 불구하고 조재호는 세자가 보호를 요청한 사실 때문에 역적의 누명을 쓰고 춘천으로 축출되었다. 평소 그는 노론이 동궁에 불충하니, 내가 동궁을 보호하겠다고 말하곤 했다고 한다. 이것이 홍봉한의 귀에 들어가게 되었고, 홍봉한은 이를 영조에게 고했던 것이다. 어찌 보면 세자의 죽음은 주위에 조재호 같은 소론 대신들이 있음을 좌시하지 않은 영조와 노론 일파의 정치공작에 의한 것일지도 모른다.

1762년(영조 38) 윤 5월 13일, 영조는 그간의 어떠한 환국보다 더 처절한 처분을 내렸다. 그는 세자에게 자결할 것을 명했다. 세자는 "부왕께서 죽으라면 죽겠다."며 옷소매를 찢어 목을 묶는 시늉을 했고, 옆에 있던 강관講官이 그런 세자를 말렸다. 그러기를 여러 차례, 세자도 이제는 어쩔 수 없음을 알고 세손과 이별하게 해달라고 요청했다. 그러나 영조는 아비를 살려 달라는 세손의 애원에도 아랑곳하지 않았다. 영조는 손수 세자를 뒤주 속에 가두고 자물쇠로 채웠다. 그것도 모자라 널빤지를 가져오게 해 못을 박고 동아줄로 묶었다. 세자는 뒤주 속에서 8일 동안을 버텼지만, 끝내 굶어 죽고 말았다.

세자가 죽은 후 영조는 곧 후회했다. 그리고 위호를 회복하고 자신이 직접 세자의 시호를 사도思悼라고 지었다. 장례 절차 또한 손수 신하들에게 지시했고, 세자의 비문도 친히 지었다. 그리고 세자의 장례 날에는 직접 묘에 나아가 곡을 하기까지 했다. 그리고 세손을 동궁이라 부르게 했다. 영조는 그날의 처분을 "의義로써 은恩을 제어한 것이며, 나라를 위해 의로써 결단을 내린 것"이라 규정했다. 그리고 그는 앞으로 일체 이 사건을 재론하지 말도록 엄명을 내렸다.

300년 종사를 이어갈 위치에 있던 세자가 굶어 죽은 전대미문의 사건이 전개되는 동안 어느 누구 하나 그를 구명하기 위해 죽음을 무릅쓰고 나서지 않았다. 이것이 세자의 죽음보다 더 충격적인 일이 아닐 수 없었다. 명분과 의리 따위는 이제 어디에서도 찾아볼 수 없는 듯했다. 영조는 탕평이란 명목 아래 정파들의 이해관계를 일정한 선에서 충족시켜 주었고, 이는 필연적으로 의리의 후퇴를 수반했다. 신하들의 일차적 관심은 명분과 의리보다는 이해관계에 있었다. 이 점은 반탕평파들이 우려했던 것과 다르지 않았다. 즉 그들은 탕평이 충역과 시비를 혼란시키고 선악을 뒤섞어 이해가 우선하는 결과가 초래될 것으로 보았던 것이다.

그럼에도 불구하고 끝까지 세자의 죽음에 책임을 면할 수 없는 인물이 있었다. 세자의 장인 홍봉한이었다. 세자가 굶어 죽어 가고 있었는데도 시종 소극적 행동을 보인 그는 자신의 입장을 어떻게든 정당화시켜야 했다. 이에 홍봉한은 영조에게 이 사건의 장본인으로서 사건의 성격을 분명히 정리해 줄 것을 요구하는 차자를 올렸다. 영조는 임오화변壬午禍變이 종묘와 사직을 위해 부득이했음을 설명하고, 나아가 자신의 의리를 천명했다. 이로써 사도세자의 죽음은 실질적 당사자인 영조와 홍봉한의 손에서 일단락지어졌다. 그러나 홍봉한의 차자는 두고두고 그의 앞길에 걸림돌이 되었다. 홍봉한은 훗날 영조가 짊어져야 할 죗값까지 책임져야 했다.

임오화변은 홍봉한의 신상에 많은 변화를 가져왔다. 우선 그는 세자의 장인에서 세손의 외할아버지로 위상이 격하되었다. 그러나 더욱 심각한 것은 세자의 죽음에서 보여준 홍봉한의 미온적 태도에 대한 비난이었다. 그저 영조의 명만을 따랐을 뿐이라는 말은 궁색한 변명에 지나지 않았다. 명분상 커다란 하자를 지닐 수밖에 없었던 홍봉한이 공홍파의 공격을 받을 것은 뻔한 일이었다.

사도세자의 죽음 이후 사람들이 서서히 임오화변의 충격에서 깨어날 무렵, 공홍파와 부홍파의 본격적인 대립이 시작되었다. 공홍파의 공격 속에 홍봉한은 여러 차례를 위기를 겪었다. 그러나 위기 때마다 영조의 비호로 다시 정국의 주도권을 잡으며 건재할 수 있었다.

3

정조의 탕평

정조는 즉위와 동시에 영조의 탕평책을 계승할 것임을 분명하게 밝혔다. 그러나 이는 탕평의 기본 원칙을 계승한다는 것이지 그 방법까지 계승한다는 것은 아니었다. 정조의 탕평책은 영조의 탕평에 대한 반성에서 출발했다. 그래서 정조는 쌍거호대와 같은 미봉책보다는 군주가 주도하는 탕평을 선호했다. 또한 완론보다는 의리가 분명한 준론을 지지했다. 나아가 정조는 충과 역의 구분을 명확히 하고, 공론과 의리를 강조해 첨예한 의리 문제를 해결하고자 했다. 국왕의 의리에 반하는 세력을 제거해 왕권을 강화하고자 한 것이다. 그리하여 색목色目(사색당파의 파벌)의 구별 없이 오로지 '충'한 자만을 등용하는 이른바 의리탕평義理蕩平을 추구했다.

정조의 탕평이 성공을 거두려면, 가장 먼저 외척 세력이 제거되어야 했다. 외척은 탕평의 본질을 왜곡하고 왕권을 위협했다. 이들은 영조

말기에 정치적 혼란을 야기하고 정조를 모해하려 했던 세력이기도 했다. 정조는 세손 시절에 외척의 노골적인 협박 속에서 불안한 나날을 보내야 했다. 따라서 외척 세력의 억제는 탕평을 위해서나, 정조 자신의 안위를 위해서나 꼭 필요한 일이었다.

정조를 괴롭힌 외척 세력은 영조의 비호 아래 성장해 권력의 핵심을 장악했다. 당시 대표적인 외척 가문으로는 풍산 홍씨 홍봉한 가문과 경주 김씨 김구주 가문이었다. 풍산 홍씨는 정조의 외가로서 부홍파의 핵심이었고, 경주 김씨는 대비인 정순왕후의 친정으로 대표적인 공홍파였다. 이들은 각각 북당, 남당으로 불리기도 하고, 시파, 벽파로 분류되기도 했다. 그런데 맹렬한 주도권 싸움을 펼친 이들의 유일한 공통점은 세손(정조)의 대리청정을 반대했다는 점이었다.

당초 부홍파는 세손 보호를 표방하며 정조의 지지 세력을 자처했다. 혈연관계를 고려한다면 지극히 자연스럽고 당연한 일이었다. 그러나 세손이었던 정조는 이를 단호하게 거부했다. 홍봉한 가문이 비록 외가일지라도 향후 자신의 정국 운영에 걸림돌이 될 것으로 생각했기 때문이다. 정조는 홍국영洪國榮의 비호를 받으며 새로운 세력을 규합하고 부홍파와의 결별을 선언했다. 이에 시파인 부홍파조차도 세손의 대리청정에 반대했던 것이다. 홍봉한의 아우로 정조의 외종조부인 홍인한이 세손의 대리청정을 노골적으로 반대한 까닭도 그 때문이었다.

부홍파의 협박과 방해 공작에도 불구하고, 1775년(영조 51) 12월 세손의 대리청정이 실현되었다. 홍국영의 탁월한 정치력이 있었기에 가능한 일이었다. 그리고 그로부터 3개월이 지난 1776년(영조 52) 3월, 영조가 죽고 정조가 조선의 22대 왕으로 즉위했다.

정조는 즉위하자마자 홍국영을 중심으로 비척신 계열의 청류를 규합해 외척 세력 제거에 착수했다. 홍인한과 화완옹주의 양자로 부홍파에 가담한 정후겸鄭厚謙이 유배되었고, 그 밖에 홍인한을 비호했던 인사들이 처벌되었다. 그 결과 부홍파의 기세는 현저하게 위축되었다. 다만 왕실의 권위를 고려해 외조부 홍봉한과 고모인 화완옹주는 처벌하지 않았다.

부홍파의 제거에는 김종수金鍾秀, 정이환鄭履煥 등 공홍파의 도움이 컸다. 김종수는 공홍파의 맹장으로서 후일 벽파의 거두가 되었으며, 정이환은 김구주의 심복과 같은 인물이었다. 홍봉한 계열의 부홍파 제거에 성공한 정조는 그 여세를 몰아 김구주 계열의 외척 세력을 제거하고자 했다. 1777년(정조 1) 9월 9일 한밤중에 정조의 어머니인 혜경궁의 환후가 위독하니 모든 관료들은 입궐해 문안드리라는 교서가 내려졌다. 당시 남촌에 살던 김구주 역시 황급하게 대궐로 달려왔다. 그러나 그가 승정원에 도착했을 때는 이미 불참자 명단이 통보된 다음이었다. 결국 김구주는 혜경궁을 위문하지 않았다는 죄로 흑산도에 유배되었다. 김구주의 유배는 공홍파에게 경종을 울리는 동시에 경주 김씨의 몰락을 불러왔다. 공홍파의 거두 김종수의 반대에도 불구하고 김구주를 처벌할 수 있었던 것은 소론 서명선徐命善 계열의 지지가 있었기에 가능했다.

이처럼 정조는 공홍파의 지원 아래 홍봉한 계열인 부홍파를 제거한 다음, 그 여세를 몰아 김구주 계열까지 제거했다. 그러나 외척 세력이 완벽하게 제거된 것은 아니었다. 우선 부홍파의 영수 홍봉한이 처벌되지 않았다. 정조 자신의 정통성을 확보하고 공홍파를 견제하기 위해서 부홍파를 잔존시킬 필요가 있었던 것이다. 공홍파의 경우도 김구주가 유배되었지만 처벌 대상이 그 이상 확대되지 못했다. 공홍파에 대한 대대적인 처벌을 단행할 분위기가 조성되지 못한 탓이었다.

정조는 왕권 강화를 위해 외척은 물론 측근 세력도 철저히 배제하고, 환관에 대해서도 경계를 늦추지 않았다. 그리고 그 공백을 사대부의 등용을 통해 채우려 했다. 정조에게는 의리탕평을 함께 실현할 인재가 필요했다. 그리하여 규장각奎章閣, 초계문신제抄啓文臣制 등을 통해 친왕적이면서도 학식과 의리는 물론 참신한 기풍을 겸비한 인재를 양성하고자 했다. 그런 맥락에서 정조가 홍국영에게 거는 기대는 남달랐다.

홍국영은 굴지의 명문인 풍산 홍씨 가문 출신으로, 정조의 외조부인 홍봉한과도 인척 관계였다. 1772년(영조 48) 25세의 나이로 과거에 급제한 후 시강원 사서司書에 임명되어, 당시 왕세손이던 정조와 인연을 맺게 되었다. 홍국영은 타고난 야심가이자 뛰어난 정략가였다. 그는 한동안 특정 당파를 표방하거나 지지하지 않고, 주변에 사람들을 모으지도 않았다. 정조가 홍국영을 전적으로 신임한 것도 당쟁에 물들지 않은 '건실한 청년 관료'라는 이미지 때문이었다. 그는 세손의 대리청정을 반대하는 외척 세력에 맞서 대리청정을 관철시키고, 정적들로부터 신변의 위협을 받고 있던 정조를 보호하는 데 앞장섰다.

이처럼 정조 즉위에 가장 큰 공을 세운 홍국영은 정조 대 초반에 정권을 좌우하다시피 하며 권세를 누렸다. 이때 홍국영의 나이 겨우 29세였다. 그는 도승지, 훈련대장, 금위대장, 숙위대장을 겸임하고 무반 세력을 규합해 인사권은 물론 군권까지 장악했다. 국가의 모든 중대사는 홍국영을 거쳐야만 정조에게 보고되었다. 홍국영의 위세가 날로 높아지자, 정승들조차도 홍국영의 서슬 앞에서 고개를 숙여야 할 정도였다. 세상에서는 이러한 무소불위의 권력을 두고 '홍국영의 세도정치勢道政治'라 불렀다.

정조는 홍국영의 비대한 권력을 알고 있었지만, 그의 공로를 고려해 묵인해 주었다. 즉위 초반의 어수선한 정국을 수습하고 강력한 친정 체제를 구축하기 위해서는 홍국영과 같은 인물이 필요했던 것이다. 그러나 욕심이 지나치면 화를 부르게 마련이다. 홍국영은 자기도 모르는 사이에 정조의 신임을 남용하고 있었다. 어느덧 홍국영의 권력도 끝이 보이기 시작했다.

당시 중전 김씨는 지병이 심해 후사를 기약하기 힘들었다. 이를 간파한 홍국영은 자신의 누이를 정조의 후궁으로 들였다. 일찍이 정조를 외척과 결별시켰고, 정조 즉위 후 북당, 남당의 두 외척을 와해시키는 데 일조했던 그가 이제는 스스로 외척이 된 것이다. 그러나 불행하게도 누이 원빈 홍씨는 자식을 낳지 못하고 1년 만에 죽고 말았다. 홍국영의 계획은 물거품이 되었다. 홍국영은 차선책으로 정조의 이복동생인 은언군恩彦君의 아들 상계군常溪君 담湛을 원빈 홍씨의 양자로 삼아 완풍군完豊君에 봉했다. 그런 다음 송덕상宋德相을 조종해 왕세자 책봉을 청하는 상소를 올리게 했다. 홍국영은 완풍군을 정조의 후계자로 삼을 생각이었던 것이다.

이러한 홍국영의 행태는 정조의 마음을 돌아서게 했다. 그동안 묵묵히 지켜보면서 한 번도 그를 나무라지 않았지만, 이제 상황이 달라질 수밖에 없었다. 정조는 홍국영에게 막강한 권력을 허락했지만, 왕위 계승에 간여하는 일만은 용서할 수 없었던 것이다. 남은 것은 정조의 용단뿐이었다.

1779년(정조 3), 정조는 마침내 자신의 든든한 조력자였던 홍국영을 축출했다. 입조의 명을 받고 정조를 만나고 나온 홍국영은 곧바로 사직소를 올렸다. 스스로 물러나긴 했지만 정조의 뜻에 따라 추방된 것이나 다름없었다. 권력의 핵심을 모두 차지하고서, 그것도 모자라 외척이 되고자 했던 홍국영의 정치적 야심은 이로써 종지부를 찍게 되었다.

시파와 벽파의 대립

이후의 정치 구도는 시파와 벽파가 서로 대립하는 양상으로 흘러갔다. 기본적으로는 노론, 소론, 남인으로 3분되었지만, 경우에 따라서는 시파와 벽파로 양분되기도 했다. 시파와 벽파는 새로운 당색이 아니라 각 당마다 존재했다. 노론에도 시파, 벽파가 있고, 소론에도 시파, 벽파가 있으며, 남인에도 시파, 벽파가 있었다. 그러나 각 당의 시파와 벽파가 본래의 당색을 초월해 결집한 것은 결코 아니었다. 따라서 엄밀히 말하면 시파와 벽파는 정파도, 당파도 아니었다.

시파와 벽파를 어떤 세력이라고 한마디로 규정하기는 어렵다. 신임의리와 임오의리에 대한 인식 문제와 정조의 정국 운영에 대한 동조 여부가 미묘하게 연관되어 있기 때문이다. 그렇지만 대체로 시파는 사도세자의 죽음을 동정하면서 정조의 정국 운영에 동조한 세력을 말하며, 벽파는 사도세자의 죽음을 당연시하면서 정조의 정국 운영에 동조하지 않은 세력이라 할 수 있다. 즉 시파는 친정조 세력이고, 벽파는 반정조 세력이었다. 시파의 연원은 영조 후반의 부흥파·북당이었고,

벽파의 연원은 공홍파·남당이었다.

시파와 벽파가 당파적 성격으로 등장하기 시작한 것은 1784년(정조 8) 6월부터였다. 이때는 소론의 서명선이 주도권을 잡고 있었다. 김종수를 대표로 하는 노론 청명당淸名黨(노론 척신당을 비판하던 청류)은 홍국영의 비호 속에 정조 초반 정국을 주도했지만, 홍국영의 실각과 더불어 그 위세가 크게 떨어진 상태였다. 정조는 서명선을 통해 부홍파와 공홍파 모두를 견제하는 한편, 자신의 입장에 동조하는 시파를 결집시켰다. 그러자 노론 청명당의 불만은 더욱 커졌다. 그리고 서명선 계열뿐만 아니라 자신들에게 동조하지 않는 노론들도 시파로 지목하며 대립하기 시작했다.

시파와 벽파의 대립이 한층 가시화된 때는 1788년(정조 12)이었다. 이때 정조는 노론 김치인金致仁, 소론 이성원李性源, 남인 채제공蔡濟恭을 3정승에 임명하는 실로 획기적 인사를 단행했다. 정조 자신의 표현대로 이는 "붕당이 생긴 이래로 처음 있는 일"이었다. 그런데 정국의 주도권은 김종수, 김치인의 노론 청명당이 가져가게 되었고, 이에 서명선 계열이 반발하면서 양파 간의 대립이 더욱 심화되었다.

그러나 시파와 벽파의 대립에도 불구하고 정조는 시파 준론을 중심으로 의리탕평을 어느 정도 궤도에 올려놓았다. 또한 권력 구조를 개선해 전랑통청권을 혁파하고, 재상의 권한을 강화했다. 문체반정文體反正(한문의 문장 체제를 순정고문醇正古文으로 회복하자는 주장)을 통해 군주를 중심으로 하는 학풍을 진작시켰다. 그리고 규장각을 통한 친위 세력 양성에 박차를 가하는 한편, 지방 유림의 포섭에도 소홀하지 않았다. 이는 모두 왕권 강화를 위한 노력이었다. 이런 와중에 발족된 노

정조 어필
정조는 공론과 의리를 강조하여 첨예한 의리 문제를 해결하는 한편, 국왕의 의리에 반하는 세력을 제거하여 왕권을 강화하고자 했다. 이 점에서 정조의 탕평은 의리탕평이요, 준론탕평이었다.

론, 소론, 남인의 3상 체제는 탕평과 왕권에 대한 강한 자신감에서 비롯된 것이었다.

이렇게 남인 채제공이 주도하고 노론 시파가 재상직을 독점하는 시파 우위의 정국이 유지되면서 벽파는 점차 위축되었다. 여기서 주목할 사실은 김치인, 김종수가 벽파로 지목되어 종전까지 불분명하던 벽파의 실체가 확인되었다는 점이다. 이제 시파, 벽파의 문제는 노론 내부의 갈등을 넘어서서 정국 운영에 영향을 미치기 시작했다. 그리고 1791년(정조 15)부터 채제공의 독상獨相 체제가 3년간 지속되면서 벽파의 불만이 고조되었다.

그 사이 정조는 왕권 강화를 위한 강력한 개혁 정책을 실천해 나갔다. 1788년(정조 12)에 친위 군영인 장용영壯勇營을 설치하고, 이듬해인 1789년(정조 13)에 사도세자의 묘원을 새롭게 단장한 것이 그 시작이었다.

정조는 군주가 군권을 일괄 통제해야 한다고 생각했다. 이는 왕권 강화에 필수적인 요건이기도 했다. 장용영의 설치는 그런 의미에서 중요했다. 규장각이 정조의 친위 세력을 양성하기 위한 기관이라면, 장용영은 정조 정권을 유지·강화하기 위한 무력 기반이었다. 외척의 위협 속에서 즉위한 정조였기에 누구보다 친위군의 필요성을 절감했다.

즉위 초반에 정조는 숙위 체제를 강화하는 차원에서 숙위소를 설치했다. 그리고 숙위대장에는 친위 세력의 대표이던 홍국영을 임명했다. 숙위소는 궁궐의 숙위는 물론 도성을 수비하고 점차 5군영까지 총괄하는 기구로 부상했으며, 병조, 오위도총부에 소속되어 있지 않았다. 이 점에서 숙위소는 군주 직할의 독자적인 기구였다고 할 수 있다. 그러나 숙위소는 홍국영과 운명을 같이했다. 정조는 홍국영을 축출하면서 숙위소도 혁파했다.

숙위소를 혁파한 정조는 숙위 체제를 개선해 장용위壯勇衛를 신설했다. 장용위는 1782년(정조 6)에 무예와 통솔력을 지닌 엘리트 무관 30명으로 출발했다. 1787년(정조 11)에는 50명으로 인원이 보강되면서 장용청壯勇廳으로 승격되었다. 그리고 이듬해인 1788년(정조 12)에 장용청이 장용영으로 개편된 것이다. 장용영은 정조의 관심과 지원 속에 그 규모가 꾸준히 확대되다가, 1793년(정조 17)에는 장용내영, 장용외영으로 분리되었다. 내영은 수도 방위를 위해 한성부에 설치되었는데, 정조는 내영보다는 외영의 육성에 주안점을 두고 있었다.

정조의 화성 경영

한편 1789년(정조 13) 7월, 정조는 금성위錦城尉 박명원朴明源의 건의를 받아들여 양주 배봉산拜峰山에 위치한 사도세자의 묘 영우원永祐園을 이장한다고 공식적으로 발표했다. 이장지는 수원의 화산花山으로 결정되었다. 화산은 800여 개의 봉우리가 하나의 산을 둥그렇게 에워싸며 보호하고 있어, 그 형세가 마치 꽃송이와 같다고 해서 붙여진 이름이다.

사실 이장지는 화산 외에도 여러 곳이 내정되어 있었지만, 정조는 화산을 고집했다.

좁고 초라한 모습이었던 사도세자의 묘는 이제 용이 여의주를 희롱하는 형국인 화산으로 옮겨지게 되었다. 정조는 사도세자의 묘를 더할 나위 없는 '복룡대지伏龍大地'에 모시고 왕릉에 버금가는 수준의 규모와 양식으로 치장했다. 명칭도 영우원에서 "현부顯父를 융성하게 높인다."는 의미의 현륭원顯隆園으로 변경했다. 또한 정조는 사도세자의 행장인 '현륭원행장顯隆園行狀'을 손수 지어 아버지의 학문과 덕행을 찬양하고 자신의 정치적 포부를 밝혔다.

당초 신료들은 현륭원 이장에 별다른 의구심을 갖지 않았다. 그저 효심에서 비롯된 것이라고만 생각했다. 그러나 그것은 착각이었다. 정조는 임오화변 당시 세자를 변호하다 화를 당한 대사헌 한광조韓光肇에게 충정忠貞의 시호를 내렸다. 이는 사도세자의 정당성을 간접적으로 천명하는 것이었다.

사실 정조의 본심은 '화성華城 경영'에 있었다. 정조는 화성을 친위지역으로 조성해 개혁의 본산으로 삼으려고 했다. 현륭원 이장은 탕평과 왕권 강화에 대한 자신감의 표출인 동시에 화성 경영에 대한 가능성을 타진하는 과정이었다.

이러한 가능성 타진에는 경제적 개혁도 포함되어 있었다. 1791년(정조 15) 6월, 정조는 채제공의 주장을 전폭적으로 수용해 육의전을 제외한 모든 시전의 금난전권禁亂廛權을 혁파하고 개인 상인의 자유로운 상행위를 보장했다. 이를 신해통공辛亥通共이라고 한다.

금난전권은 육의전, 시전 상인에게 부여된 전매 특권이었다. 원래는 육의전에 한정되었으나, 재정적인 곤란을 타개하려는 정부의 의도 때문에 점차 시전에까지 확대되었다. 이 점에서 금난전권은 정부와 시전의 상호 필요에 의해 성립된 제도였다. 그러나 18세기 이후 시전이 증가하면서 금난전권은 폐단이 드러났다. 금난전권이 소상인의 몰락, 상품 유통의 지연, 물가 폭등의 원인으로 작용했기 때문이다. 이에 경종, 영조 대를 거치는 동안 시정책이 다각도로 모색되었다. 1764년(영조 40)에 영조는 시전상인들에게 금난전권의 폐지에 대해 물어보았는데, 상인들의 반응은 당연히 부정적이었다. 결국 금난전권 문제는 정조의 숙제로 넘겨졌다. 그리고 채제공의 경륜과 정치력에 힘입어 신해통공이라는 결실을 맺게 된 것이다.

그러나 신해통공은 단순한 상업 정책이 아니었다. 여기에는 정조와 채제공의 정치적인 의도가 강하게 반영되어 있었다. 정조와 그의 친위세력들은 시전의 상권을 억제해 사회적 문제를 해결하고 정치적 목적을 달성하고자 했다. 당시 금난전권을 보유한 일부 특권 상인들은 노론 벌열閥閱과 깊이 연결되어 있었다. 따라서 탕평을 추구하는 정조의 입장에서는 노론과 특권 상인의 관계를 차단할 필요가 있었다. 이는 '왕권을 통한 집중화'라는 탕평의 원리와도 부합하는 것이었다. 나아가 정책의 대부분이 청남의 영수 채제공에 의해 입안되었다는 점에서도 신해통공이 노론에 대한 견제책이었음을 분명하게 알 수 있다.

또한 신해통공은 '화성 경영'과도 밀접한 관련이 있었다. 현실적으로 금난전권이 존재하는 한 화성의 상권은 위축될 수밖에 없었다. 사실상 금남전권은 한양의 경계를 넘어 인근의 시장에까지 적용되고 있었기 때문이다. 이 점은 수원도 예외일 수 없었다. 정조는 화성 경영이라는 원대한 포부를 지니고 있었던 만큼 금난전권으로 인한 수원의 경제 위축을 방관할 수 없었다.

그러던 중 1792년(정조 16), 영남 유생 1만 57명이 연명해 사도세자의 죄를 신원하고 그를 모해한 무리들을 처벌해야 한다는 상소를 올렸다. 상소는 사도세자 30주기에 즈음해 계획적으로 추진된 것이었다. 이에 사도세자에 대한 의리 문제, 즉 임오의리가 정국 운영의 현안으로 제기되었다. 시파와 벽파의 대립은 더욱 심화되었다. 정조는 당연히 시파를 두둔하고 싶었지만, 영조의 의리를 중시하는 세력을 무조건 외면할 수도 없었다. 이는 자신이 추구하는 탕평의 본질적인 취지이기도 했다. 그래서 벽파 김종수를 공격한 우의정 박종악朴宗岳을 파직하고 김종수에 대해서는 우호적인 입장을 취했다. 그러나 정조는 신료들을 소집한 자리에서 영조가 임오화변을 애통하게 여겼다는 사실을 강조했다. 이것은 소극적이나마 임오의리를 천명한 것이었다. 즉위 초 정조는 노론의 반발을 무마하고 정국을 안정시키기 위해 사도세자의 신원 문제에 대한 거론을 철저히 금지시킨 바 있었다. 당시 정조에게 진정한 효도는 섣부른 신원이 아니라 착실하게 왕권을 다지는 일이었다. 그러나 이제는 사정이 달라졌다. 정조의 이러한 태도의 변화는 벽파를 동요시켰다.

결국 영남만인소는 임오의리를 정쟁의 뜨거운 감자로 부각시켰을 뿐만 아니라 노론 청명당을 시파와 벽파로 양분시키는 결정적인 계기가 되었다. 이때 시파로 지목된 대표적인 인물은 박준원朴準源, 김조순金祖淳이었다. 특히 김조순은 후일 안동 김씨 세도 정권의 원류라는 점에서 의미가 컸다.

그런 가운데 1793년(정조 17) 5월에는 영의정 채제공이 "사도세자를 신원해야만 정조의 왕권이 천양된다."는 상소를 올려 일대 파란을 일으켰다. 정조의 정치력으로 사태가 수습되기는 했지만, 노론 중에서 신임의리를 고수하는 세력들은 이를 계기로 벽파로서의 색채를 더욱 선명히 드러냈다.

그리고 그해에 정조는 수원에 장용외영을 설치했다. 외영은 3,000여 명의 상비군과 비상시에 동원되는 수성군으로 구성되었다. 한양의 내영을 월등히 능가하는 규모였다. 외영 설치의 명분은 현륭원을 호위하고 행궁을 수호하는 데 있었다. 그러나 이는 표면적인 이유에 불과했고, 사실상 외영은 전위傳位 이후를 대비한 친위 군영이자 무력의 본산이었다. 정소는 외영 설치와 함께 수원의 명칭을 '화성華城'으로 변경하고, 동시에 유수부留守府(유수를 장관으로 하는 조선의 지방행정구역 중 하나, 주로 군사적인 의도로 설치)로 승격시켰다. 정조는 군복을 착용하고 군사들의 호위를 받으며 수원으로 행차해 장용영의 친위 군영으로서의 위용을 과시했다.

이어 1794년(정조 18), 정조는 화성 축조 계획을 발표했다. 마침 사도세자와 혜경궁 홍씨가 육순이 되는 해였다. 1월 13일, 현륭원을 참배한 정조는 신료들의 만류에도 불구하고 재실에서 하룻밤을 뜬눈으로 지새웠다. 비명에 죽은 아버지에 대한 감회 때문이었다. 다음 날 행궁으로 돌아온 정조는 신하들을 이끌고 팔달산에 올랐다. 바로 그 자리에서 정조는 화성 축조에 대해서 밝혔다. 화성을 친위 지역화하려는 정조의 포부가 마침내 실현 단계에 접어든 것이다.

화성 축성 논의가 최초로 제기된 때는 1790년(정조 14) 6월이었다.

당시 부사직이던 강유姜游가 수원이 총융청의 외영이며 현륭원이 있는 곳이라는 이유를 들어 축성을 건의했다. 1791년(정조 15)에는 사직 신기경愼基慶이 축성의 필요성을 다시 강조했다.

그러나 실제로 화성 축성의 계기를 마련한 인물은 정조의 측근인 채제공이었다. 1793년(정조 17) 수원유수로 파견된 채제공은 그해 5월, 축성 방안을 본격적으로 건의했다. 사실 채제공은 수원이 화성으로 승격되고 장용외영이 설치될 때, 이미 화성 축조를 향한 정조의 의중을 간파하고 있었다. 축성과 관련해 1792년(정조 16)에 정약용丁若鏞이 올린 성제城制 또한 채제공과 무관한 것이 아니었다. 채제공과 정약용은 기호 남인의 핵심 세력으로서 평소에 교류가 깊었다. 그리고 마침내 정조가 용단을 내려 1794년(정조 18) 벽두에 화성 축조를 명하니, 화성 축조의 대역사가 비로소 현실화되었다.

당초 화성 축조는 10년 계획으로 추진되었다. 예상 경비는 약 40~50만 냥이었고, 축성의 기법은 유형원柳馨遠이 지은『반계수록磻溪隨錄』에 제시된 내용을 충실하게 준수했다. 유형원은 100년 전에 이미 수도 외곽의 방어 차원에서 수원성의 필요성을 강조한 실학자였다. 그의 선견지명에 감탄한 정조는 유형원을 이조참판과 성균관 좨주로 추증했다.

정조가 공사 기간을 10년으로 계획하고 추진한 이유는 그 사이에 왕권의 기틀을 확실하게 다진 다음 세자에게 왕위를 물려줄 생각이었기 때문이다. 화성이 완성되면 상왕으로 물러나 그곳에 머무를 계획이었다. 예상 시기는 갑자년, 즉 1804년이었다. 이처럼 정조가 전위를 계획한 것은 바로 아버지 사도세자 때문이었다. 정조 자신은 사도세자를 추숭해 억울하게 죽은 한을 달래고 싶었다. 그러나 "나의 처분을 지키라."는 영조의 부탁을 저버릴 수도 없었다. 정조의 고뇌가 바로 여기에 있었다. 은혜와 의리의 기로에 서서 고민하던 정조는 그 대안으로 전위를 구상한 것이다. 새 왕의 손으로 사도세자를 추숭한다면, 모든 혐의는 반감될 수 있었다.

그사이 시파와 벽파의 대립은 새로운 국면을 맞이하게 되었다. 1795년(정조 19)에 김종수가 물러나고 심환지沈煥之가 벽파의 영수가 되었다. 그러면서 노론의 중도파가 벽파에 합류했다. 중도파였다가 벽파로 합류한 대표적인 인물로는 이서구李書九를 들 수 있다.

이 시기의 정국은 친왕 세력과 반왕 세력으로 양분된 가운데 친왕 세력이 주도권을 확보하고 있었다. 정조가 장용외영을 설치하고 화성 축조를 통한 화성 경영

화성능행도
장용외영 설치 이후 정조의 화성 행차는 실로 장관이었다. 정조는 화성을 친위 지역으로 조성하여 개혁의 본산으로 삼으려 했다.

의 가능성을 내비치자, 정국은 극도로 경색되었다. 이에 벽파는 반왕적·반개혁 성향을 노골적으로 드러내며 정조와 대립했다. 한편 정국 경색에 따라 정치적인 입장을 바꾸는 인물도 속출했다.

그런데 화성은 당초 예상과는 달리 공사가 급속도로 진행되어, 2년

6개월 만인 1796년(정조 20)에 완공되었다. 성곽의 둘레는 약 6킬로미터였다. 모두 37만여 명의 인원이 동원되고 약 90만 냥의 경비가 지출된 대역사였다. 현륭원 이장 이후 7년 만에 이룩한 쾌거였다. 즉위 20년에 대역사를 완공하게 된 정조는 그해 10월 16일 성대한 낙성연을 열었다. 화성 축조를 기념하고 신민들과 더불어 기쁨을 함께하기 위해서였다. 이로써 정조의 원대한 포부는 실현되어 가고 있었다.

이렇듯 정조는 즉위 후 20년간 권위를 새롭게 다지면서 군주를 정점으로 한 국론 통일에 매진했다. 정조의 왕권 강화를 위한 노력은 치세 후반기에 이르러 소기의 성과를 달성하고 있었다. 자신감을 얻은 정조는 이제 군주도통론君主道統論에 입각해 '의리주인義理主人'을 자처하게 되었다. 이는 산림이 아닌 군주가 사문의 도통을 계승해 의리를 주관한다는 논리로서, 인조 이래의 산림도통론을 정면으로 부정하는 것이었다. 그리하여 산림의 위상은 현저하게 저하되었다. 이미 영조 이후로 탕평책이 추진되면서 산림의 학문적, 정치적 입지는 크게 약화된 상태였다. 더 이상 산림은 정국의 주도자도, 세도의 주재자도 아니었다.

4

오회연교

1800년(정조 24) 5월 그믐, 경연에 나온 정조는 이른바 '오회연교五晦筵
敎'를 발표했다. 오회연교란 5월 그믐날 경연에서의 하교를 말한다. 여
기서 정조는 탕평을 추진한 자신의 통치 원칙을 자세하게 밝히는 한
편, 임오의리를 공개적으로 천명했다.

  오회연교의 골자는 두 가지였다. 먼저 정조는 정치 원칙의 시대적
인 가변성을 환기시켰다. 이는 영조의 처분에 기반을 둔 노론의 정치
원칙을 부정하는 동시에 정계 개편을 암시하는 말이었다. 다른 하나는
임오의리 문제였다. 신임의리가 영조의 족쇄였다면 임오의리는 정조
의 족쇄였다. 이와 관련해 정조는 "임오의리를 천명하되 관련자를 처
벌하지 않고, 임오의리로 인해 신임의리를 번복하지 않는다."는 두 가
지 조건을 제시했다. 사도세자를 모해한 공홍파(벽파)의 행동은 역절逆
節이 분명하지만, 지금이라도 지난날의 과오를 시인하고 고개를 숙인

다면 용서하겠다는 말이었다. 따라서 이는 타협이라기보다는 일방적이고 노골적인 강요였다.

현륭원 이장, 장용영 강화, 화성 축조는 분명 정조에게 강한 자신감을 심어주었다. 그 여세를 몰아 정조는 1794년(정조 18) 12월 벽파의 영수 김종수를 강제로 은퇴시켰다. 이 시기에 항간에는 사도세자의 모해자를 제거하려 한다는 '친위 쿠데타설'과 수원으로의 '천도설'이 떠돌고 있었다. 뿐만 아니라 정조가 의리주인을 자처하며 군주도통론을 주장하자, 노론 벽파의 의구심은 더욱 깊어졌다.

그런데 이 무렵에는 이미 채제공의 역할에도 한계가 오기 시작했다. 벽파는 정조의 측근이며 남인의 영수인 채제공을 그냥 두지 않았다. 벽파의 맹공을 더 이상 견딜 수 없었던 채제공은 1798년(정조 22) 6월 사직서를 제출하고 말았다. 이에 판세는 역전되어, 그해 8월 이병모李秉模, 심환지를 정점으로 하는 벽파 정권이 수립되기에 이르렀다. 정조의 입장에서는 불가피한 선택이었다.

그리고 1799년(정조 23) 3월, 정조는 경모궁景慕宮을 참배한 다음 전교의 형식으로 임오의리를 다시금 천명하기에 이르렀다. 이때 정조는 신하들이 이를 수용하지 않으면 환궁하지 않겠다고 으름장을 놓기까지 했다. 벽파의 영수 심환지가 이를 수용해 정조의 의지는 일단 관철되었다. 그러나 이 일을 계기로 벽파는 정조에 대해 완전히 등을 돌리게 되었다.

송치규宋穉圭 등의 산림들은 출사를 거부했고, 심환지는 현륭원의 이장과 화성 축조를 정면으로 비난하는 한편, 신임의리 강화를 요구했다. 심지어 초계문신이 정조의 친시親試를 거부하는 사태도 발생했다.

뿐만 아니라 벽파는 천주교 신봉의 혐의를 들어 이가환李家煥을 거세게 공격했다. 이가환은 정조에 의해 차세대 재상으로 지목된 남인의 영수였다. 그러므로 이가환에 대한 공격은 남인을 제어하고 벽파 정권을 수립하기 위한 사전 작업이었다.

실로 총체적인 난국이었다. 조정에도, 재야에도 반왕 세력이 준동하는 세상이었다. 정조의 친위 세력으로 초계문신 출신인 우의정 이시수李時秀가 있었지만, 난국을 타개하기에는 역부족이었다. 이에 정조는 특단의 조처를 강구하지 않을 수 없었다. 그것이 바로 오회연교였다. 이러한 점에서 오회연교는 총체적인 난국을 수습하고 왕권을 재확립하기 위한 궁여지책이었다.

벽파에게 오회연교는 일종의 '투항 명령서'였다. 노론의 정치 원칙을 부정하고 정계 개편을 단행할 수도 있다는 말은 이가환을 정점으로 하는 남인 강경파의 부상을 암시하고 있었다. 또한 임오년의 잘못을 시인하면 용서해 줄 수 있다는 말은 사도세자에게 반역을 범한 이상 자신에게 대항하지 말고 순종하라는 것이었다.

예상대로 벽파의 반발은 대단했다. 한때 시파에서 벽파로 전향한 이서구는 정조의 제의를 정면으로 거부했다. 임오의리와 신임의리를 구분할 수 있다는 말은 정조의 교묘한 술책에 지나지 않는다고 강력히 비난했다. 그러나 정조는 이서구를 문책하지 않았다. 더 이상의 반발이 일어나지 않도록 하기 위해서였.

다만 우회적인 방법으로 벽파를 다그치기 시작했다. 공교롭게도 이때 김이재金履載가 상소해 우의정 이시수를 비난한 일이 있었다. 정조는 반드시 배후 조종자가 있다고 판단하고 3일 안에 자수할 것을 종용

정약용의 친필 산수화
조선의 대표적인 실학자인 정약용은 정조가 설립한 규장각을 통해 성장한 인재였다. 정약용은 실학의 집대성자로 모든 학문에 두루 통하지 않는 것이 없었다.

했다. 그러나 3일이 지나도 자수하는 자는 없었다. 정조는 그로부터 4일 후 심환지를 불러 마지막으로 단호하게 경고했다. 그러나 뜻밖에도 그로부터 12일 후 정조가 49세의 나이로 사망함으로써 모든 상황은 종료되었다.

정조의 사망은 무수한 의혹을 남겼다. 특히 남인들 사이에서는 정조의 독살설이 공공연하게 유포되었다. 심지어 경상도 인동(지금의 구미)에서는 관청에 나아가 시위하는 사람도 있었다고 한다. 정약용도 『여유당전서與猶堂全書』에서 이 사건을 언급하면서 독살설을 강하게 암시할 정도였다.

남인들은 오회연교의 내용 중에서도 의리는 시대에 따라 달라질 수 있고, 재상을 임용할 때는 반드시 8년 정도 시련을 준 다음에야 8년을 믿고 등용할 수 있다는 대목에 주목했다. 이 논리에 따른다면 차기 재상은 남인인 이가환, 정약용이었다. 의리를 목숨처럼 여기던 노론 벽파가 위협을 느낀 것은 당연했다. 자신들의 의리를 고수하는 데에는 정조가 장애가 되었다. 이 점에서 정조와 노론 의리는 서로를 용납할 수 없었다. 정조의 독살설은 대개 이러한 정황에서 기인한 것이다.

　정조의 죽음은 탕평의 종말인 동시에 벽파 정권의 시작이었다. 정조가 죽자 어린 순조가 즉위하고, 벽파의 후원자인 정순왕후가 수렴청정을 하게 되었다. 정권은 다시 벽파에게로 돌아갔다. 벽파는 정조의 탕평정책을 무산시키고 정조 세력의 제거에 나섰다. 이가환, 정약용 등이 몰려난 신유사옥辛酉邪獄은 그로 인한 사건이었다. 그리고 정조의 권력 기반이었던 장용영도 혁파되었다.

　그러나 벽파 정권도 약 6년 만에 붕괴되고, 정국의 주도권은 안동 김씨를 중심으로 하는 외척세력과 소수의 경화벌열京華閥閱에게로 이양되었다. 이른바 외척 세도정치가 시작된 것이다.

4장

외척세도기

1
외척
세도정치

1800년(정조 24) 6월 28일, 정조가 갑자기 서거하자 순조가 11세의 어린 나이로 즉위했다. 그다음 날 수렴청정을 시작한 정순왕후는 노론 벽파의 거두 심환지沈煥之를 영의정에, 이시수李蓍秀를 좌의정에, 서용보徐龍輔를 우의정에 임명했다. 그런 다음 정권 안보 차원에서 자신의 친정 인물인 김관주金觀柱, 김일주金日, 김용주金龍珠, 김노충金魯忠 등을 대거 정계에 포진시켰다.

그리고 우선적으로 장용영壯勇營의 축소 작업에 착수했다. 장용영은 시파의 군사적 기반이었다. 따라서 벽파 정권의 안정을 위해서는 반드시 이를 무력화시켜야만 했다. 당시 장용영은 시파의 거두 김조순 계열의 수중에 있었다. 이에 정순왕후는 정조의 국장에 따른 각종 경비는 물론 1801년(순조 1) 호조의 재정과 내사노비의 혁파로 발생한 재정 손실을 장용영에 부담하게 해 기반을 약화시킨 다음, 1802년(순조 2)

1월에 장용영을 혁파했다.

사실 벽파의 핵심 계열인 경주 김씨와 시파의 거두 홍봉한 일파 사이에는 영조 말부터 정치적 갈등이 심했다. 여기에 더해 남인들마저 채제공을 중심으로 시파에 가담함으로써 벽파의 정치적 부담은 가중되었다. 이에 벽파는 우선 비교적 기반이 약한 남인 시파의 제거에 골몰하던 중 정순왕후의 수렴청정을 계기로 시파에 대한 공격의 포문을 열었다. 당시 벽파의 핵심 인물은 심환지, 김관주, 권유權裕, 김달순金達淳 등이었다. 그중 시파 공격의 선봉장으로 나선 이는 바로 심환지였다. 그들은 천주교를 배척한다는 명목으로 신유박해辛酉迫害를 일으켜 정적을 제거했다.

이 무렵 왕실에서는 순조비의 간택 문제가 현안이 되고 있었다. 순조는 이미 정조 생전에 시파인 안동 김씨 김조순의 딸과 정혼한 상태였다. 비록 벽파가 순조와 김조순의 딸의 국혼을 저지하려고 했지만, 정순왕후는 선왕 정조의 결정을 정면으로 뒤집는 일은 왕실의 권위에 대한 도전으로 인식했다. 따라서 아무리 벽파라 할지라도 정조의 결정을 함부로 번복할 수는 없었다. 현실적으로 안동 김씨는 벼슬과 학문이 대단한 집안이었고, 상당한 군사적 기반도 있었다. 벽파 세력이 장용영을 혁파하는 등 타격을 가했지만 결정적으로 김조순 세력을 완전하게 제압하지는 못했다. 정순왕후가 김조순을 장용영 대장 겸 병조판서에 임명한 것도 안동 김씨 세력을 쉽게 대할 수 없었기 때문이다.

김조순은 은인자중하면서도 자신에 대한 선왕 정조의 신임을 이용할 줄 아는 노련한 정치가였다. 그래서 벽파 정권에서도 장용영, 총융청 등의 군문대장과 병조판서, 예조판서, 이조판서, 비변사제조, 대제학 등의 요직을 두루 역임할 수 있었다.

안동 김씨의 세도

우여곡절 끝에 1802년(순조 2) 10월, 김조순金祖淳의 딸이 순조의 왕비로 책봉됨으로써 바야흐로 안동 김씨 세도의 기반이 조성되기 시작했다. 그러나 당시 조정은 벽파에 의해 훌륭한 인재들이 대거 처형되거나 유배된 상황이었기 때문에 인물난이 심각했다. 이런 상황에서 한양의 소수 가문이 요직을 독점하는 기형적인 인사로 인해 정치는 크게 퇴보하게 되었다. 여기에 관리들의 가렴주구苛斂誅求와 자연 재해가 겹치면서 민중들의 생활은 말 그대로 도탄에 빠지게 되었다.

1803년(순조 3) 12월, 정순왕후가 수렴청정을 거두었다. 이에 경주 김씨를 중심으로 한 벽파가 크게 약화된 반면, 김조순을 중심으로 한 시파가 정국의 주도 세력으로 부상했다. 1804년(순조 4) 순조의 국혼을 반대했던 권유와 그 배후자로 지목된 김노충의 제거도 김조순의 의지와 직결된 것이었다. 이후 김조순을 중심으로 한 안동 김씨는 비변사 등 권력의 핵심 부서를 장악해 나갔다.

이런 와중에 김달순의 옥사가 일어났다. 김달순은 1805년(순조 5) 12월 벽파의 핵심인 김관주의 추천으로 우의정에 올랐다. 김달순은 김창흡金昌翕의 현손이며, 당시 노론 출신의 거물급 학자였던 김매순金邁淳과는 4촌 형제간이었다. 김달순은 초계문신으로 발탁되어 정조의 사랑을 받았으며, 전라도관찰사, 이조판서, 병조판서를 역임했다. 그런데 여기서 한 가지 주목할 점은 그가 안동 김씨이면서도 정치적으로는 시파가 아니라 벽파에 가담했다는 사실이었다.

김관주는 벽파의 후견자 정순왕후가 죽자 걱정이 생겼다. 순조가 장차 장성하면 벽파에 대해 정치 보복을 감행할 가능성이 매우 높았기 때문이다. 그는 순조가 장성하기 전에 사도세자에 대한 자신들의 입장을 정리해 두는 것이 좋겠다고 생각했다. 그래서 그는 순조의 생모 수빈 박씨의 조카인 박종경朴宗慶에게 순조를 알현하고 영조 시절에 사도세자의 잘못을 간했던 박치원朴致遠, 윤재겸尹在謙 두 사람을 포상해 달라고 주청하게 했다. 그리고 우의정 김달순이 같은 날 입궐해 똑같은 내용을 아뢰도록 계획을 세웠다.

그런데 이러한 사실을 박종경의 아버지 박준원朴準源이 알고 "집안의 박씨 종자를 말릴 화가 장차 이르겠도다."라고 말하고는 박종경을 방에 감금했다. 결국 약속한 날짜에 박종경은 입궐을 하지 못했다. 그런데 이러한 사실을 전혀 알지 못한 김달순은 순조를 알현하고 사도세자를 항상 두둔해 온 영남만인소의 주모자 이우를 처벌하고 사도세자로 하여금 잘못을 시인하게 했던 박치원과 윤재겸에게 벼슬과 시호를 내려주기를 청했다.

순조는 정조가 임오화변에 관한 문서를 파기해버렸고 "차마 듣지 못하고 차마 말하지 못하는" 사건으로 마무리했기 때문에 박치원, 윤재겸 두 사람에게 벼슬과 시호를 내릴 수는 없다고 했다. 그리고 다시 이 문제를 거론하지 말라고 했다. 상황이 이렇게 되자, 평소 김달순과는 정적 관계에 있던 김명순金明淳이 나서서 "지금 김달순이 박·윤 두 사람을 포상하기를 청하는 것은 선왕의 의지에 위배된다."고 비판하며 김달순을 몰아세웠다.

이에 순조가 찬동하자, 김명순은 형조참판 조득영趙得永에게 김달순을 탄핵하게 했다. 3사와 의금부에서도 김달순에게 죄를 물으라고 거듭 청했다. 결국 김달순은 유배되었다가 사사되었다.

김달순의 옥사를 계기로 김관주, 심환지, 김일주, 정일환鄭日煥 등 벽파의 핵심 인사들도 권력에서 밀려나고 시파 정권이 들어서게 되었다. 이로써 김조순을 중심으로 한 안동 김씨 세력은 그동안 벽파 공격에 소극적이던 반남 박씨 세력의 협력을 얻고 여기에 풍양 조씨 조득영의 후원을 받아, 경주 김씨와 벽파를 물리치고 명실상부하게 정권을 장악하게 되었다.

김조순은 순조의 장인이 된 뒤 국왕 대신 권력을 휘두르며 헌종, 철종에 이르기까지 3대에 걸쳐 세도정치를 했다. 김조순은 장동壯洞에서 교동校洞으로 이사했다. 그가 죽고 아들 김유근金逌根, 김좌근金左根, 손자 김병기金炳冀가 이어서 교동에 살았다. 김조순의 7촌 조카인 김문근金汶根은 철종의 장인이 되어 조카 김병학金炳學과 김병국金炳國이 정권을 잡았다. 그들은 모두 전동磚洞에 살았다. 그래서 당시 한양에서는 전동·교동의 명성이 자자했다. 심지어 구한말까지 '전·교동 시절'이라는 유행어가 나돌 정도였다. 10년 가는 권력은 없다지만, 안동 김씨는 60여 년간 세도를 부렸다. 심지어 1863년(철종 14)에 대원군 정권이 들어선 뒤에도 이들은 한동안 권력의 핵심부에 있었다.

세도정치의 핵심 인물은 바로 이들 김조순, 김좌근, 김문근, 김병기 등이었다. 60년 동안 안동 김씨는 항렬로 보면 '순淳'자, '근根'자, '병炳' 자가 벼슬을 독차지했다. 전주 이씨는 관례를 치를 때 주례로 세울 사람이 마땅하지 않을 정도로 몰락했으나, 순조, 헌종, 철종의 처가인 안동 김씨는 권력과 부를 마음껏 누렸다.

안동 김씨 세도 정권이 그토록 오래 지속될 수 있었던 것은 그 조상들이 충절과 학문을 쌓아온 덕택이었다. 김상용金尙容과 김상헌金尙憲이 정유길鄭惟吉의 외손자인데, 동래 정씨는 조선에서 정승을 가장 많이 배출한 집안이었다. 정태화鄭太和, 정만화鄭萬和, 정치화鄭致和 등이 모두 정승에 올라, 송시열은 이 정씨 집안을 큰기러기와 고니라 하고 자기 집은 지렁이라고 비유한 적도 있었다.

풍양 조씨의 견제

그런데 27년간 보위에 있는 동안 안동 김씨의 세도에 싫증을 느낀 순조는 1827년(순조 27) 2월부터 효명세자孝明世子에게 대리청정을 하도록 했다. 세자의 처가인 풍양 조씨를 등용해 안동 김씨 세력을 견제하고자 한 것이다.

대리청정에 나선 효명세자는 1776년(영조 52)에 영조가 정리한 신임의리를 재천명하고, 청의淸議를 내세우며 그동안 척족들의 정치 참여에 반대했던 노론 인사를 중심으로 정치 세력을 새롭게 재편했다. 대리청정 나흘 만에 종묘와 경모궁의 예식 절차를 트집 잡아 안동 김씨 계열인 전 이조판서 이희갑李羲甲, 김재창金在昌과 현 이조판서 김이교金履喬를 감봉에 처했다. 안동 김씨 세력에 대한 견제를 시작한 것이다.

효명세자는 정국의 안정을 위해 자기 세력을 요직에 등용하려 했다. 우선 자신의 측근인 김로金鏴, 이인보李仁溥, 홍기섭洪起燮, 김노경金魯敬에게 이조, 병조의 인사권과 경제권을 맡겼다. 여기에 세자의 처가인 풍

김조순의 묵죽서화
정조의 신임을 받아 여러 관직을 역임한 김조순은 자신이 딸이 어린 순조의 비가 되면서 안동 김씨 세도정치의 기틀을 마련했다. 그의 일가가 누린 권세는 아들과 손자에 이르러 절정을 이루었으나, 그 사이 국정은 농단되고 민생은 도탄에 빠져 나라 전체가 허우적거려야만 했다.

양 조씨의 조만영趙萬永, 조인영趙寅永, 조종영趙鍾永, 조병현趙秉鉉 등이 세자를 측근에서 지원함으로써 정국이 다소 안정될 수 있었다. 특히 세자의 처삼촌인 조인영趙寅永은 홍문관 대제학, 규장각의 검교·제학, 성균관 대사성 등 학술 관련 요직을 역임했다.

세자의 장인인 조만영은 훈련도감, 이조, 호조, 병조판서, 선혜청 당상 등 핵심 요직을 두루 거치며 군사권, 인사권, 경제권을 모두 장악했다. 특히 훈련대장 재직 시에는 주전鑄錢을 요청해 새로 주조한 돈과 이자를 선혜청과 훈련도감에 소속시켜 재정을 확보했다. 이때 호조판서 김로가 그를 보좌해 주전 실무를 맡았고, 김로의 후임으로는 역시 풍양 조씨 일파인 조만영, 김노경이 연차적으로 임명되었다. 주전은 대리청정기의 정치 자금을 조달하는 중요한 수단이 되었다.

그런데 19세기 세도정치기에 권력의 핵심 기구는 단연 비변사였다. 세자는 대리청정을 하면서 정승에는 심상규沈象奎, 이상황李相璜, 이존수李存秀, 남공철南公轍 등 안동 김씨 계열을 임명했으나, 김노경, 조종영,

조만영, 홍기섭, 박종훈朴宗薰, 김로, 조인영趙寅永 등 자기의 측근 세력은 비변사 실무담당 전임 당상堂上으로 두었다. 결국 이상황은 좌의정에서 물러났고, 영의정 남공철南公轍도 물러나게 되었다.

1829년(순조 29) 7월에는 김조순의 7촌 조카인 김교근金敎根과 그 아들 김병조가 심영석沈英錫에게 정치적 비리로 탄핵을 받았다. 이에 김교근은 황해도 옹진에 유배되었다. 이처럼 김교근, 김유근 등 안동 김씨 유력자들이 정계에서 쫓겨나고, 그 대신 세자의 측근 세력이 비변사를 확실하게 장악해 안동 김씨를 견제하고 왕권을 강화하는 기반을 마련했다.

그런데 1829년(순조 29) 11월, 부호군 신의학愼宜學이 상소해 정조가 죽기 12일 전에 벽파의 의리를 공인한 '오회연교'를 거론하며 시파 계열의 김이재를 처벌할 것을 주장했다. 이에 대해 안동 김씨인 김이재는 벽파 세력이 신의학을 앞세워 자기 집안을 원수로 보고 있는데, 이는 자기의 할아버지 김시찬金時粲에 의해 김구주, 김한록金漢祿 등 벽파의 흉모가 좌절되었기 때문이라 반박했다.

신의학과 안동 김씨 사이의 갈등은 신의학이 처형됨으로써 안동 김씨에게 유리하게 되는 듯했다. 그러나 세자는 대리청정 기간 동안 외가인 안동 김씨와 처가인 풍양 조씨 어느 쪽에도 힘을 실어 주지 않았다. 그는 당시 벽파 세력이 완전하게 몰락해버린 상황에서 시파를 정치적으로 철저히 배제할 의사도 없었다. 일례로 1830년(순조 30) 3월에는 복온공주를 김연근金淵根의 아들 김병주金柄疇에게 시집 보내 김씨 세력이 아직 건재하고 있음을 보여주었다.

그러나 그해 효명세자가 죽으면서 풍양 조씨 중심의 정치 세력은 일시 와해의 조짐을 보이게 되었다. 안동 김씨 세력이 김로, 김노경, 홍기섭, 이인보 등을 대리청정기의 '4간신四奸臣'으로 지목해 처단을 주장함으로써 네 사람은 모두 유배되었다. 그런데 2년 뒤인 1832년(순조 32) 순조가 조인영에게 세손(헌종)의 보도를 부탁했다. 이는 조인영이 헌종 대에 풍양 조씨 세도를 유지할 수 있는 기반이 되었다.

1834년(순조 34) 순조가 죽자 헌종은 8세의 어린 나이로 경희궁 승정문에서 조선 제24대 왕으로 즉위했다. 즉위 당시 나이가 너무 어려 김조순의 딸인 대왕대비 순원왕후純元王后 김씨가 수렴청정을 했다. 그래서 국가 사무의 모든 결재는 순원왕후가 맡아서 처리했다.

헌종은 11세 되던 1837년(헌종 3) 3월 김조근金祖根의 딸을 아내로 맞아 혼례를 올렸는데 이가 효현왕후孝顯王后이다. 이로써 국구 김조근은 영흥부원군에 봉해지고 영돈령부사에 올랐다. 이제 김조근이 안동 김씨 가문의 중심에서 풍양 조씨의 세도에 대응해야 할 처지가 되었다.

헌종이 14세가 되던 1840년(헌종 6) 12월 순원왕후는 수렴청정을 거두고 헌종에게 국사를 부탁하는 교서를 내렸다. 한편 조인영은 1841년(헌종 7) 영의정이 되어 안동 김씨를 누르고 풍양 조씨 세도를 구축했다. 그 뒤 영의정에서 물러났다가 1842년(헌종 8)과 1844년(헌종 10)에 다시 영의정에 기용되었다. 조만영의 아들 조병구趙秉龜는 조병현趙秉鉉과 함께 풍양 조씨 세도의 중심인물로 부상해 정권을 휘둘렀다. 특히 그는 삼촌인 조인영이 영의정에 오르자 세력을 규합해 안동 김씨와 권력을 다투게 되었다.

조득영의 아들 조병현은 1822년(순조 22) 문과에 급제한 뒤 예조판서, 형조판서, 대사헌, 병조판서, 이조판서를 두루 역임했다. 1843년

(헌종 9) 김조근의 딸인 헌종비 효현왕후가 죽고, 이듬해 익풍부원군益
豊府院君 홍재룡洪在龍의 딸이 왕비(효정왕후)로 간택되었다. 이에 조병헌은
풍양 조씨의 막강한 권력이 홍씨에게 분산되는 것을 막기 위해 김재청
金在淸의 딸을 경빈으로 맞아들이게 했다.

조병현은 조만영, 조인영, 조병구 등과 함께 풍양 조씨 세도정치의 핵
심 인물이 되어 안동 김씨 김홍근金弘根, 김유근 등과 권력 다툼을 전개
했다. 풍양 조씨의 세도는 1849년(헌종 15) 헌종이 죽고 철종이 즉위 할
때까지 계속되었다.

한편 헌종 즉위와 함께 풍양 조씨 가문의 세력에 밀려 한동안 주춤
했던 안동 김씨 세력은 풍양 조씨 자체의 내외 알력과 1846년(헌종 12)
조만영의 죽음을 계기로 정권을 다시 잡았다. 헌종은 1848년(헌종 14)
에 22세가 되자 자기의 목소리를 내기 시작했다. 그동안 헌종은 조병구
와 조병헌 등이 이끄는 풍양 조씨 세도정치에 싫증을 느끼고 있던 터였
다. 특히 조병구의 권력 남용을 매우 못마땅하게 생각하고 있었다. 어느
날 조병구가 대궐에 들어왔을 때, 헌종은 조병구의 죄를 조목조목 따지
고 "외숙의 목에는 칼이 들어가지 않습니까?" 라고 했다. 조병구는 소름
이 끼쳐 황급히 대궐을 빠져나오다가 타고 있던 수레가 뒤집히는 바람
에 그 자리에서 죽고 말았다.

한편 헌종은 1849년(헌종 15)에 이르러 점점 건강이 나빠졌다. 헌종에
게는 후사가 없었다. 그리하여 궁중의 제일 어른인 순조의 왕비 순원왕
후 김씨가 헌종을 이을 왕족을 물색했다. 그러던 중에 덕흥대원군德興大
院君墓(선조의 아버지, 숙종 7남)의 종손 이하전李李夏이 헌종에게 항렬로 보
아 조카뻘이 된다 는 사실을 알고 후계자로 내정했다. 그리고 그 이름을

'인손仁孫'이라고 부르게 했다. '인손'이란 이름은 순조의 능호가 인릉仁陵이기 때문에 순조의 손자로 내정한다는 의미였다. 그러나 아직 세자로 지명하는 의식은 거행하지 않았다.

그러다 헌종은 건강이 극도로 악화되어 그해 6월에 23세의 나이로 죽었다. 순원왕후는 이러한 상황에서 곧바로 나인에게 명령해 옥새를 가져오게 하고는 후계자 발표를 서둘렀다. 그러고는 예상을 깨고 인손(이하전) 대신에 전계군全溪君(사도세자의 서자인 은언군의 서자)의 제3자 이원범李元範으로 순조의 대통을 잇게 했다. 이는 안동 김씨 세력의 영향력이 작용한 결과였다.

3대 왕비를 배출한 안동 김씨의 위력

철종이 순조의 대통을 잇게 되자 자연히 영안부원군 김조순의 딸인 순원왕후의 아들이 되어버렸다. 세칭 강화도령 이원범을 맞이하기 위해 원로대신인 정원용鄭元容은 안동 김씨의 명령으로 거창한 의장儀依과 문무관료를 거느리고 강화도 전계군의 집에 도착했다. 특별히 정원용을 보낸 것은 그가 안동 김씨의 먼 외가 후손이면서 안동 김씨에 가까운 대표적인 인물이었기 때문이다.

1851년(철종 2), 헌종의 상을 탈상한 철종은 9월에 순원왕후의 가까운 집안인 김문근의 딸을 왕비로 맞이했다. 그가 곧 명순왕후明純王后다. 이로써 안동 김씨는 순조, 헌종, 철종 3대에 걸쳐 왕비를 배출하게 되었다. 그 뒤 영은부원군이 된 김문근이 국구로서 왕을 돕게 되니, 순조 때부터 시

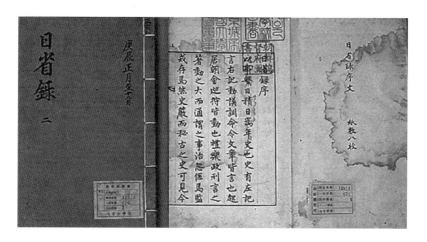

『일성록』
1752년(영조 28)부터 1910년(융희 4)까지 국왕의 동정과 국정을 중심으로 기록한 일기체 연대기.

작된 안동 김씨의 세도정치가 계속되었다.

철종은 국사의 전권을 외숙부격인 김좌근에게 위임했다. 그러자 김좌근의 일족인 김수근金洙根, 김문근, 김병기金炳冀 등 안동 김씨가 완전히 정계를 좌지우지했다. 이때 등장한 안동 김씨는 모두 철종의 처족이 아니면 외척들이었다. 철종 재위 기간은 안동 김씨의 세도정치가 가장 극에 달한 시기라고 할 수 있다.

철종은 안동 김씨 세력을 두려워해 아무 일도 독자적으로 처리하지 못하고 신하에게 요직 한 자리를 임명할 때도 반드시 좌우에 묻기를 "교동 아저씨(김좌근)가 아는 일인가?"라고 할 정도였다. 이렇듯 당시 정치는 전적으로 안동 김씨 일문에 의해 좌우되었다. 그 때문에 전정, 군정, 환곡 등 이른바 3정의 문란이 더욱 심해지고 탐관오리가 횡행해 백성들의 생활이 도탄에 빠지게 되었다.

이에 농민들은 1862년(철종 13) 봄 진주민란을 시작으로 전국 도처에서 민란을 일으켰다. 백성은 나라의 근본으로, 근본이 튼튼해야 나라가 편안한 법이다. 그런데 이제 그 근본인 백성이 전국적으로 들썩거리게 되었으니 나라가 편안할 리 없었다. 조선 왕조의 체제 자체가 근본부터 무너져 내리고 있었다.

한편 안동 김씨는 철저히 종실을 탄압했다. 철종은 슬하에 여러 아들을 두었으나 모두 일찍 죽었다. 그는 술과 여자를 너무 좋아했다. 안동 김씨 핵심 당로자(중요한 지위나 직분에 있는 사람)는 철종에게 후사가 없음을 걱정하면서 한편으로는 종실 자손 중 똑똑하고 명망 있는 자는 남모르게 없애고자 했다. 바로 이하전과 이하응李昰應이 그 대상이었다.

이하전은 1842년(헌종 8) 완창군完昌君 이시인李時仁의 아들로 태어났다. 1849년(헌종 15) 헌종이 후사 없이 죽자 이하전은 왕족 중 기개 있는 인물로서 유력한 왕위 계승자 물망에 올랐다. 그러나 외척인 안동 김씨의 강한 반대로 후계자에서 탈락되었다. 이런 연유로 그는 철종이 즉위한 뒤 늘 안동 김씨의 감시 대상으로 감시를 받았다. 그가 젊은 시절 과거에 응시할 때 힘이 센 자를 많이 모집해 과장에 데리고 들어가 부호집 자제들과 자리를 다툰 일이 있었다. 특히 안동 김씨 세도가의 자제들과 서로 다투다가 크게 낭패를 당하자 이하전은 머리를 풀어 헤치고 맨발로 과장 밖으로 나와 종실로서 세도집 사람에게 무시당한 것을 분하게 여겼다. 그는 손바닥으로 가슴을 치며 "하늘이여, 원통하도다!"라고 울부짖었다.

이하응은 재주와 지략이 뛰어났다. 그러나 흥선군 시절 집이 가난해 죽으로 연명하고 어떤 때는 끼니도 제대로 잇지 못했다. 안동 김씨 세도 아래에서 그는 성품이 경솔하고 방탕한 것처럼 거짓 행동했으며 무뢰한과 잘 어울렸다. 기생집에 가서 놀다가 가끔 부랑자에게 욕을 당하니 사람들은 그를 궁도령이라고 놀렸다. 안동 김씨에게 아첨도 했으나, 김씨 세도가들은 그 사람 됨을 좋지 않게 여겨 모두 냉정하게 대했다. 그는 종실의 몸으로 매사에 조심하며 신중하게 처신해 안동 김씨의 경계에서 벗어날 수 있었다.

안동 김씨는 종실로서 자긍심이 강하고 위풍당당한 이하전의 태도를 예의주시했다. 결국 이하전은 1862년(철종 13) 7월, 김순성金順性과 이긍선李兢善 등에 의해 왕으로 추대되어 모반을 도모했다는 오위장 이재두李載斗의 무고로 제주에 유배되었다가 사사되었다. 헌종이 죽고 철종을 세울 무렵 정치적으로 풍양 조씨 계열인 권돈인權敦仁이 이미 이하전을 후계자로 세우자는 주장을 한 적이 있었다. 그렇기 때문에 안동 김씨는 이 기회를 이용해 아예 후환을 없애 버렸던 것이다. 촉망받던 종실 이하전이 이렇게 안동 김씨에게 화를 당하자 많은 사람들이 원통하게 여겼고, 백성들도 눈물을 흘렸다.

종실 이하전마저 제거되자 안동 김씨는 마음껏 세도를 부렸다. 그러나 철종이 후사가 없이 죽자 보위는 흥선군의 아들 이명복李命福에게 돌아갔다. 안동 김씨 60년 세도정치를 종식시킨 데는 흥선군과 풍양 조씨(신정왕후)의 정치력이 작용했다. 그렇지만 그 뒤, 신정왕후가 정치적으로 큰 힘을 발휘할 수는 없었다. 1863년 말 고종 즉위 후 흥선대원군興宣大院君의 10년 세도가 기다리고 있었던 것이다.

2
신유박해와
기해박해

신유박해辛酉迫害와 기해박해己亥迫害는 조선 후기에 일어난 대표적 천주교 박해 사건이다. 그러나 이것은 비단 종교적 문제가 아니었다. 당시 득세한 외척 세도가들은 자신들의 정적을 제거하기 위해 천주교 박해를 정치적으로 이용했다.

천주교가 조선 사회에 본격적으로 전파되기 시작한 것은 18세기 말부터였다. 1794년(정조 18)에 청나라 신부 주문모周文謨가 국내에 들어오면서 교세가 확장되었다. 왕실에서조차 천주교 신자가 나왔다. 남인 재상 채제공은 천주교에 우호적인 입장이었다. 국왕인 정조도 특별한 박해를 가하지 않았다. 이런 분위기 속에서 정계에서 소외된 재야 남인계열을 중심으로 천주교에 심취하는 경향이 나타났다. 대표적인 인물로는 이승훈李承薰, 이벽李蘗, 권철신權哲身, 이가환李家煥, 정약용 등이 있었다. 특히 뛰어난 문장과 성품으로 따르는 자가 많았던 이가환과 정약용의 영향이 컸다.

정조가 죽고 어린 순조가 즉위하면서 심환지 등의 노론 벽파는 대대적인 천주교 박해를 시작했다. 천주교 신봉자가 많은 시파의 입장에서는 실로 치명적인 일이었다. 설상가상으로 대왕대비(정순왕후)가 배후 인물을 철저하게 수사하고 관련자들을 처벌하라고 명했다. 시파의 처지는 더욱 곤란해졌다. 그리하여 이가환, 이승훈, 정약용, 정약전丁若銓, 정약종丁若鍾, 홍낙민洪樂敏, 이기양李基讓, 권철신 등이 죽거나 귀양을 가는 등 엄청난 피해를 입었다. 이것이 이른바 신유박해이다.

주문모 신부
우리나라에 들어와 활동한 최초의 외국인(중국인) 신부로, 한양에 은거하면서 정약종과 황사영 등과 접촉했으며, 왕실의 여인들도 입교시켰다. 충청과 호남 지역까지 전교에 나섰으나, 조선 조정의 천주교 박해로 많은 신자들이 죽게 되자 1801년 자수하여 새남터에서 순교했다.

신유박해의 영향은 왕실의 일족에게도 미쳤다. 은언군 집안이 그 대표적인 경우였다. 은언군과 그의 부인 송씨, 그리고 며느리 신씨(상계군 이담의 처)는 이미 정조 때부터 정치적 사건에 휘말려 수많은 곡절을 겪어야 했다. 여기에는 왕위 계승이라는 매우 미묘한 문제가 결부되어 있었다. 일찍이 홍국영은 은언군의 아들 이담李湛을 그의 누이동생인 원빈의 양자로 삼았다. 홍국영은 이담을 완풍군이라 부르면서 왕위를 계승하게 할 계획까지 세웠다. 그 뒤 홍국영이 죽고 그 일당이 계속 역모를 도모했으나 실패했다. 그리고 그 와중에 완풍군은 죽음을 맞이했다.

이때 은언군은 정조의 배려로 목숨은 보전했지만 처자와 함께 강화도에 유배되었다. 그러나 이후에도 은언군 집안은 벽파와 정순왕후에게 역모의 근원으로 지목되어 생명의 위협을 받아왔다. 그러던 중에 은언군의 처와 며느리 송씨가 청나라 신부 주문모에게서 영세 받은 사실이 발각되어 즉시 사사되었다.

그해 9월에는 황사영黃嗣永 백서사건帛書事件이 발생했다. 황사영은 정약종의 맏형인 정약현鄭若鉉의 딸과 혼인했다. 그는 스승이자 처삼촌인 정약종으로부터 천주교 교리를 배운 후 입교했다. 주문모 신부를 만나 그의 측근으로 활동하는 한편, 한양 지역에서 지도자적인 역할을 했다. 그러다 신유박해가 시작되자 충청도 배론으로 피신했다. 그는 토굴에 숨어서 자신이 겪은 박해의 전말과 대응책을 비단에 적었다. 그리고 이 백서를 비밀리에 중국 북경에 있는 구베아Gouvea, A. de 주교에게 보내려고 했다.

황사영은 조선에 교회를 재건하고 신앙의 자유를 획득할 수 있는 방안을 적었다. 즉 청나라 황제가 조선에 압력을 넣어 선교사의 왕래를 허락하게 하거나, 조선을 청나라의 한 성省으로 편입시켜 감독하게 해달라는 내용이었다. 심지어 서양의 무력 동원을 요청하는 내용도 있었다. 이는 국가의 안보와 관련된 매우 중대한 사안이었다. 이러한 백서의 내용은 구베아 주교에게 전달되기 전에 황사영이 체포되면서 만천하에 드러나게 되었다.

백서를 접한 조정은 황사영은 물론이고 관련자 모두를 처형했다. 또한 이를 계기로 천주교도에 대한 탄압을 더욱 강화했다. 천주교도와 조금이라도 관련이 있으면 박해를 피할 수 없었다. 이 과정에서 이가환, 정약용 등 남인의 거물급 인사들이 대거 화를 당했다. 이로써 기호

남인은 정계에서 종적을 감추게 되었다.

기해박해는 헌종 때 일어났다. 1834년(헌종 즉위년)에 8세의 어린 헌종이 즉위하자 순조비 순원왕후가 수렴청정을 했다. 그리고 순원왕후의 오빠 김유근이 대비를 보필한다는 명목으로 권력을 장악했다. 그러나 김유근은 1836년(헌종 2)에 병이 들었고, 1839년(헌종 5)에는 유진길劉進吉의 권유를 받아 천주교 세례를 받았다.

이러한 상황에서 순조로부터 헌종을 보필할 중대한 임무를 부여받은 사람은 조인영이었다. 그는 1839년(헌종 5)에 다시 이조판서에 올라 인사권을 장악했다. 또한 형조판서가 된 조카 조병헌은 형사·재판권을 장악했다. 정치적 실권을 장악한 두 사람은 척사정책斥邪政策을 강력하게 펼쳤다. 그런데 그 과정에서 억울하게 희생된 자도 무척 많았다. 척사정책이 정치 보복의 수단으로 악용된 셈이었다.

기해박해는 1838년(헌종 4) 겨울부터 시작해 1840년(헌종 6) 봄까지 1년 넘게 지속되었다. 포도청에서는 1839년(헌종 5) 1월부터 2월까지 천주교인 수십 명을 잡아 형조로 이관했다. 그리고 그들에게 배교背敎를 종용했다. 만약 배교를 하지 않으면 처형했다. 3월에는 우의정 이지연李止淵이 척사정책을 강력히 추진할 것을 대왕대비(순원왕후)에게 요청했다. 5월 25일, 대왕대비는 천주교도의 체포에 총력을 기울이라는 새로운 명령을 내렸다. 이 무렵 안동 김씨의 실세 김유근이 죽고, 그와 친분이 알려져 있던 유진길도 즉시 체포되었다.

한편, 풍양 조씨의 실세인 조인영이 이지연에 이어 우의정에 오르면서 박해는 더욱 심해졌다. 갇혀 있던 천주교도들은 모두 교수형에 처해졌고, 대왕대비의 이름으로 「척사윤음斥邪綸音」을 한양과 지방에 내렸다.

이처럼 기해박해는 풍양 조씨와 그를 후원하던 정치 세력이 주도했다. 그들은 평소 천주교 배척에 소극적이던 안동 김씨를 공격했다. 결국 이를 계기로 안동 김씨가 실각하고, 풍양 조씨가 실권을 잡았던 것이다.

3
대원군의
개혁

고종이 즉위하면서 흥선군 이하응은 대원군에 봉해졌다. 이는 조대비 (신정왕후)와 흥선군의 뜻이 통한 결과였다. 순조의 아들인 효명세자의 비인 조대비는 안동 김씨의 세도에 밀려 왕실 내 가장 웃어른임에도 푸대접을 받았다. 그런데 철종이 후사가 없이 죽자, 다음 왕에 대한 지명권이 조대비에게 주어진 것이다. 흥선군 역시 종친이라는 이유로 숨죽여 살아야 했으니 조대비와 동병상련이었다. 결국 조대비가 흥선군의 아들 이명복을 철종의 후계자로 지명했다. 이로써 안동 김씨의 60년 세도정치도 끝이 났다.

고종 즉위 후 조대비가 한동안 수렴청정을 했지만, 이는 형식에 불과했다. 실제로 모든 권한은 대원군이 위임받았다. 대원군은 왕의 생부라는 지위를 이용해 권력을 장악했다. 대원군의 권력 행사는 이른바 '대원위분부大院位分付'라고 해서 중앙과 지방의 거의 모든 기관에 영향을 미쳤다.

대원군은 첫 번째 섭정 기간(1863~1873년) 동안 정치 개혁을 실시했다. 우선 실추된 왕권의 강화를 위해 안동 김씨 세력을 밀어냈다. 영의정 김좌근을 사직시키고, 그의 아들 김병기를 광주유수로 좌천시켰다. 이어 안동 김씨 세력과 밀착했던 인사들도 차례로 유배시켰다. 그런 다음 당색과 신분의 구별 없이 인재를 고루 등용했다. 남인 출신의 유후조柳厚祚와 조계원趙啓遠, 서북인 임상준任商準, 실학자 박규수朴珪壽 등이 이때 등용된 인물들이다. 이러한 인사 행정으로 대원군은 자신의 정치적 기반을 확고히 했다.

다음으로 권력 체계의 핵심인 중앙 행정 기구를 개편했다. 외척 세력이 권력 유지 방편으로 이용한 비변사의 기능을 축소하고, 의정부와 6조의 기능을 회복시켰다. 또한 삼군부三軍府의 부활을 추진했다. 비변사는 군국기무軍國機務를 관장한 문무합의기구로서 1517년(중종 12)에 처음 설치되었다. 그 후 임진왜란을 거치면서 군사뿐만 아니라 중앙정부의 최고 정무기관으로 기능이 확대되었다. 그러면서 의정부와 삼군부는 각각 고유의 정무와 군사 기능을 잃었다. 비변사는 왕권을 능가하는 권한을 행사하며 세도정치를 뒷받침했다. 대원군은 그러한 폐단을 없애고자 했다. 결국 기능이 축소된 비변사는 부활한 삼군부가 군무, 숙위, 변방에 관한 사무를 담당하게 되면서 1865년(고종 2)에 폐지되었다.

대원군은 인사와 행정기구에 이어 법제도 재정비에 들어갔다. 『경국대전』을 비롯한 역대 법전을 참고해 『대전회통大典會通』을 새롭게 편찬했다. 또한 『육전조례六典條例』와 『오례편고五禮便攷』를 간행해 왕실과 국가의 전례를 바로잡고자 했다.

이밖에 대원군은 서원 철폐, 호포제·사창제 실시 등의 개혁 정책을 추진했다. 특히 대원군은 서원 철폐를 통해 재지토호로 군림하던 유림을 통제하고 국가 재정 확보에 기여했다. 원래 서원은 선현의 봉사와 학문의 장려를 위해 설립된 사립 교육기관이었다. 그러나 시간이 지나면서 지방 유림의 세력 기반이 되어 당쟁의 소굴로 변질되었다. 더구나 서원은 토지와 노비를 하사받고 면세와 면

흥선대원군 이하응
대원군이 추진한 개혁 정치의 방향은 왕권 강화였다. 세도정치혁파, 경복궁 중건, 조세 제도 개혁 등과 같은 일련의 조치들은 그런 맥락에서 시도된 개혁들이다.

역의 특권까지 누리고 있었다. 또한 선현의 제사 때마다 해당 지역의 수령이나 부호들이 경비를 냈는데, 그 부담이 지방민들에게 고스란히 전해졌다. 대원군은 유림 사회의 반발에도 불구하고 600여 개에 이르던 서원을 47개만 남기고 모두 철폐시켰다. 이러한 조치는 백성들에게는 큰 환영을 받았다. 그러나 한편으로 유림들의 지지를 잃어 대원군의 몰락을 재촉하는 빌미가 되었다.

대원군은 민심 수습과 권력 기반 강화를 위해 여러 민생 안정책을 실시했다. 특히 외척세도정치기를 거치면서 문란해진 삼정三政을 바로잡는 데 주력했다. 삼정이란 조선 재정의 바탕이 되는 전정田政, 군정軍政, 환정還政의 세 가지 조세제도를 말한다. 그런데 삼정이 문란해지면

서 백성들의 조세부담은 늘어나는데, 반대로 국가의 재정 상태는 빈곤해졌다.

우선 한양의 권문세가와 지방의 토호들이 점거한 토지 중에서 토지대장에 올라와 있지 않은 땅을 찾아내 국가에 귀속시키고 세금을 거뒀다. 그리고 호포제戶布制를 실시해 상민에게만 부과해 온 군포軍布를 양반에게도 부과했다. 이러한 균등과세는 조선에서 일찍이 없던 획기적인 시도였다. 삼정 중 가장 문란한 것은 환정이었다. 빈민 구제를 위해 마련된 환곡제도가 관리들의 고리대로 변질되어 있었다. 이를 개혁하고자 사창제社倉制를 실시했다. 사창제는 인구가 많은 마을에 사창을 설치하고 그곳에서 성실한 사람을 뽑아 관리하도록 하는 것이었다. 사창제의 실시로 관리들의 부정부패가 근절된 것은 아니었지만, 그래도 농민들의 부담은 크게 줄어들었다. 이처럼 대원군이 실시한 여러 개혁정책으로 백성들의 조세 부담은 줄어들게 되었다. 민심도 어느 정도 수습되고, 국가 재정도 튼튼해졌다.

세력 기반을 다진 대원군은 임진왜란 때 전소된 조선 왕조의 정궁正宮인 경복궁을 중건했다. 왕실의 권위를 세우고자 한 것이다. 이로 인해 국가 재정이 다시 흔들리기도 했다. 예산을 미리 확보하고 시작한 것이 아니라 그때그때 필요한 경비를 충당하다 보니 무리가 따랐다. 그래도 대원군은 공사를 강행했다. 그리고 모자란 재원 마련을 위해 원납전願納錢을 받았다. 원납전은 백성들이 자진해서 내는 기부금으로, 원납전의 크기에 따라 벼슬이나 상훈을 내렸다. 그런데 말이 기부금이지 강제로 걷는 것이나 다름없어서 원성이 자자했다. 이 밖에 백성들에게 결두전結頭錢(단위면적 1결당 100문을 징수한 세금)과 문세門稅(도성을 출입하던 사람들에게 받는 통행세)를 부과하고, 당백전當百錢(일반 엽전의 100배에 해당하는 돈)을 주조해 발행했다. 이는 백성들의 경제생활을 압박했다. 결국 경복궁은 착공한 지 2년 만인 1868년(고종 5)에 완공되었다. 대원군의 강력한 추진력 덕분이었지만, 백성들의 희생이 없었다면 불가능한 일이었다.

이처럼 대원군은 내부적으로는 여러 가지 개혁적인 정책을 의욕적으로 추진했다. 그런데 대외적으로는 쇄국정책을 견지했다. 대원군의 입장에서는 왕권 강화라는 일관적 목적에 부합하는 태도였다고 할 수 있다. 당시만 하더라도 서학西學과 서교西教에 대한 인식과 연구가 부족했다. 그런 가운데 대원군은 천주교가 왕권의 안정과 국가의 안보를 저해한다고 생각했던 것이다. 그래서 전대처럼 여전히 천주교를 탄압했다. 설상가상으로 병인양요丙寅洋擾(1866년)와 신미양요辛未洋擾(1871년)가 일어나자 서양 세력에 대한 거부감은 더욱 커졌다. 대원군은 척화비斥和碑를 세우는 등 자신의 쇄국정책을 고수했다. 어쨌든 대원군의 쇄국정책은 결과적으로 조선이 빠르게 변화하는 세계 정세에 둔감해지도록 만들었다.

4
고종과
민씨 세력

원래 대원군은 정권을 잡기 전 안동 김씨 김병학金炳學의 딸을 며느리로
삼기로 했다. 그러나 정권을 잡은 대원군은 태도를 바꿔 여흥 민씨 민
치록閔致祿의 외동딸을 왕비로 맞이했다. 그가 바로 민비(명성황후)다.
민비는 8세에 양친을 잃은 외로운 처지였다. 그런 민비를 왕비로 맞은
것은 외척의 정치 개입을 미연에 방지하기 위해서였다. 민치록 가문은
세력이 미약하고 대원군 부인의 집안이었기 때문에 극성스런 외척이
될 가능성이 낮았다.

　민비는 시아버지와 시어머니를 잘 공경했다. 궁중의 모든 어른들과
궁인들에게도 잘 처신해 칭송이 자자했다. 그러나 정작 남편인 고종
에게는 따뜻한 사랑을 받지 못했다. 더욱이 1868년(고종 5) 윤 4월 고
종의 사랑을 받던 궁인 이씨가 완화군完和君을 낳았다. 고종과 대원군
은 완화군을 무척 아꼈다. 그러자 암암리에 완화군을 세자로 책봉하려

는 움직임까지 일었다. 이에 민비는 위기의식을 갖게 되었다. 민비는 1871년(고종 8)에 첫 왕자를 낳았다. 그런데 왕자는 생후 3일이 되도록 대변불통으로 고생했다. 그러다 대원군이 보낸 산삼을 복용한 지 2일 만에 죽고 말았다. 이 일로 민비와 대원군 사이의 갈등이 시작되었다.

한편 고종은 나이가 들면서 자신이 직접 정치에 나서고 싶어 했다. 이를 감지한 민비는 단순히 아내가 아닌, 정치적 반려자로서 고종에게 다가갔다. 그러면서 아버지와 아들 사이에 싹트기 시작한 갈등을 부추겼다. 남편인 고종 편에 서서 대원군에게 반격을 가하기 시작한 것이다. 더욱이 민비의 정치적 도약에 유리한 분위기가 조성되고 있었다. 1872년(고종 9)부터 대원군의 실정에 대한 비판적 여론이 대두되었다. 반대 세력들이 들고 일어나 대원군의 독점 체제가 서서히 흔들리기 시작했다.

대원군 반대 세력의 중심에는 여흥 민씨 세력이 있었다. 이들은 민비가 왕비에 오른 1866년(고종 3)부터 정계에 진출하기 시작했다. 대원군이 안동 김씨 세력의 견제를 위해 이들을 끌어들였던 것이다. 초기 민비 세력 형성에 중추적인 역할을 담당한 인물은 민승호閔升鎬, 민겸호閔謙鎬 형제와 민규호閔奎鎬, 민태호閔台鎬 형제였다. 민승호와 민겸호는 대원군 부대부인의 친형제였고 대원군의 처남들이었다. 특히 민승호는 아들이 없는 민치록의 양자로 입적되어 민비의 양오빠가 되었다. 또한 민승호가 죽은 뒤 민규호가 자기 형의 아들인 민영익閔泳翊을 민비 집안의 양자로 들였다. 이것을 계기로 민규호와 민태호 역시 민비와 가까운 관계가 되었다.

이들은 주요 관직을 차지하며 점차 세력을 확대했다. 그리고 민비를 중심으로 반대원군 세력을 결집시켰다. 대원군에게 발탁되지 못해 반감을 가지고 있던 조대비의 친정조카 조영하趙寧夏, 대원군의 친형 이최응李最應과 긴밀한 관계를 맺었다. 또한 대원군의 서원 철폐 등에 반발했던 유림 세력과도 결탁했다.

반대원군 세력은 우선 고종의 친정 분위기를 조성했다. 이최응과 이유원李裕元 등은 고종의 존호를 올리는 운동을 펼쳤다. 민치상閔致庠, 민영목閔泳穆 등 민씨 일파와 그에 동조하는 세력은 청나라 동치제同治帝의 친정설을 유포시켰다. 유림들은 대원군의 실정을 비판하는 상소를 올렸다. 특히 유림을 대표하는 최익현崔益鉉의 탄핵은 대원군의 하야에 결정적인 역할을 했다. 결국 1873년(고종 10) 12월, 대원군이 물러나고 고종의 친정이 시작되었다. 대원군과 민비의 갈등은 더욱 골이 깊어졌다.

그러나 민씨 세력이 순조롭게 정권을 장악한 것은 아니었다. 고종이 친정을 시작한 해에 경복궁에 원인 모를 화재가 일어났고, 이듬해인 1874년(고종 11)에는 당시 민씨 척족의 영수격인 민승호가 폭사爆死했다. 민씨 세력은 정치적 기반을 확충하고 반대원군 세력까지 흡수하려고 했다. 그러나 반대 세력의 저항에 적절히 대처하지 못하고 오히려 공격을 받았던 것이다.

민씨 세력은 개항 이후 국내외 정세의 변화에 발맞추어 개화정책을 추진했다. 그런데 기존의 정부 기구로는 그 기능을 제대로 수행할 수 없었다. 그래서 1880년(고종 17) 12월에 통리기무아문統理機務衙門을 새롭게 설치했다. 신설된 통리기무아문은 군국기무軍國機務와 더불어 개화정책을 총괄했다. 또한 당시 국가의 주요 재정원이었던 화폐 주조,

채광, 홍삼 관리에도 참여했다. 인사권은 의정부의 간섭을 받지 않고 자체적으로 행사했다. 이처럼 통리기무아문은 민씨 세력이 기존의 세력을 누르고 권력 기반을 조성하려는 정치적 의도에서 만든 기구였다.

민씨 세력은 개화정책을 담당하는 기구뿐만 아니라 기존의 의정부와 6조의 여러 관직을 두루 겸임했다. 그들은 정권을 견고하게 유지하기 위해 기존 세력은 물론 신진 개화 엘리트들과의 연합도 모색했다. 그런데 민비의 신임도나 척족 정권 내의 비중에 따라 관직을 임명하는 등 합리적인 인사 정책을 펼치지 못했다. 이는 결국 민씨 세력 중심의 폐쇄적인 권력 독점으로 이어졌다. 그러면서 소외된 인사들의 불만이 쌓여갔다.

그러던 중 1882년(고종 19)에 무위영 소속 구훈련도감 군인들이 대규모 폭동을 일으켰다. 구식 군대의 봉급이 13개월이나 지급되지 않은 상황에서 쌀 배급에 겨를 섞어 지급한 것이 원인이 되었다. 이것이 임오군란壬午軍亂이다. 구식 군인들은 물론이고 일반 백성들까지 합세해 난군의 규모가 삽시간에 늘어났다. 그들은 민씨 척족들의 저택을 습격했다. 선혜청 당상인 민겸호를 비롯해 이최응, 김보현金輔鉉, 민창식閔昌植 등이 난군에 의해 살해되었다. 일본공사관도 공격을 받아 불에 탔다. 이때 민비는 궁궐까지 밀고 들어오는 난군을 피해 충주 장호원으로 피신했다.

임오군란의 직접적인 원인은 민씨 세력의 부패에 있었다. 저축미가 동이 났고 매관매과賣官賣科가 자행되었다. 또한 지방관, 서리, 토호의 탐학이 재개되었고, 고종과 민비의 사치스런 궁중연회가 계속되었다. 그러나 근본적인 이유는 별다른 준비 없이 시작된 개화정책의 부작용에 있었다. 민씨 세력은 개화정책의 일환으로 군사 유학생을 파견하고 신식 군대인 별기군을 창설했다. 그런데 이러한 군대 개혁은 운영비용만 부담될 뿐 민생에는 전혀 도움이 되지 않았다. 오히려 신식 군대와 구식 군대를 차별해 갈등만 키웠다.

1876년(고종 13) 조일우호조규朝日修好條規(강화도조약)가 체결된 이후 일본의 조선 침투가 시작된 것도 임오군란의 배경이 되었다. 조약의 내용에 따라 무관세 무역, 3개 항구 개항, 공사관 설치, 일본 화폐 유통, 일본 군함의 조선 연해 측량 등이 이루어졌다. 일본은 노골적으로 조선 침탈의 야욕을 드러냈다. 그러나 이에 대한 조선의 대비책은 허술하기 그지없었다. 일본의 상권이 커질수록 조선의 경제 기반이 흔들렸다. 그리고 하급 군인들을 포함한 백성들의 생활은 더욱 피폐해졌다. 난군들이 일본 공사관을 불태운 것도 이와 무관하지 않았다.

이 일로 물러났던 대원군이 다시 정권을 잡았다. 민비가 궁을 비운 사이 고종으로부터 모든 정사의 권한을 위임받은 것이다. 대원군이 재집권하자 군란이 진정되었다. 이 때문에 대원군이 비밀리에 난군을 조종한 것으로 보기도 한다. 대원군은 서둘러 부재중인 민비의 국상國喪을 치르려고 했다. 그런데 이 소식을 전해들은 민비가 청나라에 요청해 대원군을 중국 천진으로 납치해버렸다. 그렇게 대원군의 재집권은 33일 만에 끝이 났다.

민씨 일가의 패착

환궁한 민비는 자신에게 은신처로 제공했던 민응식閔應植을 비롯해 민영환閔泳煥, 민영위閔泳緯, 민영준閔泳駿, 민영원閔泳遠 등 척족 세력을 다시 규합했다. 민씨 세력은 청나라의 지원을 받으며 개화정책을 계속 추진했다. 이 과정에서 청나라와의 관계 청산을 주장하던 급진적 개화파들과 갈등을 빚게 되었다. 급진적 개화파들은 1870년대부터 박규수의 문하에서 개화사상을 형성하고 있었다. 그들은 김옥균金玉均을 위시해 개화당開化黨 세력을 구축했다. 그리고 정치 권력의 주도권 쟁탈을 위해 민씨 세력에 도전했다.

개화당은 1884년(고종 21) 12월, 일본 공사의 도움을 받아 갑신정변甲申政變을 일으켰다. 그들의 목표는 민씨 세력을 제거하고 자신들이 중심이 되어 근대 민족국가를 건설하는 것이었다. 정변 세력은 우정국 개국 만찬회에서 민씨 세력의 핵심 인사를 모두 암살하기로 계획했다. 그러나 이 계획은 실패했다. 그러자 김옥균과 박영효朴泳孝는 창덕궁에 있던 고종에게 가서 청나라 군대가 변을 일으켰다고 거짓 보고를 했다. 그리고 왕의 신변을 보호한다면서 고종과 민비를 경우궁으로 옮기게 했다. 일본군이 경우궁을 지키는 사이, 정변 세력은 왕의 명령을 빙자해 대신들을 불러낸 후 죽였다. 정변에 성공한 개화당 세력은 종친과 대원군 측근 세력을 연합해 새로운 내각을 구성했다. 그리고 14개조의 개혁정강을 발표했다. 그러나 이들의 정권은 청의 개입으로 3일 만에 무너지고 말았다. 정변을 주도했던 김옥균 등은 일본으로 망명했다.

갑신정변을 무력으로 제압한 청은 조선에 대한 영향력을 더욱 확대시켰다. 청의 내정 간섭이 심해지자, 고종과 민씨 세력은 러시아에 접근했다. 또한 친청적 관료 대신에 측근 세력을 정부 요직에 배치했다. 그리고 갑신정변 이후 의정부에 통합된 통리군국사무아문統理軍國事務衙

門(군국기무와 외교통상 문제를 총괄하던 정부기관, 임오군란 이후 폐지된 통리기무아문을 대신해 설치)을 대신해 내무부內務府를 신설했다. 내무부는 국왕의 직속 기구로 왕권을 강화하고 부국강병책을 추진하기 위한 기구였다. 내무부는 국정 전반에 걸친 업무를 총괄했다.

한편 조선과 러시아의 연계를 경계한 청나라는 대원군을 다시 조선으로 돌려보냈다. 민씨 세력을 견제할 세력은 대원군밖에 없다고 생각한 것이다. 대원군은 자신이 재집권하게 되면 청국과 지속적인 우호 관계를 유지하겠다고 약속한 터였다. 그러나 귀국한 대원군은 재집권할 수 없었다. 민씨 세력이 그를 운현궁에 유폐시키고 정치에 참여하지 못하도록 철저히 감시했기 때문이다.

민씨 세력은 자신의 세력 안정을 위해 배청 의식을 누그러뜨렸다. 그들은 국가 재정 확충이나 민생의 안정은 돌보지 않은 채 청나라의 보호 속에서 정권을 유지하기에만 급급했다. 그동안 일본은 무력과 외교력을 앞세워 조선의 경제를 서서히 잠식해 들어왔다. 설상가상으로 1880년대 말의 극심한 흉년으로 농촌 경제는 더욱 피폐해졌다. 1890년대에 들어서서는 지방 관리들의 가렴주구苛斂誅求가 노골화되었다. 백성들은 극심한 경제적 압박에 시달리게 되었다.

1894년(고종 31)에 일어난 동학농민전쟁은 이러한 배경에서 일어났다. 동학농민전쟁에 참여한 백성들 중에는 대원군의 등장을 내심 바라는 이들이 많았다. 대원군은 이러한 민심에 기대어 다시 한번 정계 복귀를 노렸다. 그러나 청군의 개입으로 대원군의 재기가 무산되었다. 대원군의 등장을 우려한 민씨 세력이 동학농민군을 진압하기 위해 청군에 파견을 요청했던 것이다. 그런데 이것은 일본군의 파견도 용인하는 결과를 초래했다. 갑신정변 후 청·일이 맺은 천진조약天津條約에 따른 것이다. 동학농민군은 해산되었으나 청군과 일군은 철병하지 않았다. 조선에 대한 지배권을 인정받으려는 두 나라의 다툼은 청일전쟁으로 발전하게 되었다.

청일전쟁에서 승리한 일본은 조선에 대한 침략 야욕을 더욱 노골적으로 드러냈다. 그러면서 조선의 내정 개혁을 주장했다. 민씨 세력은 이러한 요구를 받아들이지 않았다. 그러자 일본군은 경복궁을 점령하고 대원군을 옹립했다. 그리고 김홍집金弘集을 총재관으로 하는 군국기무처軍國機務處를 설치한 후 내정 개혁을 단행했다. 이것이 갑오개혁甲午改革의 시작이었다. 그런데 대원군이 갑오개혁의 내용에 반대하자, 일본은 대원군을 끌어내렸다. 대원군이 동학농민군과 내통해 손자 이준용李埈鎔을 왕위에 앉히려고 했으며, 평양에 있는 청군과 내통해 남진을 도모했다는 이유였다. 결국 대원군의 3차 집권은 122일 만에 끝이 났다. 그는 다시 운현궁의 연금 생활로 돌아갔다. 이로써 30여 년에 걸친 대원군의 정치 생활도 종지부를 찍게 되었다.

이어 일본은 김홍집 내각을 구성하고 박영효를 내무대신으로 임명했다. 그런데 박영효는 일본의 강압적인 개혁을 못마땅하게 여겼다. 이때 민비는 박영효와 손을 잡고 권력을 되찾기 위해 부심했다. 박영효는 김홍집 일파를 퇴진시키고 자신의 뜻대로 개혁을 주도하려고 했다. 이에 일본은 박영효마저 반역 음모 혐의를 씌워 쫓아냈다.

상황이 절박해지자 민비는 러시아 공사 베베르Veber, Karl Ivanovich와 은밀히 교섭했다. 러시아에 의지해 일본을 견제하려 한 것이다. 그러자 일본은 급기야 민비를 시해하기에 이르렀다. 1895년(고종 32) 10월 8

일, 조선에 새로 파견된 미우라 고로 일본 공사는 자객들을 궁궐로 보냈다. 그들은 민비를 죽이고 그 시신을 불태워 뒷산에 묻어버리는 만행을 저질렀다. 이것이 을미사변乙未事變이다.

민비를 제거한 일본은 다시 김홍집을 중심으로 친일내각을 세워 조선의 내정 개혁을 마무리 지으려 했다. 그러나 을미사변 후 개혁이 강행되자 전국적으로 일본과 개화에 반대하는 항일 의병 투쟁이 전개되었다. 또한 신변의 위협을 느낀 고종이 러시아 공사관으로 피신을 한 이른바 아관파천俄館播遷이 일어났다. 고종은 친일내각의 대신들을 역적으로 규정했다. 그들에 대한 체포와 처형 명령이 내려진 가운데 김홍집, 정병하鄭秉夏 등이 성난 군중에 의해 살해당했고, 나머지 대신들도 살해당하거나 유배되었다.

이제 대원군도, 민비도 없이 고종 홀로 남게 되었다. 고종은 1897년에 대한제국을 선포하고 광무개혁光武改革을 실시하는 등 자주 독립권을 지키기 위해 나름 노력했다. 그러나 러일전쟁에서 승리한 일본이 조선에 대한 지배권을 장악하면서 이러한 노력도 물거품이 되었다. 고종은 일본에 의해 강제로 순종에게 왕위를 물려준 뒤 덕수궁에 머물다가 1919년 1월 21일에 죽었다.

5

당쟁의
어제와 오늘

당쟁을 어떻게 볼 것인가?

사림파는 훈구파라는 강력한 상대 세력이 있을 때는 단결했다. 그러
나 선조 대에 훈구 세력이 무너지고 사림 세력이 정권을 차지하자 자
체 분열했다. 붕당이 생기고 붕당 간에 당쟁이 치열해졌다. 그러므로
당쟁은 사림정치의 부산물로 보아야 한다. 당쟁이 유독 조선 후기에만
있었던 것도 그러한 역사적 배경 때문이다.

　일제 학자들은 당쟁이 분열적인 한국민의 민족성 때문에 일어났다
고 한다. 그러면 5천 년 역사 중에 하필이면 조선 후기 200년 동안에만
당쟁이 있었을까? 이 질문에 답하지 못하는 한 민족성론은 허구일 수
밖에 없다.

　또한 당쟁처럼 처절한 정쟁이 없었다고도 한다. 상대 당이나 그에

가까운 사람들까지 일망타진한 행위를 세계사에서 찾아볼 수 없다고 도 한다. 물론 강인한 가족주의적인 전통에서 부모의 원수는 나의 원 수라고 생각한 것은 사실이다. 학연을 앞세워 자기 스승만이 옳고 다 른 사람의 스승은 그르다고 생각한 것도 사실이다. 그러나 이것은 붕 당의 속성일 뿐이다.

동서고금을 막론하고 권력 투쟁은 더러운 것이다. 단 무치주의의 정 쟁과 문치주의의 정쟁은 다르다. 무치주의에서는 무력으로 상대 세력 을 무찌르기 때문에 통쾌해 보인다. 문치주의에서는 이론으로 싸우다 보니 말이 많을 수밖에 없다. 또한 문치주의에서는 기록 문화가 발달 해 시시콜콜한 내용이 다 기록으로 남는다.

그러나 실제로 당쟁에서 죽은 사람의 수를 헤아려 보면 그리 많지 않다. 면직, 파직, 귀양 따위로 정계에서 물러나게 할 뿐이다. 쫓겨난 사람들은 정권에 재도전할 수도 있었다. 그러니 당쟁으로 많은 사람이 죽었다는 것도 사실이 아니다.

그렇다고 반대로 당쟁을 미화할 필요는 없다. 당쟁도 추잡한 권력 투쟁이니 더럽기는 마찬가지다. 온갖 수단을 다 동원해 상대 당을 넘 어뜨리거나 헐뜯기 일쑤였다. 그럴싸한 명분은 정쟁에서 이기기 위한 궤변에 불과했다. 사림정치의 틀이 좋은 것이라 해서 그 부작용으로 일어난 당쟁도 긍정적이라고 하는 것은 어불성설이다.

당쟁과 지연

한국의 고대에는 고구려, 백제, 신라의 삼국이 세워져 있었다. 신라

「고려사」에 수록된 훈요십조 일부

가 삼국을 통일했다고 하지만 만주 땅을 잃어버린 꼴이 되었다. 그리고 신라 말에는 다시 신라, 후고구려, 후백제로 분립되었다. 신라는 영남 세력嶺南勢力, 후고구려는 기호 세력畿湖勢力, 후백제는 호남 세력湖南勢力이 기반이었다. 그러므로 이러한 분립 상태는 오랜 역사를 가진 셈이다. 완전히 다른 나라의 체질을 가지고 있었다고도 할 수 있다.

후삼국은 다시 기호 세력인 고려에 의해 재통일되었다. 고려는 정신적으로 기호계인 후고구려를 계승하고, 실제적으로는 신라를 계승했다. 이때 신라는 고려에 귀순했지만 후백제는 고려에 저항하다가 멸망했다. 그리하여 기호계 국가인 고려는 신라의 영남 세력을 받아들였지만, 호남 세력은 정권에서 철저히 소외시켰다. 고려 태조 왕건이 자손들에게 남긴 '훈요십조訓要十條'에 "차령車嶺 이남 공주강公州江 바깥은 산형, 지세가 개성을 향해서 등을 지고 있으니 인심도 또한 그럴 것이다. 이곳 사람들을 관리로 쓰지 말라."고 못 박은 것도 이와 같은 맥락이다. 왕건의 해군 기지가 있던 나주 사람 일부를 제외하고는 호남 세력은 정권에서 완전히 소외되었다. 이때부터 정권은 천여 년 동안 기호 세력의 차지가 되었고, 영남 세력은 야당으로 참여하는 형국이 되었다.

고려의 집권층은 크게 왕건을 따라 다니면서 전공을 세운 공신 계열, 왕건을 지지한 중부 지방의 호족豪族 세력, 고려에 귀부歸附한 신라 귀족(진골, 6두품) 세력으로 구성되었다. 여기에 귀화한 중국인들을 일부 기용해 중국의 중앙집권적 문치주의를 배우고자 했다. 이 중 영남 세력은 일찍부터 중국 문화를 받아들였기 때문에 지식인으로서 큰 역할을 했다. 최치원崔致遠, 최승로崔承老, 김부식金富軾 등이 대표적인 사람들이었다. 그런데 이들은 기회 있을 때마다 정권에 도전했으나 실패하고 말았다. 김부식은 윤언이尹彦頤에게, 고려 말의 정몽주鄭夢周는 이방원李芳遠에게 패배했다.

이 점은 조선시대에도 마찬가지다. 정도전鄭道傳은 이방원에게, 김종직金宗直, 김일손金馹孫은 한명회韓明澮, 신숙주申叔舟에게, 조광조(기호계이나 그의 제자들은 영남계가 많았음), 김식金湜은 남곤南袞, 심정沈貞에게 패했다.

선조 대에 사림정치가 실시되면서 영남계의 동인이 우세해 일시 정권을 잡은 적이 있었다. 그러나 동인이 남인과 북인으로 분파되어 영남남인계(경상좌도)의 유성룡은 임진왜란의 책임을 지고 물러났다. 인조반정 이후에는 영남 세력이 쫓겨나고, 다시 기호계의 서인이 한말까지 계속해서 정권을 차지했다.

　인조의 서인 정권은 북인들이 일당 독재를 하다가 사분오열된 것을 보았다. 그래서 자체 분열을 막기 위해 기호계의 남인 세력과 소북 세력을 야당으로 끌어들여 정권을 안정시켰다. 그러나 현종 대의 예송禮訟으로 서인과 남인의 치열한 정쟁이 벌어졌다. 이때 같은 기호계 외척 세력인 김석주는 남인을 지원해 송시열의 사림계 서인 세력을 일망타진했다. 서인 내부에서 외척인 한당과 사림인 산당이 대립한 것이다. 한당은 한양 사람들이고 산당은 충청도 사람들이었다. 이 틈을 이용해 허적 등과 같은 기호계 남인이 몇 차례 정권을 차지한 적이 있다. 그러나 이는 숙종이 왕권 강화책의 일환으로 신료 세력을 서로 치고받게 해 약화시켜 생긴 결과였다.

　결국 경신환국으로 기호계 남인은 완전히 정계에서 쫓겨나고, 정권은 서인이 독차지하게 되었다. 그러자 이번엔 서인이 분열해 노론과 소론으로 갈려 치열한 당쟁을 벌였다. 영조와 정조의 탕평책은 이 두 세력을 조정해 정치적 안정을 꾀하려는 정책이었다.

　탕평책이 당쟁을 이완시키는 데는 성공했으나 탕평당을 중심으로 하는 외척 세력이 성장했다. 그리하여 19세기에 파행적인 세도정치가 자행되어 나라를 망하게 하고 말았다. 이때 외척 세력은 기호계 서인 중에서도 안동 김씨, 풍양 조씨, 전의 이씨, 여흥 민씨 등 한양 사람들이었다. 국왕이나 관료의 독주를 막고 부정부패를 감시하던 사림정치의 틀도 무너졌다. 이에 외척 세력은 관직을 팔아먹고 백성을 착취하는 데 급급해 서세동점西勢東漸에 적절히 대처하지 못했다. 극도로 보수화된 이들은 결국 나라를 망쳐버리고 말았다.

토지조사사업과 영·호남 지주

서세동점의 물결을 타고 일제는 한국을 식민지화했다. 그들은 이른바 신고제도申告制度를 실시해 양반 지주들과 야합했다. 일반 농민이 볼 수 없는 관보官報에 몇 월 며칠까지 자기 땅을 신고하라고 한 것이다. 이에 무지한 농민들은 하루아침에 땅을 잃고 노동자로 전락하거나 만주로 살길을 찾아 떠나지 않을 수 없었다.

지주 중에는 영남계와 호남계가 많았다. 기호계는 정권을 차지하고 있었기 때문에 토지에 대한 집착이 적었다. 오히려 재산을 많이 가지고 있으면 사찰 대상이 되고 청백리淸白吏 반열에 낄 수 없었다. 이에 비해 실세失勢한 영남계와 호남계는 땅을 끌어안고 있어야만 했다. 이것이 결국 기호계의 몰락으로 연결되었다. 국권을 잃어버리자 집권 세력인 기호 세력이 망한 것이다. 영·호남 지주들은 자식을 일본에서 유학시킨 다음 정치에 가담시켰다. 소외 지역이었던 서북 지방 사람들은 일찍이 기독교를 받아들여 근대화에 앞장섰다. 중인들도 보수적인 양반보다는 근대화에 기여했다.

그러나 광복 이후 선거제도가 도입되자 인구 집중 지역인 영·호남 지역이 각광을 받게 되었다. 서울의 인구가 급증되기는 했지만 지방 사람들로 가득 찼다. 영·호남 지주의 자식들은 일제강점기에 동경 유학을 다녀와 누구보다도 유리한 고지를 차지했고, 농업 자본을 산업 자본으로 전환하는 데도 앞장서 경제력을 가지게 되었다. 기호계인 이승만李承晩은 이 중 영남 세력과 일제 관리들을 기반으로 정권을 유지했다. 영남계 재벌이 많이 나오고 일제 잔재를 청산할 수 없었던 것도 이

때문이다. 호남계의 한민당은 소외되었다. 그리하여 5.16 이후 영남 정권이 필연적으로 등장하게 된 것이다.

이처럼 지연을 바탕으로 한 지방색은 역사적으로 쉽게 극복될 수 없는 걸림돌이다. 말로는 이구동성으로 지방색을 타파해야 한다고 하지만, 아직도 이를 청산하지 못한 까닭이 여기에 있다. 이 어려운 숙제를 풀기 위해서는 앞으로도 많은 시간과 노력이 필요할 것이다.

당쟁과 학연

당쟁은 학연과 밀접한 관계가 있다. 고려 말에도 이른바 좌주문생제座主門生制가 있었다. 과거의 시험관인 좌주座主=恩門와 그 시험에서 합격한 문생門生이 마치 부자간 같은 긴밀한 유대를 맺었다. 그래서 이것이 학벌과 붕당을 이루는 근거가 되었다. 조선이 건국되자 좌주문생제는 혁파되었다.

그러나 좌주문생제는 엄밀한 의미에서 학연은 아니다. 단지 제도적으로 과거 시험관과 합격자의 정치적 유대 관계일 뿐이다. 물론 좌주가 경영하는 사립학교에서 배운 제자들이 과거 시험에 많이 합격할 수 있는 여지는 있었다. 이것 또한 과거가 공정하게 실시된다면 문제가 되지 않는다. 귀족들이 교육과 과거를 독점했던 구시대의 산물일 뿐이다.

당쟁과 학연이 긴밀한 관계를 맺는 것은 사림정치 이후의 일이다. 조선 전기에는 이색李穡, 권근權近, 변계량卞季良, 노수신盧守愼으로 이어지는 기호계의 관학파官學派=詞章派와 이색, 길재, 김숙자, 김종직, 김굉필, 조광조로 이어지는 영남계의 사학파私學派=經學派의 구분이 있었다. 이는

당쟁차탄가(黨爭嗟嘆歌)
조선 선조 때 무신 이덕일이 지은 9수의 연시조로, 당쟁을 개탄하며 타이르는 내용을 담고 있다.

16세기 이후 사림정치가 실시되면서부터 기호계의 화담 서경덕 계열, 율곡 이이, 우계 성혼 계열과 영남계의 퇴계 이황 계열, 남명 조식 계열로 나누어졌다.

이 중 화담 학통은 여러 당으로 분파되었지만 율곡 학통은 서인 중에서 노론 계열, 우계 학통은 서인 중에서 소론 계열, 퇴계 학통은 동인 중에서 남인 계열, 남명 학통은 동인 중에서 북인 계열의 근간을 이루었다. 이들은 스승의 학설이나 정치적 입장을 끝까지 고수해 의복이나 의식儀式을 달리했으며, 점점 혼인도 같이 하지 않았다. 부모나 스승의 원수는 자기의 원수여서 가문 간에 대대로 대립했다. 학통을 바꾸는 것은 반역 행위로 여겨 절대로 축에 끼워 주지 않았다. 부모나 스승의 억울한 일은 끝까지 투쟁해 신원伸寃을 받아내야 했다. 뚜렷한 조상이나 스승은 서원이나 사우를 세워 모실 뿐 아니라 문자로 적어 널리 홍보했다. 그중에 뛰어난 사람은 성균관 문묘에 종사시키고자 온갖 노력을 다했다. 그리고 스승의 학설을 비판하는 행위는 용납되지 않았다. 가족주의, 지역주의에 바탕을 둔 정치적·사회적 투쟁의 일환이었다.

그러나 궁극적인 목적은 정권을 둘러싼 권력 투쟁에 있었다. 상대 당을 넘어뜨리기 위해 사건을 조작하거나 상대방의 약점을 물고늘어졌으며 자신들의 잘못은 끝까지 덮어두기에 급급했다. 이러니 당쟁이 심해지지 않을 수 없었다. 처절한 당쟁은 학연이라는 패거리를 중심으로 전개되었다. 이것이 조선시대 당쟁의 특징이자, 현대의 정당과 다른 점이다.

사림정치의 틀

사림정치는 중간 관료들이 언론권과 인사권을 분점分占하고 있었던 것이 특징이다. 고려시대부터 조선 초기까지는 재상들이 언론권과 인사권을 독점하고 있었다. 물론 인사권은 국왕의 전유물이었지만 신료 세력이 강한 당시에는 실제적인 인사권이 재상들에게 있었다. 언론권도 재상들이 왕권을 견제하는 데 동원되었다.

그러나 사림 세력이 성장하면서부터 재상들의 언론권, 인사권을 견제해야 한다는 목소리가 높아졌다. 재상들에게 위압을 받던 국왕도 이를 지지했다. 사림 세력을 이용해 재상 세력을 견제하기 위해서였다. 그래서 사헌부, 사간원, 홍문관 등 언론 3사言論三司의 하위직에 사림들을 기용했다. 이들로 하여금 언론권을 장악하게 해 훈구파 재상들의 부정·부패와 비리를 공격하게 했다. 그리고 이·병조의 과장·계장급인 정랑, 좌랑 각 3명에게 당하관(3품 이하 관료)의 인사권을 부여해 재상들의 인사권 독점을 방지하게 했다. 이들을 전랑이라 했으며, 이들의 인사권을 당하통청권堂下通淸權이라 했다.

전랑을 비롯한 중간 관료들은 자기의 후임자를 스스로 선택하는 자천권自薦權을 가지고 있었다. 때로는 여러 사람이 투표해 후보자를 정하는 회천권回薦權을 가지기도 했다. 사관史官을 뽑는 한림회천권翰林回薦權이 그 예이다.

전랑은 특히 대간을 추천하는 권한이 있었다. 따라서 대간의 언론은 전랑의 지휘를 받아야만 했다. 재상들이 잘못할 경우 전랑은 대간을 시켜 이들을 공격했다. 그러나 재상 중에서 이·병조 판서, 참판, 참의는 직속상관이기 때문에 전랑이 이들의 지휘를 받지 않을 수 없었다. 이러한 삼각관계가 당시의 정치를 건강하게 유지할 수 있게 한 틀이었다. 상호 예속의 미묘한 관계를 유지시킨 것이다.

대간들은 또한 여론을 주도하는 언론의 대표격인 감주監主의 지휘를 받았다. 감주는 3사의 대표로서 전랑의 눈치를 보아야 하고, 전랑은 조광조와 같은 주론자主論者의 지휘를 받아야 했다. 주론자는 뒤에 산림으로 바뀌었다. 아무런 벼슬이 없어도 산림은 사림의 여론을 지휘하는 고려시대 국사國師와 같은 역할을 했다.

이러한 사림정치의 틀이 유지되는 한 정치는 이론적으로 건강하게 운영될 수 있었다. 그러나 현실은 그렇지 않았다. 사림 사이에 동인, 서인, 남인, 북인의 붕당이 생기고 붕당 간에 치열한 당쟁이 일어나자 전랑이나 산림이 특정한 붕당의 이익을 대변하게 되었다. 그러므로 정권을 차지하려면 우선 전랑이나 감주, 산림에 자기 당 사림을 심어야 했다. 동서 분당이 전랑 자리를 둘러싸고 생긴 것이나 집권당이 산림을 독차지하게 된 것도 그 때문이다.

이것은 분명 이상적인 사림정치의 틀에서 보면 부작용이었다. 그러나 이는 권력의 속성이기도 했다. 권력은 독점하려는 것이 특성이 있고 이 때문에 권력 투쟁은 필연적으로 일어나게 마련이었다. 그리고 권력을 독점한 붕당은 반드시 분열했다.

그렇다고 인조의 서인 정권처럼 자기 당의 분열을 막기 위해 남인을 관제 야당으로 만들었다가 숙종 때 치열한 당쟁을 불러일으키는 것도 달가운 일은 아니었다. 그래서 권력의 독점을 둘러싼 당쟁은 파노라마처럼 계속되게 마련이었다. 붕당 간의 조정을 위해 탕평책을 써보았으나 이것도 미봉책에 불과했다. 결국 정국은 노론 외척 일당 독재의 세도정치로 치닫고 말았다.

당쟁의 실상

당쟁은 사림정치의 부산물이라 했다. 사림정치의 틀은 훌륭한 것이었으나 실상은 그렇지 못했다. 상대 세력인 훈구 세력이 무너지자 사림세력 내부에 분파가 생겼다. 처음에는 선배와 후배 사이에 균열이 생겼다. 외척 심의겸이 사림의 편을 들어 사림이 정권을 잡았으나 후배 사림들은 선배 사림들을 깨끗하지 못하다고 공격했다. 심의겸과 그의 추종자들이 훈구의 때가 묻은 분자들이라는 것이다. 이로부터 이준경이 죽을 때 예언한 것처럼 붕당의 조짐이 보이기 시작했다. 후배 사림들은 스스로를 군자君子라 하고 선배 사림을 소인小人이라고 해 배격했다. 이것은 결국 선조 8년(1575)에 사림 세력이 동인과 서인으로 갈리게 되는 계기가 되었다.

그 이후 청년당인 동인이 우세했다. 동인은 영남 세력이 우위를 차지하고 있었다. 동인이 우세해지자 임진왜란의 책임 문제를 둘러싸고 동인은 남인과 북인으로 갈렸다. 남인은 퇴계 학통, 북인은 남명 학통이 주류였다. 경상좌도를 대표하는 유성룡은 일본과 화친한 책임을 지고 물러났고, 의병을 일으킨 경상우도의 정인홍 등이 정권을 차지했다. 전자를 남인이라 했고, 후자를 북인이라 했다. 서인은 실세를 만회하기 위해 정여립의 모반 사건을 조작했으나 뜻을 이루지 못했다.

북인은 광해군을 지지해 집권했으나 학통이 다양해 대북·소북·골북·육북·중북으로 분열했다. 또한 적장자가 아닌 광해군은 집권 명분이 약해 친형인 임해군과 적장자인 영창대군을 죽이고 계모인 인목대비를 서궁에 유폐하는 등 인륜에 어긋나는 짓을 감행했다. 권력을 위해서는 동기간도 죽이고 어머니도 쫓아낼 수 있다는 사례이기도 하다. 이것은 서인에게 반정 명분을 제공했다. 인륜을 저버리고 후금과 타협함으로써 조선왕조의 가장 큰 명분인 존명사대尊明事大를 어겼다는 것이 그 죄목이었다.

인조반정은 조선 정치사에서 여러 가지 의미를 가진다. 기호계가 정권을 되찾아 이후 계속 권력을 독차지하게 된 것이다. 그리고 정권을 안정시키기 위해 기호 남인을 관제 야당으로 영입했다. 북인이 권력을 독차지했다가 자체 분열한 우를 범하지 않기 위해서였다. 또한 반정공신 회맹會盟에서 숭용사림崇用士林, 무실국혼毋失國婚을 결의했다. 정권을 잡으려면 사림의 여론을 존중하고 왕비 자리를 빼앗겨서는 안 된다는 것이었다. 서인이 산림을 장악하고 외척으로서 정권을 손아귀에 넣은 요체이기도 했다.

남인은 관제 야당에 불과했지만 현종 대의 예송으로 서인의 강력한 경쟁자로 부상했다. 남인은 약세를 의식해 국왕 편을 들었다. 서인은 사대부례士大夫禮를 내세워 국왕도 사대부와 같은 예禮를 행해야 한다는 데 비해 남인은 왕조례王朝禮를 내세워 왕실의 특수성을 강조했다. 전자는 송시열을 대표로 하는 서인의 주장이고, 후자는 윤휴를 대표로 하는 남인의 주장이었다. 예론은 이론적으로 전개되었지만 궁극적인 목표는 정권을 차지하는 데 있었다. 따라서 예론은 곧 당쟁으로 비화되었다. 효종의 서모인 조대비가 효종이나 효종비를 위해 1년복을 입느냐 3년복을 입느냐는 사소한 논쟁이었으나 이것이 왕통·적통과 밀접한 관계가 있었기 때문에 정쟁의 주제가 된 것이다. 이로부터 서인과 남인은 완전히 원수지간이 되었고 당쟁은 치열해졌다.

예송으로 인해 서인은 정권을 잃고 남인이 집권했다. 그러나 여기에는 같은 서인이면서도 송시열의 사림 세력과 이해를 달리하는 김석주 등과 같은 외척의 지원이 주효했다. 때문에 국왕도 남인 편을 들 수밖에 없었다.

그러나 숙종은 쇠락해진 왕권을 강화하기 위해 의도적으로 서인과 남인을 충돌시켰다. 이것이 숙종대의 잦은 정권 교체의 실상이었다. 서인과 남인의 충돌은 결과적으로 기호 남인의 몰락을 초래했다. 정국이 경색되어 가자 체제 자체가 무너질 위기를 맞게 되었다. 이때 제기

된 것이 국왕을 중심으로 당파 간에 대타협을 이루는 황극탕평론皇極蕩
平論이었다. 하지만 이것은 당파 자체를 타파한 것은 아니었다. 국왕조
차도 그러한 힘이 없었기 때문이다.

영·정조의 탕평책은 서인의 분파인 노론과 소론의 알력을 무마하는
데는 성공했으나 탕평당이 외척으로 성장해 19세기 이후 외척세도정
치를 초래하고 말았다. 뿐만 아니라 사림정치의 틀조차 무너지고 말았
다. 노론 중에서도 안동 김씨 등 일부 서울의 외척 가문이 국정을 독단
해 나라가 망한 것이다.

당쟁과 오늘의 정치

조선 왕조는 일제에 병탄되어 스스로 근대화하는 데 실패했다. 그리고
광복 후에도 서구문화 지상주의에 매몰되어 각종 제도는 서구화했으
나 전근대적인 의식은 그대로 남아 있었다. 미국과 소련의 강력한 영
향 때문에 분단의 애환을 겪어야 했고 자율적인 근대화에 걸림돌이 되
었다.

정치에 있어서도 마찬가지다. 남한의 경우 이승만 정권이 양반 지주
들과 일제 관리들을 온존시켰기 때문에 국민 의식이 크게 달라진 것이
없었다. 농지개혁은 양반 지주를 산업 자본가로 탈바꿈하는 데 이용되
었으며 반민 특위는 유야무야되고 말았다. 근대화에 필요한 전근대적
인 의식을 제대로 청산하지 못한 것이다.

박정희 대통령은 최고회의 의장 시절에 쓴 『국가와 혁명과 나』에서
당파 싸움을 "세계에서도 드물 만큼 소아병적이고 추잡한 것이었다."

라고 비판하고, 이승만 정권과 장면 정권을 다 같이 "이조의 당파정치 전통을 이어받은 봉건적 수구 세력"으로 규정해 이를 타도하는 것을 5.16혁명의 명분으로 내걸었다. 즉 조선의 양반정치-한민당-자유당-민주당 계열을 당파적 이해관계에 집착하는 봉건 정치 세력이라 매도한 것이다.

그러면 그 이후에는 달라진 것이 있는가? 지방색은 과연 청산되었는가? 영남계의 경상도가 남북도로 갈려 다툰 형국은 동인이 남인과 북인으로 갈려 다툰 것과 무엇이 다른가? 거기다가 기호계의 충청도를 박대해 호남 정권을 탄생시켰다. 근대화 과정에 대두한 서북계는 연고지가 없어 학계와 종교계를 차지하고 있었던 것이 다르다면 다른 점이다. 기호계가 저조한 대신 영남계, 호남계, 서북계가 약진하고 있는 것이다. 북한도 동북계의 함경도, 서북계의 평안도가 대결하고 있었다고 한다.

정치 행태는 어떤가? 자유민주주의를 받아들여 시민 의식이 성장했다고는 하지만 아직도 지연과 학연이 끈끈하게 남아 있다. 정권과 학벌이 아직도 문제되고 있다는 뜻이 아닌가? 이는 이이, 성혼, 서경덕계가 어떻고, 이황, 조식계가 어떻고 하는 학통의 구별과 얼마나 다른 것인가?

조선시대에는 한 번 내건 당명은 바꾸지 않았다. 물론 구성원의 이동은 있었으나 고지식할 정도로 당파를 고수했다. 그런데 지금은 정치적인 이해관계에 따라 당명을 식은 죽 먹듯 고친다. 조선시대에는 당쟁을 하더라도 의리와 명분을 내세웠지만 지금은 어떤가? 보수와 진보의 뚜렷한 구별도 없고, 정강이 별로 다른 것도 아닌데 이해관계에 따라 이합집산하고 유력자 뒤에 줄서기에 바쁘지 않은가?

조선시대에는 적어도 문과에는 합격해야 정치에 참여할 수 있었고 스스로 도덕적 수양이 되어 있어야 남을 다스릴 수 있다는 유교 명분을 지키려 애썼다. 그러나 지금은 어떤가? 돈, 정치, 계보, 줄서기로 정치인이 되는 경우가 많지 않은가?

조선시대에는 유덕자有德者의 세상이라 덕이 없으면 정치에 나설 수 없는 것으로 되어 있었다. 그리고 한말, 일제강점기에는 잃어버린 국권을 되찾기 위해 유지자有志者가 지도자가 될 수 있었다. 그러나 지금은 유력자有力者의 세상이라 돈 있고 배경 있는 사람이 정치 지도자가 되고 있다. 그러므로 지금은 덕이고 뜻이고 하는 것은 정치와 무관하다. 정치에 돈이 중요한 영향을 미치고 있고 힘 있는 사람 뒤에 줄 서는 철새 정치가 고작이다. 줄을 잘못 서면 다음 정권에서 살아남을 수 없다. 그러니 줄서기가 계속될 수밖에 없다.

그러면 권력의 정점에 있던 사람은 어찌되나? 마찬가지로 다른 사람과 타협을 하지 못하면 감옥에 가게 마련이다. 역대 대통령 출신이 비운의 종말을 맞거나 감옥에 간 것은 그 때문이 아닌가 한다.

당파란 자기가 좋아하는 사람은 끌어들이고 자기가 싫어하는 사람은 배격하는 정파를 의미한다. 이는 전근대적인 당쟁의 속성이다. 상대 당을 넘어뜨리기 위해서는 수단과 방법을 가리지 않는 것이 당쟁의 또 다른 속성이다. 사건을 조작하기도 하고, 상대방의 약점을 속속들이 파헤치기도 하고, 감찰기관을 통해 사찰을 해 위협하기도 하고, 이해관계로 꾀이기도 한다. 요즈음 정국은 이와 무관한가 생각해 볼 일이다.

당쟁에서는 '역모'를 뒤집어씌우거나 비리를 폭로하는 수법을 많이 썼다. 국왕을 배반하고 살아남을 수 없는 것이 왕조국가의 특성이기 때문이다. 지금은 어떤가? '반공'을 명분으로 하는 국가보안법이나 '친일'로 대변되는 반민족행위는 '역모'와 어떻게 다른 것인가? '성동격서聲東擊西'의 방법도 시대를 초월해 사용되고 있다.

우리의 정치 실상이 이렇다고 한다면 조선의 당쟁을 비판하기 전에 먼저 오늘의 정치 행태에 대해 반성해야 할 것이다. 우리는 경제 발전 덕분에 중산층이 견고해지고 국민 의식은 높아져 가고 있지만 정치만은 낙후된 채로 남아 있다는 비판의 소리가 높다. 지금의 정치는 마치 세도정치 시대와도 같이 자의적이다. 옳고 그른 것도 없고 주의 주장도 뚜렷지 않으며 오직 당리당략에 의해서만 행동하지 않는가? 정치인들의 맹성猛省이 필요할 때다. 이는 국민의 힘으로 바로잡을 수밖에 없는 것이다.

그러면 지금 우리는 어떻게 해야 할 것인가? 당쟁의 구습을 그대로 답습해서는 안 될 것이다. 지금 세상은 날로 바뀌고 있다. 세계화, 정보화의 대세에서 살아남기 위해서는 구태를 빨리 벗어 던져야 한다. 우리끼리 경쟁하고 다투는 시대는 갔다. 경쟁해야 할 대상이 안에 있는 것이 아니라 밖에 도사리고 있다. 안목을 넓힐 때가 온 것이다. 지연과 학연을 바탕으로 다투던 당쟁의 시대가 아닌 것이다. 생활 무대가 세계로 확산된 이상 우리의 사고와 의식도 바뀌어야 한다.

세계는 넓어지고 경쟁은 더욱 치열해져 우리끼리 다툴 겨를이 없다. 우리끼리 다투기는커녕 단합해도 힘이 모자란다. 가까운 이웃을 만들어야 하며 서로 화해와 협력이 필요할 때다. 늙은이와 젊은이, 남과 북, 동아시아 인접국, 나아가서는 세계 여러 나라와 화해·협력을 모색

할 때다. 필요하면 아시아 공동체도 결성해야 하고 원교근공책遠交近攻
策도 써야 한다. 교육을 강화해 정보화 시대에 맞는 새로운 인재를 길
러내야 하고, 주체적인 세계화를 위해 우리 것을 개발해야 한다.

우리가 새 시대에 적응하고 살아남기 위해서는 의식의 전환이 필요
하다. 이런 판국에 당쟁의 구습을 청산하지 못한다면 되겠는가? 이것
은 정계만의 문제가 아니다. 우리 모두의 문제인 것이다. 조선시대 양
반정치를 제대로 극복하지 못한데다가 황금만능의 서구 문화 지상주
의에 빠지다 보니 가치관의 혼돈이 온 것이 문제이다. 조선시대 지도
자의 도덕성을 중시하던 좋은 전통을 이어받지 못하고 당쟁의 유습만
답습했으며, 서구의 합리주의, 민주주의를 제대로 소화하지 못하고
개인주의만 받아들인 것이 잘못이다. 정치의 도덕성을 다시 확립하고
민주적인 논의 과정을 활성화할 필요가 있다. 우리의 삶의 질을 높이
기 위해서다.

학통도
자료목록

기호학파(畿湖學派) 학통도(學統圖) - 노론(老論)

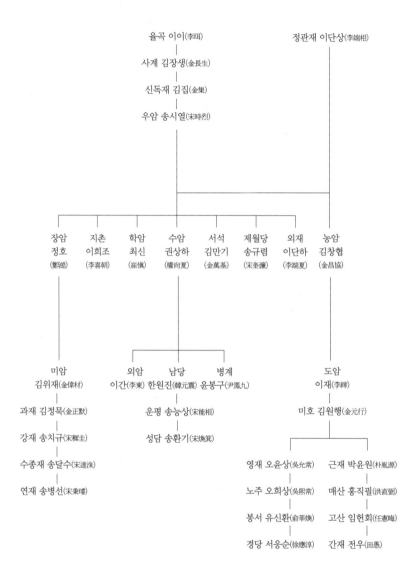

율곡 이이(李珥)

정관재 이단상(李端相)

사계 김장생(金長生)

신독재 김집(金集)

우암 송시열(宋時烈)

장암 정호(鄭澔)

지촌 이희조(李喜朝)

학암 최신(崔愼)

수암 권상하(權尙夏)

서석 김만기(金萬基)

제월당 송규렴(宋奎濂)

외재 이단하(李端夏)

농암 김창협(金昌協)

미암 김위재(金偉材)

외암 이간(李柬) 남당 한원진(韓元震) 병계 윤봉구(尹鳳九)

도암 이재(李縡)

과재 김정묵(金正默)

운평 송능상(宋能相)

미호 김원행(金元行)

강재 송치규(宋穉圭)

성담 송환기(宋煥箕)

수종재 송달수(宋達洙)

연재 송병선(宋秉璿)

영재 오윤상(吳允常)

근재 박윤원(朴胤源)

노주 오희상(吳熙常)

매산 홍직필(洪直弼)

봉서 유신환(俞莘煥)

고산 임헌회(任憲晦)

경당 서응순(徐應淳)

간재 전우(田愚)

기호학파(畿湖學派) 학통도(學統圖) ─ 소론(少論)

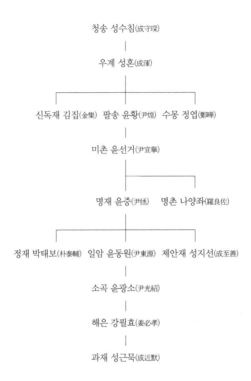

청송 성수침(成守琛)

우계 성혼(成渾)

신독재 김집(金集)　팔송 윤황(尹煌)　수몽 정엽(鄭曄)

미촌 윤선거(尹宣擧)

명재 윤증(尹拯)　명촌 나양좌(羅良佐)

정재 박태보(朴泰輔)　일암 윤동원(尹東源)　제안재 성지선(成至善)

소곡 윤광소(尹光紹)

해은 강필효(姜必孝)

과재 성근묵(成近默)

영남학파(嶺南學派) 학통도(學統圖)

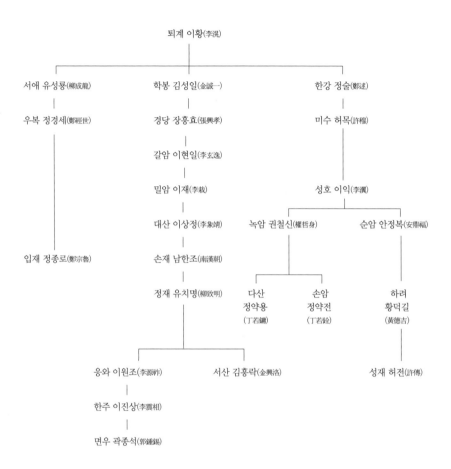

퇴계 이황(李滉)

서애 유성룡(柳成龍)

학봉 김성일(金誠一)

한강 정술(鄭逑)

우복 정경세(鄭經世)

경당 장흥효(張興孝)

미수 허목(許穆)

갈암 이현일(李玄逸)

밀암 이재(李栽)

성호 이익(李瀷)

대산 이상정(李象靖)

녹암 권철신(權哲身)

순암 안정복(安鼎福)

입재 정종로(鄭宗魯)

손재 남한조(南漢朝)

정재 유치명(柳致明)

다산 정약용(丁若鏞)

손암 정약전(丁若銓)

하려 황덕길(黃德吉)

응와 이원조(李源祚)

서산 김흥락(金興洛)

성재 허전(許傳)

한주 이진상(李震相)

면우 곽종석(郭鍾錫)

학위논문

고수연, 「1728년 戊申亂과 淸州地域 士族動向」, 충북대학교 박사학위논문, 2008.

권인호, 「朝鮮中期 士林派의 社會政治思想 硏究 : 南冥 曺植과 來庵 鄭仁弘을 中心으로」, 성균관대학교 박사학위논문, 1990.

김연민, 「숙종기 노론의 정치적 이념과 권력관계에 관한 연구」, 이화여자대학교 대학원, 박사학위논문, 1993.

배동수, 「鄭汝立 硏究 : 政治史의 意味와 思想을 中心으로」, 건국대학교 대학원 박사학위논문, 1999.

이성원, 「李滉, 李珥 理氣論의 政治 社會的 性格에 관한 硏究 : 16세기 士禍, 黨爭에 대한 對應과 관련하여」, 성신여자대학교 박사학위논문, 1998.

이은순, 「朝鮮後期 老少黨爭史 硏究」, 중앙대학교 대학원 박사학위논문, 1985.

정두영, 「朝鮮後期 陽明學의 受容과 政治論」, 연세대학교 대학원 박사학위논문, 2009.

논문

姜周鎭, 「東皐先生과 朝鮮時代의 黨爭」, 東皐學論叢, Vol.1, 1997.

고수연, 「1728년 湖西地域 戊申亂의 叛亂軍 성격」, 역사와실학, Vol.44, 2011.

權仁浩, 「韓·中의 明黨士禍·文廟從祀·道統淵源의 社會政治的 兩面性」, 유교사상문화연구, Vol.34, 2008.

金 燉, 「朝鮮後期 黨爭史硏究의 현황과 국사」, 敎科書의 敍述方式」, 歷史敎育, Vol.39, 1986.

김병원, 「조선조 전랑 연구」, 지방정부연구, Vol.7 No.2, 2003.

김봉곤, 「15, 16세기 지리산권(남원, 함양) 사족의 혼인관계와 정치, 사회적 결속」, 역사학연구, Vol.49, 2013.

金商圭, 「朝鮮에 있어서의 黨爭의 原因과 그 影響을 論함」, 정치학보, Vol.3, 1959.

金相五, 「黨爭史의 立場에서 본 李珥의 文廟從祀問題」, 전북사학, Vol.4, 1980.

金成俊, 「서평—李朝黨爭史硏究 姜周鎭 著」, 한국사연구, Vol.8, 1972.

김영수, 「조선 공론정치의 이상과 현실(Ⅰ): 당쟁발생기 율곡 이이의 공론성치론을 중심으로」, 한국정치학회보, Vol.39 No.5, 2005.

金鍾德, 「李朝黨爭에 관한 社會學的 一硏究 :「黨議通略」의 갈등분석을 중심으로」, 韓國學報, Vol.7 No.3, 1981.

金鍾博, 「明代東林黨爭과 그 社會背景」, 東洋史學硏究, Vol.16, 1981.

김학수, 「이원익(李元翼)의 학자, 관료적 삶과 조선후기 남인학통(南人學統)에서의 위상」, 退溪學報, Vol.133, 2013.

李範鶴, 「北宋 後期의 政治와 黨爭史의 再檢討」, 한국학논총, Vol.14, 1992.

朴光用, 「정조년간 時僻당쟁론에 대한 재검토」, 韓國文化, Vol.11, 1990.

박재문, 「朝鮮王朝時代 朋黨의 敎育史學的 解釋」, 道德敎育硏究, Vol.9 No.1, 1997.

박지훈, 「南宋代 慶元黨爭과 한탁주」, 論文集, Vol.38 No.1, 1996.

박현모, 「正祖의 蕩平정치 연구 : 성왕론의 이념과 한계」, 한국정치학회보, Vol.34, 2000.

배동수, 「16세기 후반 朝鮮의 黨爭에 관한 一考」, 政正, Vol.12 No.1, 1999.

손흥철, 「우암(尤庵) 송시열(宋時烈)의 예송(禮訟)의 특징(特徵)과 의미(意味)」, 儒學研究, Vol.26, 2012.

신복룡, 「당의(黨議)와 예송(禮訟)의 정치사상」, 동양정치사상사, Vol.9 No.1, 2010.

신복룡, 「黨爭과 植民地 史學」, 한국정치학회보, Vol.24 No.특별, 1991.

신항수, 「당쟁(사실, 이렇게 본다) 2」, 내일을 여는 역사, Vol.14, 2003.

양종국, 「북송대 당쟁의 전개과정과 성격고찰」, 中國學論叢, Vol.4 No.1, 1988.

양훈식, 「서평-「당쟁으로 보는 조선역사」(이덕일, 석필, 2004)를 읽고」, 교양논총, Vol.- No.7, 2012.

오이환, 「선조 시기의 정인홍」, 南冥學研究, Vol.21, 2006.

와따나베 다께시, 「'우이(牛李)'의 당쟁 연구에 대한 현상과 전망」, 中國史研究, Vol.5, 1999.

우인수, 「인조반정(仁祖反正)과 남명학파(南冥學派) ; 인조반정 전후의 산림과 산림정치」, 南冥學研究論叢, Vol.16, 2011.

우인수, 「조선 선조대 남북 분당과 내암 정인홍」, 역사와 경계, Vol.81, 2011.

원재린, 「『동소만록(桐巢漫錄)』에 반영된 남하정(南夏正)의 정국인식」, 역사와 현실, Vol.- No.85, 2012.

원재린, 「조선후기 星湖學派의 黨爭 인식」, 역사와 실학, Vol.51, 2013.

원재린, 「星湖 李瀷의 國家 改革論과 그 思想的 특질」, 泰東古典研究, Vol.26, 2010.

이근명, 「王安石 新法의 시행과 黨爭의 발생」, 역사문화연구, Vol.46, 2013.

李命吉, 「時調에 表現된 李朝時代의 黨爭史(Ⅲ)」, 진주농과대학 연구논문집, Vol.- No.10, 1971.

이상혁, 「조선조(朝鮮朝) 기축옥사(己丑獄事)와 선조(宣祖)의 대응(對應)」, 역사교육논집, Vol.43, 2009.

李錫起, 「國文學과 黨色關係 國文學과 黨色關係 : 特히 作家의 色目區別에 對하여」, 文湖, Vol.1 No.1, 1960.

李錫麟, 「朝鮮黨爭史 考」, 慶北專門大學 論文集, Vol.4, 1983.

이영춘, 「孤山 尹善道의 학문과 예론」, 국학연구, Vol.9, 2006.

이은순, 「조선 후기 당쟁(黨爭)의 성격」, 朝鮮時代史學報, Vol.39, 2006.

李銀順, 「朝鮮後期 黨爭史 研究—老少黨論을 中心으로—」, 한국외국어대학교 논문집, Vol.16, 1983.

李銀順, 「朝鮮後期 黨爭史의 性格과 意義」, 정신문화연구, Vol.9 No.2, 1986.

李澤徽, 「李建昌의 『黨議通略原論』註解」, 사회과학연구, Vol.4, 1991.

이해준, 「명재(明齋) 윤증가(尹拯家)와 시남(市南) 유계(俞棨)의 교유(交遊)」, 儒學研究, Vol.15, 2007.

임기영, 「『천의소감(闡義昭鑑)』에 대한 서지적(書誌的) 연구」, 嶺南學, Vol.- No 61

任元彬, 「唐末政治鬪爭和詩歌創作」, 中國研究, Vol.27, 2001.

鄭萬祚, 「서평-李成茂 著, 《조선시대 당쟁사》1, 사림정치와 당쟁 : 선조~현종조, 《조선시대 당쟁사》2, 탕평과 세도정치 : 숙종~고종조, 동방미디어, 2000, 310쪽/414쪽」, 한국사 연구, Vol.111, 2000.

鄭萬祚, 「서평-朝鮮後期黨爭史研究, 李銀順 著, 一潮閣, 1988」, 한국사연구, Vol.63, 1988.

정억기, 「白沙 李恒福과 서인과의 관계에 대한 연구」, 경주사학, Vol.24·25, 2006.

정호훈, 「18세기 전반 蕩平政治의 추진과 《續大典》의 편찬」, 한국사연구, Vol.127, 2004.

左江(Zuo Jiang), 「略論澤堂李植的黨派關係」, 동아인문학, Vol.10, 2006.

崔鳳永, 「朝鮮時代 士禍의 始作과 展開에 관한 研究」, 論文集, Vol.23, 1985.

최영성, 「기획논문(企劃論文) : 우담(愚潭) 정시한(丁時翰)의 생애와 사상 ; 17~18세기 한국유학과 우담(愚潭) 정시한(丁時翰) -당쟁시대(黨爭時代) 한 유학자의 인간상(人間像)-」, 한국 철학논집, Vol.22, 2007.

崔完基, 「서평—李成茂·鄭萬祚 外, 朝鮮後期 黨爭의 綜合的 檢討, 한국정신문화연구원, 1992」, 정신문화연구, Vol.15 No.2, 1992.

崔應煥, 「辛酉邪獄 小考」, 論文集, Vol.15, 1983.

하우봉, 「김성일의 일본인식과 귀국보고」, 한일관계사연구, Vol.43, 2012.

홍성욱, 「사색당쟁」, 새가정, Vol.10 No.11, 1963.

홍순창, 「사화(士禍)와 당쟁(黨爭)과의 관계」, 대구사학, Vol.7,8, 1973.

단행본

KBS미디어, 『예송당쟁 [비디오 녹화자료]』, KBS미디어, 2000.

Lo, Chia—hsiang, 『北宋黨爭研究』, 文津出版社, 1993.

강주진, 『李朝黨爭史 研究』, 서울大學校出版部, 1971.

권오영 외, 『조선 후기 당쟁과 광주이씨』, 지식산업사, 2011.

김 쟁, 『中國文化와 科擧制度』, 중문, 1994.

김병곤, 『李朝黨爭史話』, 三中堂, 1967.

김용덕, 『韓國制度史研究』, 일조각, 1983.

배동수, 『鄭汝立研究 : 그의 생애, 정치사상, 정치사적 의미』, 책과공간, 2000.

신복룡, 『韓國政治史』, 博英社, 1997.

신복용, 『韓國政治史論』, 博英社, 1978.

신봉승, 『(조선 정치의 꽃) 정쟁』, 청아, 2009.

신채식, 『宋代 皇帝權 研究』, 한국학술정보, 2010.

신태환, 『李朝黨爭秘話 張嬉嬪』, 三文社, 1961.

심송근, 『北宋文人與黨爭 : 中國士大夫群體研究』, 人民出版社, 1998.

양종국, 『宋代士大夫社會研究』, 三知院, 1996.

오갑균, 『朝鮮後期黨爭研究』, 三英社, 1999.

윤승한, 『장희빈과 당쟁비사』, [전자책] 다차원북스, 2013.

윤희병, 『당쟁사강의』, 홍익제, 1993.

윤희병, 『黨爭史演義』, 홍익재 1993.

이건창, 『당의통략 : 모략과 음모의 당쟁사』, 자유문고, 1998.

이달순, 『朝鮮王朝 政治 研究』, 水原大學出版部, 1990.

이덕일, 『(당쟁으로 보는)조선역사』, 석필, 1999 .

이덕일, 『유성룡 : 난세의 혁신 리더』, 위즈덤하우스, 2012.

이병도, 『韓國史』, 乙酉文化社, 1959.

이병도, 『韓國史大觀』, 한국학술정보, 2012.

이상옥, 『사화와 당쟁』, 중앙교육개발, 1992.

이성무, 『선비평전』, 글항아리, 2011.

이성무, 『조선 사회 이렇게 본다』, 지식산업사, 2010.

이성무, 『조선시대 당쟁사』, 아름다운날, 2007.

이성무, 『朝鮮兩班社會研究』, 一潮閣, 1995.

이성무, 『朝鮮後期 黨爭의 綜合的 檢討』, 韓國精神文化研究院, 1992.

이은순, 『朝鮮後期黨爭史研究』, 一潮閣, 1988.

이이화, 『(Digital)조선당쟁관계자료집』, 누리미디어, 2001.

이이화, 『한국의 파벌』, 솔과학, 2004.

이종률, 『祖國史의 분렬과 統一의 主潮 : 儒學 · 士禍 · 黨爭은 反民特權層의 것』, 通文館, 1971.

이주한, 『노론 300년 권력의 비밀』, 위즈덤하우스, 2011.

이태진, 『조선시대 정치사의 재조명 : 士禍 · 黨爭篇』, 汎潮社, 1985.

이태진, 『조선시대 정치사의 재조명』, 태학사, 2003.

이태진, 『朝鮮後期의 政治와 軍營制 變遷』, 韓國研究院, 1985.

이택휘, 『한국정치사상사 : 조선조 정치체제와 한국정치사상』, 전통문화연구회, 1999.

이한우, 『조선의 숨은 왕 : 문제적 인물 송익필로 읽는 당쟁의 역사』, 해냄출판사, 2010.

이해준, 『朝鮮後期 門中書院 研究』, 경인문화사, 2008.

이희환, 『朝鮮後期黨爭史研究』, 國學資料院, 1995.

정석종, 『조선후기의 정치와 사상』, 한길사, 1994.

진덕규, 『한국정치의 역사적 기원』, 지식산업사, 2002.

최범서, 『조선당쟁』, 오상, 2000.

최익한, 『실학파와 정다산』, 서해문집, 2011.

한우근, 『李朝後期의 社會와 思想』, 乙酉文化社, 1987.

한일관계사학회, 『1590년 통신사행과 귀국보고 재조명』, 景仁文化社, 2013.

함규진, 『오리 이원익, 그는 누구인가』, 녹우재, 2013.

현상윤, 『(풀어 옮긴)조선유학사』, 현음사, 2003.